WOLFRAM SIEBECKS
WEIHNACHTSMENÜS

Impressum

Herausgeber
Zeitverlag Gerd Bucerius GmbH & Co. KG
Helmut-Schmidt-Haus, Buceriusstraße, Eingang Speersort 1, 20095 Hamburg

Redaktion: Sabine M. Müller, Wolfgang Lechner
Projektleitung: Sabine M. Müller
Illustrationen: Leona Beth, leonabeth.co.uk;
Titel, Inhaltsverzeichnis unter Verwendung © cienpiesnf – stock.adobe.com
Layout und Satz: Ingrid Wernitz, Madlen Domann
Korrektorat: Thomas Worthmann (verantw.)
Repro: Zeitverlag Gerd Bucerius GmbH & Co. KG
Herstellung: Torsten Bastian (verantw.), Dirk Woschei
Druck: Mediadruckwerk Gruppe GmbH, Hamburg
Bindung: Buchbinderei Terbeck GmbH, Coesfeld

Printed in Germany

ISBN: 978-3-946456-99-5

WOLFRAM

SIEBECKS

WEIHNACHTS MENÜS

ZEIT MAGAZIN

Vorwort

Konventionen waren Wolfram Siebecks Sache nie. Weshalb man getrost annehmen darf, dass es den Redakteuren des *ZEITmagazins* im Jahr 1978 nicht leichtfiel, ihren (sehr!) freien Mitarbeiter dazu zu überreden, er möge doch – von nun an gern jährlich – den Lesern ein Menü fürs Weihnachtsfest vorschlagen: mehrere Gänge, komplett mit Rezepten und genauer Kochanleitung, delikat, raffiniert und trotzdem einfach nachzukochen. »Wolfram Siebecks Weihnachtsmenü« eben.

Der »ZEITschmecker« fügte sich, legte den Grundstein zu einer *ZEIT*-Tradition – und stellte gleich im ersten Absatz der ersten Folge klar: Einen Gänsebraten, das deutscheste aller deutschen Festtagsgerichte, werde es bei ihm nicht geben. Nie. Zu fett, zu schwer, zu – konventionell.

Wolfram Siebeck (1928–2016) ist seinem Vorsatz 37 Jahre lang treu geblieben. Bis zum letzten Weihnachtsmenü, das er im Jahr 2014 kochte. Und auch als ich gemeinsam mit Barbara Siebeck 2015 das allerletzte Weihnachtsmenü zubereiten durfte, diesmal für den großen Kollegen (und für die Leserinnen und Leser natürlich), da wagten wir uns nicht an die Gans.

Dabei hatte Siebeck schon sein 25. Weihnachtsmenü, 2003, mit den Sätzen eingeleitet: »Wir haben zusammen einen weiten Weg zurückgelegt, Sie, die geduldigen Leser, und ich, der Jäger nach neuen Trends in den Küchen. An manchen Stationen unseres gemeinsamen Weges wurde das Beispielhafte deutlich, ließ sich der Fortschritt nicht übersehen. Da war die Inauguration des Lammfleischs, die Aufnahme der Innereien in den kulinarischen Kanon, die Langzeitkochmethode bei niedriger Temperatur, der Ingwer als Gewürz ... Und ich glaube, wir haben jetzt wieder einen solchen Punkt erreicht: Der Weihnachtsbraten ist in diesem Jahr vom Schwein.«

(Und es folgt eine Eloge auf Bio-Schweinefleisch, auf das Niedrigtemperaturgaren und – auf die Kokosmilch als universell verwendbare Ingredienz.)

So ist denn dieses Buch, in dem alle 38 *ZEIT*-Weihnachtsmenüs aus den Jahren 1978 bis 2015 vereint sind, ein Zeugnis für die Neugier und die Offenheit des Trendjägers Wolfram Siebeck, gleichzeitig aber auch ein zeithistorisches Dokument der kulinarischen Entwicklung über vier Jahrzehnte hinweg.

Und ein Stück *ZEIT*-Geschichte: Mal hatte Siebeck weniger Platz für seinen Artikel und musste sich knapper fassen, dann wieder wurden mehrere Doppelseiten für das Weihnachtsmenü freigehalten, und er konnte so richtig schön ins Erzählen kommen. (Und in den letzten Jahren kämpfte sich ein sehr bemühter Redakteur sehr damit ab, die Zubereitungsschritte aller Gänge eines Menüs in die richtige Reihenfolge zu bringen. Sodass die Leserin und der Leser genau wussten, was sie eine Woche vor dem Fest, am Vortag und unmittelbar vor dem Schmausen alles zu tun hätten.)

Deshalb wurden die Originaltexte der Weihnachtsmenüs, so wie sie in *ZEITmagazin* und *ZEIT* erschienen sind, für dieses Buch nur ganz behutsam redigiert: Bezeichnungen wie »Mohr im Hemd« (österreichisch! 1995!) wurden beibehalten, es ist auch mal von Foie gras die Rede (was mindestens genauso viele empörte Leserzuschriften verspricht). Es werden Sterne-Köche erwähnt, die heute kaum noch jemand kennt.

Andererseits wurden die Originaltexte Wolfram Siebecks in diesem Buch um Zutatenlisten mit möglichst genauen Mengenangaben ergänzt. Sowie um ein Register aller Rezepte – es sind insgesamt mehr als 140. Dadurch lassen sich diese auch einzeln leicht finden und zu neuen Menüs kombinieren.

Was ganz in Wolfram Siebecks Sinn gewesen wäre.

Die Vorstellung nämlich, dass jemand eines seiner Rezepte, gar ein ganzes Weihnachtsmenü sklavisch genau nachkochen könnte, ohne Fantasie, ohne eigene Ideen, ohne Gefühl für das, was in Kochtopf oder Pfanne gerade passiert, sie wäre ihm ein Graus gewesen. Wolfram Siebeck wollte vor allem Anregungen geben, er erhoffte sich kreative, experimentierfreudige Leserinnen und Leser, mündige »Hausfrauen« – wie er in den ersten Jahren gern schrieb – und Hobbyköche.

Deshalb weigerte sich der Meister auch bei Nachfrage ahnungsloser Redakteure beharrlich, genauere Mengenangaben zu seinen Kochanleitungen zu liefern. (Außer bei Desserts natürlich. Das aber konnte gründlich danebengehen. Ich sage nur: Zitronenmousse, 1997. Die älteren unter den Siebeck-Fans werden sich erinnern ...)

Und deshalb beziehen sich die seltenen Mengenangaben in Siebecks Texten und die möglichst kompletten in diesem Buch auch mal auf vier, mal auf sechs Portionen, mal bloß auf eine. Nur die Köchin oder der Koch selbst – davon war Siebeck überzeugt – würde um den Appetit der Gäste wissen. Dass es immer besser und nur vernünftig ist, im Zweifel ein größeres Stück Fleisch zu braten und den nicht benötigten Rest am nächsten Tag zu verspeisen (kalt? oder als fantasievolle Zutat zu einem anderen Gericht?), das entsprach ganz Wolfram Siebecks Verständnis von Genuss und kreativer Küche.

Und genau in diesem Sinn wünsche ich Ihnen allen viel Freude mit diesem Buch, viel Spaß beim Kochen und dann – ein genussvolles Fest!

Ihr
Wolfgang Lechner

Dr. Wolfgang Lechner war von 1989 bis 2019 Redakteur von ZEITmagazin und ZEIT und seit 1999 verantwortlich für die Zusammenarbeit mit Wolfram Siebeck.

Ein Menü, das sich von Anfang bis Ende vorbereiten lässt und nur noch aufgewärmt werden muss, oder Gerichte, bei denen es nicht darauf ankommt, ob sie eine halbe Stunde mehr oder weniger im Ofen schmoren, sind zwar bequem für die Hausfrau, entsprechen aber nicht den Vorstellungen, die ich von einem Festessen habe.

Wolfram Siebeck, 1981

Inhaltsverzeichnis

Menüs

Siebecks Weihnachtsmenüs

Rezepte nach Gängen

Entrées · Zwischengerichte · Hauptgerichte · Desserts

Entrées

Zwischengerichte

Hauptgerichte

Desserts

Menü 1978

MARINIERTER ROHER LACHS

KERBELSUPPE

HASENRÜCKEN MIT ZWEI GEMÜSEN

GRATIN VON ORANGEN

Wenn eine moderne, das heißt unseren Lebensgewohnheiten angepasste Küche leicht und bekömmlich sein muss, wie leicht sollte dann erst das Weihnachtsmenü sein! Doch ausgerechnet an dem Tag, wo ununterbrochen genascht, geknabbert und geschleckt wird, muss es Gänsebraten mit Knödel sein. Dabei lässt sich mit den Techniken der Nouvelle Cuisine ein nicht weniger festliches und doch extrem leichtes Menü herstellen, das, wie ich meine, einem Gänsebraten an Delikatesse weit überlegen ist.

Entrée

Marinierter roher Lachs

Für 4 Personen

1000–1200 g roher Lachs am Stück
grüne Pfefferkörner
Olivenöl
Salz
Saft einer Zitrone
evtl. Lachskaviar zum Dekorieren

Manche, die ohne zu zögern rohes Fleisch essen (Tartar), schrecken bei dem Gedanken an rohen Fisch zurück. Sie versäumen damit eine der zartesten Vorspeisen: Rechnen Sie pro Person mit 250 bis 300 Gramm; ein 15 cm langes Fischstück sollte es insgesamt mindestens sein. Dieses wird enthäutet und in dünne Scheiben geschnitten wie beim Räucherlachs. Dazu braucht man keine handwerkliche Geschicklichkeit, jedoch ein langes, dünnes Filetiermesser. Dennoch werden Sie auch damit keine gleichmäßig großen Scheiben abkriegen, sondern mehr oder weniger längliche Streifen, und gleichmäßig dick sind die auch nicht immer. Deshalb werden sie einmal kurz zwischen zwei Brettchen gepresst.

Diese Lachsstücke nebeneinander auf großen, gekühlten Tellern anrichten, leicht salzen und mit einigen grünen Pfefferkörnern würzen. Mit Olivenöl bepinseln und darauf einige Spritzer Zitronensaft geben.

Diesen nie mit ungeöltem Lachs in Berührung kommen lassen, weil das Fischfleisch dann weiß werden und auf kaltem Wege »garen« würde.

Mit der Nouvelle Cuisine sind für solche Fischgerichte rote Pfefferkörner in Mode gekommen, ihr Geschmack ist aber sehr penetrant und erschlägt leicht den zarten Lachsgeschmack; ich rate ab. Wer Rotes liebt, soll deshalb mit Lachskaviar dekorieren.

Zwischengericht
Kerbelsuppe

Für 4 Personen

400 g Kerbel
1 EL Butter
1 l klare Fleischbrühe
2 Eigelb
375 ml süße Sahne
Salz
Pfeffer
1 Prise Curry

evtl. 1 Kartoffel
1 Handvoll Sauerampfer

Kerbel waschen und mit 1 EL Butter in geschlossenem Topf zusammenfallen lassen. Mit klarer Fleischbrühe aufgießen und circa 20 Minuten köcheln lassen. Durch ein Sieb passieren. Eigelb mit der Sahne verquirlen, in die Brühe gießen und erhitzen, bis die Suppe leicht sämig wird. Mit Salz und Pfeffer abschmecken und mit einer winzigen Prise Curry würzen. Aber Vorsicht: Wenn man dieses Gewürz herausschmeckt, war es bereits zu viel! Es soll die Suppe zwar abrunden, aber anonym bleiben. Hier handelt es sich um eine sehr leichte und geschmacklich zurückhaltende Version der Kerbelsuppe. Bei einem kleineren Essen geben in der Brühe gar gekochte und durchpassierte Kartoffeln der Suppe mehr Volumen, eine Handvoll mitgekochter Sauerampfer mehr aromatische Intensität.

Hauptgericht
Hasenrücken mit zwei Gemüsen

Die gespickten Hasen (und Rehrücken) in unseren Wildhandlungen sind für den aufgeklärten Feinschmecker ein deprimierender Anblick, der die Misere der deutschen Koch- und Essgewohnheiten treffend illustriert. Ein Hasenrücken ist so zart wie ein Rinderfilet – wenn er genauso kurz gebraten wird. Dann aber ist Spickspeck sinnlos – er würde ja kaum warm werden. Ein Rücken müsste mindestens 1 Stunde im Ofen schmoren, damit der Speck eine Wirkung hat. Das aber wäre für den Rücken ein kulinarisches Todesurteil. Leider wird es bundesweit immer noch und immer wieder vollstreckt.

Einen frischen (!), ungespickten Hasenrücken sorgfältig von allen Häuten säubern. Junge Hasen sind zarter als alte, also möglichst kleine Rücken aussuchen. Einer reicht für 2 Portionen. Für die Sauce zusätzlich 3 Hasenläufe kaufen. Klein hacken, mit den Abschnitten vom Rücken in Butterschmalz anbraten, Räucherspeck, zerdrückte Wacholderbeeren, Zwiebel, das Weiße der Lauchstange, ½ Sellerieknolle, 1 große Karotte, alles grob gehackt, dazugeben, leicht angehen lassen, mit 1 Glas Rotwein ablöschen. Mit Wasser auffüllen und 3 Stunden köcheln lassen. Mehrmals abschäumen. Durchsieben und bei starker Hitze reduzieren.

Da es bei diesem Weihnachtsessen weder Kartoffeln, Nudeln oder Klöße gibt, brauchen wir wenig Sauce, also kann ich den Fond kräftig reduzieren, was seiner Qualität zugutekommt. Kalt stellen und vor dem endgültigen Gebrauch entfetten.

Die Rücken zwei Tage vor Gebrauch kaufen, mit geschrotetem schwarzen Pfeffer und 6 zerdrückten Wacholderbeeren pro Rücken einreiben. Mit Öl bepinseln, in Alufolie einwickeln und kalt lagern. Die an der Unterseite des Rückens befindlichen Hasenfilets sind sehr dünn, also wenig ergiebig und spielen hier keine Rolle.

Die restlichen Sellerieknollen schälen, halbieren und die Hälften aushöhlen, sodass zwei Schalen entstehen. Wasser mit Salz und Zitronensaft zum Kochen bringen. Die Sellerieschalen darin halbgar kochen (ungefähr 8 bis 10 Minuten). Rosenkohlpüree herstellen (geputzten Rosenkohl in wenig Wasser mit Salz knapp gar kochen. Abgießen und mit Crème fraîche, Cayennepfeffer, Salz und Muskat nicht zu fein pürieren), mit Zitronensaft deutlich säuerlich aromatisieren.

Restliche Karotten schälen und in kleine Würfel hacken, nicht einmal halb so groß wie Knobel-Würfel. In Salzwasser kurz blanchieren, herausnehmen, in kaltem Wasser abschrecken. All dies lässt sich in Ruhe vorbereiten. Die restliche Arbeit wird à la Minute verrichtet, also direkt vor dem Essen: Die Karottenwürfel in heißer Butter mit dem Zucker angehen lassen, mit wenig Hühnerbrühe (darf aus der Dose sein) ablöschen und ohne Deckel glacieren lassen, das heißt, die Flüssigkeit muss verkochen, die Karottenstücke werden von einem karamellähnlichen Film überzogen, dürfen aber nicht matschig sein.

Die Sellerieschalen zu Ende garen (nicht zu weich!). Das heiß gemachte Rosenkohlpüree sowie die Karotten in je eine Sellerieschale füllen. Diese sind eher als Dekoration gedacht. Obwohl essbar, ist ihr kulinarischer Wert gering.

Die Hasenrücken ohne Folie in eine vorgeheizte Form (*reine* oder gusseiserne Gratinierschale) legen – Fleisch nach oben –, mit ¼ Pfund heißer Butter begießen, salzen und so hoch wie möglich in den heißen Backofen schieben. Nach 8 Minuten mit der Bratbutter bepinseln, nach 16 bis 18 Minuten herausnehmen: fertig!

Bei einem normalen Herd – einige Jahre im Gebrauch, nicht sonderlich heiß – sollten kurz gebratene Speisen eigentlich immer bei größter Hitze gegart werden. Nur bei außergewöhnlich heißen Herden muss die Temperatur etwas zurückgestellt werden. Der Rücken soll ja von außen keine braune Kruste bekommen; die kommt in der Nouvelle Cuisine nicht vor und ist für Schweinebraten reserviert.

Für 4 Personen

Für den Hasenrücken:
2 kleine Hasenrücken
schwarzer Pfeffer
125 g Butter
Öl
6 zerdrückte Wacholderbeeren pro Rücken

Für die Sauce:
3 Hasenläufe
Butterschmalz
50 g Räucherspeck
20 Wacholderbeeren
1 Zwiebel
1 Lauchstange
½ Sellerieknolle
1 große Karotte
Rotwein

Für das Gemüse:
500 g Rosenkohl
4 große Karotten
2 Sellerieknollen
1 Becher Crème fraîche
400 g Butter
4 TL Zucker
1–2 Hühnerbrühe
1 unbehandelte Zitrone
2 ml Madeira
Salz
schwarzer Pfeffer
Muskatnuss
Cayennepfeffer

Während dieser Zeit wird die Sauce vollendet. Von der Schale einer ungespritzten Zitrone ½ TL feine, tannennadelgroße Stifte abschneiden und mit dem Fond aufkochen, bis pro Portion nur noch 2 EL übrig bleiben. Oft abschmecken und eventuell nachsalzen bzw. -pfeffern. Einen kleinen Schuss Madeira zugeben und zum Schluss – der Fond soll jetzt kräftig schmecken! – pro Portion mindestens 1 EL kalt gestellte Butterflocken mit dem Schneebesen unterrühren. Nicht mehr aufkochen! Wie immer ist das letzte Abschmecken der wichtigste Teil einer Saucenherstellung.

Den Hasenrücken 5 Minuten ruhen lassen, dann rechts und links am Rückgrat entlang einschneiden. Das Fleisch soll am Knochen und innen noch sehr rot sein! Nur dann ist es so butterweich und zart, dass man es jetzt mit einem Esslöffel tranchieren kann. Die abgetrennten Fleischstreifen in schräge Scheiben schneiden. Mit der Sauce nappieren: ein delikates Festessen und ein Sieg über die alte Deftigkeit.

Dessert
Gratin von Orangen

Für 4 Personen

4 Orangen
Zucker
Grand Marnier
4 EL gehackte Pistazien
1 Becher Crème fraîche
oder Schlagsahne
1 Tütchen Vanillezucker

Sevilla- oder Bitterorangen, die es nur in den Wintermonaten gibt, eignen sich am besten. Sie werden geschält, enthäutet und in Scheiben geschnitten. In eine Gratinierform legen, zuckern, großzügig mit Grand Marnier beträufeln und mit Pistazienkernen bestreuen. Mit gesüßter dicker Sahne (Crème fraîche) oder steif geschlagener süßer Schlagsahne bedecken. Mit Vanillezucker bestreuen und unter den heißen Grill schieben, bis die Oberfläche braun wird. Die Orangenscheiben werden dabei nicht erwärmt.

Bei dieser Version besteht die Gefahr, dass die Sahne durch die Hitze flüssig wird. Man kann das Gratin durch Eigelbe oder Englische Creme festigen, wodurch es allerdings schwerer wird. Dem persönlichen Geschmack bleibt es auch überlassen, wie stark dabei gesüßt wird, wie dick die Sahneschicht ist und ob man Orangensirup mit Rum nimmt anstelle des Orangenlikörs. Nur sollte man nicht zu wenig machen: Davon nimmt jeder zweimal!

Menü 1979

FELDSALAT

KÄSEAUFLAUF

REHRÜCKEN UND GRATIN FRIEDRICHSRUHE

LEBKUCHENSOUFFLÉ

Erfahrungsgemäß werden unsere Märkte und Feinkostgeschäfte mittwochs und donnerstags mit Frischprodukten beliefert. Bestellen Sie den Rehrücken bei Ihrem Wildhändler früh genug! Wenn er dort eine Woche im Kühlraum hängt, macht das nichts.

Entscheidend sind andere Eigenschaften, die er haben muss: Er soll garantiert von einem jungen Reh stammen und darf weder eingefroren noch gespickt sein. Auch muss er vollständig enthäutet werden; aber das können Sie selber machen. Wenn Sie den Rücken mehrere Tage zu Hause lagern müssen, dann auf keinen Fall marinieren, sondern nur gut einölen. Als Lagerraum eignet sich ein Balkon (sofern es nicht friert) oder ein kühler Keller besser als der Eisschrank.

Die folgenden Rezepte stammen von den besten deutschen Köchen. Bis auf Witzigmanns Lebkuchensoufflé sind sie nicht sonderlich originell, dafür aber vernünftig und nachkochbar. Sowieso halte ich das Originalitätsbestreben der Köche für die sicherste Methode, verkrampftes Kunstgewerbe zu produzieren. Bei dem Lebkuchensoufflé handelt es sich um die seltene Ausnahme einer gelungenen Erfindung.

Entrée
Feldsalat

Für 6 Personen

ca. 360 g Feldsalat
Walnussöl
Sherry-Essig
Salz
Pfeffer
12 Champignons
2–3 EL Walnüsse

Zunächst aber, als Vorspeise, ein einfacher Feldsalat (auch Nüsschensalat oder Nissel genannt): Die Salatblätter waschen, die Stiele abschneiden, trocken schleudern. Aus Walnussöl, Sherry-Essig und Salz und Pfeffer eine Vinaigrette rühren. Rohe Champignons waschen und abtrocknen oder, wenn notwendig, enthäuten. Nur die Köpfe in nicht zu feine Scheiben schneiden. Frische Walnüsse vierteln. Salat, Pilze und Nüsse übereinander auf den Tellern anrichten, mit der Vinaigrette übergießen.

Diese leichte, appetitanregende Vorspeise entschädigt dafür, dass von nun an das Gemüse keine Rolle mehr spielt. Zu Salaten soll man bekanntlich keinen Wein trinken. Wenn Sie aber nicht so lange trocken herumsitzen wollen, dann trinken Sie einen einfachen Weißwein, an dem nicht viel zu verderben ist. Davon gibt's schließlich genug.

Zwischengericht

Käseauflauf

Für 8 Personen

150 g Butter
150 g Weizenmehl
250 ml Milch
80 g Parmesan
80 g Gruyère
7 Eier
weißer Pfeffer oder Paprikapulver

Das Zwischengericht ist ein Rezept, das in dieser Form im Kochbuch des legendären Alfred Walterspiel steht:

»Sie lassen in einer Kasserolle hundertfünfzig Gramm Butter zergehen, nehmen das gleiche Quantum frisch gesiebtes Weizenmehl dazu, lassen es zusammen etwas anrösten, rühren dann nach und nach ein Viertelliter kochende Milch darunter, geben achtzig Gramm geriebenen Parmesan und achtzig Gramm ebenfalls geriebenen Gruyère dazu und rühren alles zusammen gut ab. Wenn die Masse etwas abgekühlt ist, rühren Sie nach und nach die Eigelb ein und ziehen darauf den gut ausgeschlagenen Schnee darunter. Salz bringt der Käse genügend mit. Es bleibt den Kollegen überlassen, ob sie den Geschmack mit frisch gemahlenem weißen Pfeffer oder mit Paprika heben wollen. Diese Masse füllen Sie in eine ausgebutterte, feuerfeste Porzellanform und geben sie im richtigen Moment in den Ofen. Der Auflauf benötigt für acht Personen kaum eine halbe Stunde.«

Auch wenn Sie weniger als die für acht Personen vorgeschriebene Menge nehmen, rate ich, die Masse in einzelnen Portionstöpfchen zu backen. Die Backzeit wird dadurch übrigens kaum geringer. Den Freunden einer modernen, leichten Küche empfehle ich dringend, den Mehl- und Butteranteil um die Hälfte zu reduzieren, dafür mehr als doppelt so viel Käse zu nehmen sowie zwei zusätzliche Eier und etwas mehr Milch. Eine Schwierigkeit gibt es: Die Qualität des Gruyère! Was Sie unter diesem Namen kaufen können (auch wenn er aus der Schweiz stammt), sind fast immer Zombies: Sieht aus und fühlt sich an wie Gruyère, ist aber in Wirklichkeit tot, schmeckt jedenfalls nach nichts. Sogar in der Schweiz ist ein rassiger Gruyère (den Walterspiel meint, wenn er sagt: »Salz bringt der Käse genügend mit«) eine Seltenheit. Es bleibt wahrscheinlich nichts anderes übrig, als den Parmesananteil (selbstverständlich vom frischen Stück geraspelt!) zu erhöhen und eventuell sogar nachzusalzen. Dazu passt ein kräftiger, weißer Burgunder wie Meursault oder Aloxe Corton, aber auch Schweizer Weißwein vom Genfer See oder ein trockener Ruländer vom Kaiserstuhl (im Elsass Tokay d'Alsace genannt).

Hauptgericht
Rehrücken Friedrichsruhe

Für 6–8 Personen

Rehrücken
Butter
Pfeffer
Salz

Für die Sauce:
200 g Rehfleisch vom Hals
2 Schalotten
200 ml Burgunderwein
3 Wacholderbeeren
5 schwarze Pfefferkörner
100 ml saure Sahne
oder wahlweise Crème fraîche
kalte Butter

Für das Gratin:
1 Knoblauchzehe
5 g Butter
500 g säuerliche Äpfel
500 g mehlig kochende Kartoffeln
500 ml Milch
500 ml süße Sahne
Pfeffer
Salz

Dieses Rezept stammt von Werner Fuchß, dem Küchenchef des Waldhotels in Friedrichsruhe (Öhringen/Württ.). Die komplette Fassung enthält noch ein Maronenpüree und frische Pfifferlinge, was mir aber in diesem Fall als zu aufwendig erscheint. Es versteht sich von selbst, dass das zarte Rehrückenfleisch weder eine braune Kruste haben noch durchgebraten sein darf – da könnten Sie dann gleich einen Rinderschmorbraten machen. Stattdessen:

»Den Rücken in eine *reine* (Bratform) setzen und mit geklärter Butter übergießen. 15 bis 18 Minuten unter häufigem Begießen mit der Butter im auf mindestens 250° vorgeheizten Ofen braten. Danach erst pfeffern und salzen, zudecken und warmhalten sowie nachziehen lassen.« Die angegebene Bratzeit erfordert einen erstklassigen, d. h. sehr heiß werdenden Ofen. Andernfalls sind weitere 5 Minuten ratsam.

»Für die Sauce Rehfleisch vom Hals (und Abfälle vom Rücken) in eine ofenfeste Kasserolle legen und in den Ofen schieben, bis sich das Fleisch gebräunt hat. Gehackte Schalotten zugeben und mit rotem Burgunder angießen. Auf dem Herd einkochen lassen, bis nur noch ⅓ der Flüssigkeit übrig ist. Wacholderbeeren und schwarze Pfefferkörner zufügen, mit 1 dl Wasser angießen und wieder alles um die Hälfte einkochen. Abseihen und neben dem Feuer mit der sauren Sahne verrühren. Nicht mehr kochen lassen, mit Salz abschmecken.«

Wie immer ist die Sauce der delikateste Teil, diesmal im Sinne von schwierig, empfindlich. Ich empfehle an Stelle der sauren Sahne Crème fraîche zu nehmen oder aber zum Schluss, abseits vom Feuer, noch eine gehörige Portion kalte Butter einzurühren. Den Wildfond können Sie selbstverständlich schon Tage vorher zubereiten. Nur die letzte Phase, das Einkochen und das Montieren der Sahne bzw. Butter, machen Sie, während der fertige Rehrücken mindestens 10 Minuten nachzieht.

Gratin Friedrichsruhe

Eine flache, feuerfeste Form mit der durchgeschnittenen Knoblauchzehe ausreiben. Die Butter zerlassen, die Form mit einem Pinsel damit ausstreichen. Die Äpfel schälen, die Kerngehäuse ausstechen. Auch die Kartoffeln schälen. Äpfel und Kartoffeln in Scheiben schneiden, wobei die Apfelscheiben etwas dicker sein sollen, damit sie nicht zu Püree verkochen. Die Form mit diesen Scheiben dachziegelartig und abwechselnd eingelegt auskleiden. Milch und Sahne vermischen und mit frisch gemahlenem Pfeffer und Salz würzen. In die Gratinform gießen. Äpfel und Kartoffeln sollen nicht ganz bedeckt sein. Auf dem Herd zum Kochen bringen, dann in den sehr heißen Ofen schieben. Die Garzeit beträgt etwa 20 bis 25 Minuten, je nach Kartoffelsorte. In der Form servieren.

Eine gewisse Schwierigkeit macht das gleichzeitige Garen von Fleisch und Gratin im selben Ofen. Aber das ist zu schaffen, wenn Sie daran denken: Der Rücken ist das Wichtigste; experimentieren Sie, wenn es sein muss, mit dem Gratin, das hält einiges aus. Zu diesem Hauptgang gehört natürlich ein Rotwein. Ich bevorzuge einen guten Bordeaux; aber, vorausgesetzt, dass er erstklassig ist, kann es auch ein Burgunder sein oder ein Italiener oder Spanier (Rioja).

Dessert

Lebkuchensoufflé

6 Souffléförmchen von 8 cm Durchmesser und 5 cm Höhe sorgfältig ausbuttern und mit Grießzucker ausstreuen. Die Kochschokolade im Wasserbad schmelzen, die Lebkuchen grob raspeln. Die Preiselbeeren verlesen und waschen. Zucker zugeben und so lange mit dem Schneebesen rühren, bis sich der Zucker vollständig aufgelöst hat. Dann kalt stellen.

Butter und Zucker schaumig schlagen, Eigelb und Kochschokolade nach und nach hineinrühren. Die geraspelten Lebkuchen mit lauwarmer Milch anfeuchten, mit der abgeriebenen Zitronenschale und den gehackten Walnüssen unter die Masse mengen. Die kalten Eiweiß in einer fettfreien Schüssel mit dem Zucker steif schlagen. Zunächst ein Viertel des Eischnees unter die Masse heben, dann den Rest dazugeben.

Die Souffléförmchen fast bis zum Rand mit der Masse füllen und im vorgeheizten Backofen in circa 35 Minuten im Wasserbad gar ziehen

Für 6 Personen

Für das Lebkuchensoufflé:
80 g Kochschokolade
140 g Oblatenlebkuchen
Butter und Grießzucker für die Förmchen
80 g Butter
60 g Zucker
4 Eigelb
400 ml lauwarme Milch
1 Messerspitze Zitronenschale
60 g gehackte Walnüsse
4 Eiweiß
10 g Zucker

Für die Altbiersabayon:
⅛ l Altbier
20 g Zucker
Saft ½ Zitrone
1 Messerspitze Zimt
4 Eigelb
500 g frische Preiselbeeren
200 g Zucker

lassen. Für die Altbiersabayon sämtliche Zutaten in einer Schüssel zunächst kalt schaumig schlagen, dann über Dampf oder im Wasserbad warm weiterschlagen, bis die Masse cremig ist, dann kalt stellen. Die Soufflés auf tiefe Teller stürzen, mit der Altbiersabayon übergießen und mit einem großen Löffel Preiselbeeren garnieren.« Ich mag die Sabayon gern ein wenig süßer und nehme die doppelte Menge Zucker. In dieser Jahreszeit werden Sie notgedrungen eingemachte Preiselbeeren verwenden müssen. Dennoch wird's herrlich schmecken.

Das Lebkuchensoufflé können Sie sogar einen Tag vorher zubereiten, aber dann in einer großen, flachen Tortenform. Am nächsten Tag ist es natürlich zusammengefallen und relativ fest – mit einem Soufflé hat es keine Ähnlichkeit mehr. Aber schmecken tut's immer noch ganz fantastisch! Auf die Altbiersabayon sollten Sie jetzt verzichten; die Preiselbeeren aber vermischen Sie mit Sahne und Crème fraîche, und Sie haben ein neues, aber ebenso leckeres Dessert: eine Lebkuchentorte!

Und Sie müssen keineswegs Altbier dazu trinken. Sondern, weil Weihnachten ist, und weil Sie nun am Ende Ihrer Arbeit – und leider auch am Ende des Essvergnügens – angelangt sind, öffnen Sie dazu den kalt gestellten Champagner: Halleluja!

Menü 1980

TAGLIATELLE MIT GORGONZOLA-SAUCE

PASSIERTE FISCHSUPPE

LAMMKEULE MIT GLACIERTEN KAROTTEN

ORANGENPARFAIT MIT MANDELKUCHEN

Es kommt noch so weit, dass wir wieder eine Weihnachtsgans auf den Tisch bringen, in knöcheltiefem Fett schwimmend, mit Bratäpfeln und Maronen und anschließender Gallenkolik. Denn Kalbfleisch ist, wie wir erfahren haben, noch ungesünder; Wild auf eine andere Weise ebenfalls vergiftet. Die Fasane schmecken weniger nach Fasan als Kaninchen, sind aber ungleich teurer. Hummer hungern im Winter traditionsgemäß und sind entsprechend mager; Schweinefleisch, nein danke, und vom Rind, dem guten alten Rouladenproduzenten, liegen noch trockene Reste im Eisschrank. Also Lamm.

Noch ist nicht bekannt, womit die Züchter den Lämmern die Wolle waschen; deshalb hoffen wir, Lammfleisch sei frei von Zusätzen. Ich finde es bekömmlicher und aromatischer als fast alle Fleischsorten. Es lässt sich problemlos zubereiten und ist, vergleicht man Preis und Qualität, fast billig zu nennen. Zu Weihnachten ist die deutsche Familie vollzählig, da reicht der zarte, schmale Lammrücken nicht aus, eine Keule muss es schon sein. (Ich rechne mit 6 bis 8 Personen.)

Lamm wird alles genannt, was Bäh macht und bis zu ein Jahr alt ist; stinkende Alt-Hammel gibt es praktisch nicht mehr. Am häufigsten finde ich irisches Lamm auf dem Markt, es ist auch das beste der gängigen Sorten. Da wiegt die Keule 2 bis 3 kg.

Ganz wichtig: Vor dem Braten muss die Keule vollständig von jeglichem Fett und der Haut befreit werden! Sonst könnten Sie ja gleich eine Gans braten. (Aber der Knochen bleibt selbstverständlich drin.) Sieben Stunden im Ofen, das erscheint zunächst grotesk, wo wir uns doch haben überzeugen lassen, dass Lammfleisch rosa sein soll, was ja in höchstens zwei Stunden erreicht wird. Was passiert aber in sieben Stunden? Erstaunlich wenig, weil mit sehr niedrigen Temperaturen gebraten wird. Der Witz der Langzeit-Methode ist außerdem, dass das um die Keule herumgelegte Gemüse eine wunderbare Saucenbasis abgibt. Fonds sind dabei ebenso wenig nötig wie Butter und Sahne! Also trotz allem leichte Kost.

Entrée
Tagliatelle mit Gorgonzola-Sauce

Tagliatelle sind Bandnudeln. Die Italiener essen sie bekanntlich nicht als Beilage zum Fleisch, sondern als Vorgericht, um den ersten Hunger zu besänftigen und den Magen versöhnlich zu stimmen. Das ist auch die Funktion der Nudeln in diesem Menü. Machen Sie sie nicht selbst; ich bin der Meinung, dass sich der Aufwand in den seltensten Fällen lohnt; es gibt erstklassige Fertigfabrikate. Tagliatelle in kräftig gesalzenem Wasser mit Olivenöl gar kochen. Für die Sauce die Sahne mit Salbeiblättern köcheln lassen, Gorgonzola hineinbröseln, mitkochen lassen. Eventuell etwas salzen, vielleicht etwas Sahne oder Crème fraîche dazu – viel Sauce soll es nicht sein. Die fertigen Nudeln in die Sauce rühren, auf Tellern anrichten, mit grob geschrotetem, schwarzem Pfeffer bestreuen.

Für 6 Personen

ca. 480 g Tagliatelle
2 EL Olivenöl
180 ml Sahne (Crème fraîche)
4–6 Salbeiblätter
180 g Gorgonzola
schwarzer Pfeffer

Zwischengericht
Passierte Fischsuppe

Alle Gemüse waschen und klein schneiden, die Karotten reiben. Alles zusammen in einem großen Topf in Olivenöl andünsten. Die klein geschnittenen Fische und die Gewürze dazugeben, mit Wasser bedecken und 20 bis 30 Minuten köcheln lassen, bis alle Bestandteile weich gekocht sind. Durch ein Spitzsieb passieren, Gemüse und Fischstücke gut auspressen, wegwerfen. Die Suppe mit Cayennepfeffer und 1 TL Pastis (Pernod oder Ricard) abschmecken.

Das können Sie einige Stunden vor dem Essen machen, der Suppe schadet es nicht. Würflig geschnittenes Weißbrot in reichlich Butter anrösten und vor dem Servieren in die heiße Suppe geben. Sie wird vom Safran und den Karotten eine gelb-rötliche Farbe haben, darf aber etwas scharf sein und sollte so kräftig schmecken, dass der übliche Parmesan überflüssig ist.

Für 6–8 Personen

1½ kg Fisch
(Köpfe vom Lachs, Schellfisch, Lotte, kleine Rougets, Weißfische, Stücke von Heilbutt, Seeaal etc., kein Karpfen, keine Makrele)
300 g Zwiebeln
300 g Tomaten
1 Stange Lauch
1 Fenchelknolle
2 Karotten
etwas Sellerie
2 Knoblauchzehen
1 TL Thymian
2 TL geriebene Orangenschale
½ TL Safran
Pastis
Cayennepfeffer
Butter
Weißbrot

Hauptgericht
Lammkeule

Für 6–8 Personen

1 ganze Lammkeule
Olivenöl zum Braten
je 1 TL geriebener Rosmarin und Thymian
je 500 g Zwiebeln und Tomaten
3 Karotten
1 Petersilienwurzel
1 kleines Stück Sellerie
3 Knoblauchzehen
3 Lorbeerblätter
Rotwein
Salz
Pfeffer

1,2 kg Karotten
2 EL Butter
1 Prise Zucker
Petersilie

Da ich am Weihnachtsmorgen auf keinen Fall schon um 6 Uhr in der Küche stehen möchte, brate ich die Keule schon am Abend vorher an: in Olivenöl vorsichtig aber gründlich, von allen Seiten. Danach großzügig mit Rosmarin und Thymian bestreuen und pfeffern (grob, schwarz, aus der Mühle). In den auf 250° vorgeheizten Ofen legen, nach 30 Minuten auf 180° herunterschalten (bei guten Herden genügen 150°). Die Keule gründlich salzen. Je 500 g Zwiebeln und Tomaten, 3 Karotten, 1 Petersilienwurzel, etwas Sellerie, 3 Knoblauchzehen klein schneiden, mit 3 Lorbeerblättern zum Fleisch legen, ebenfalls salzen. Zunächst noch 30 Minuten offen braten, dann Deckel drauf (wenn Sie einen großen Bräter haben) oder mit Alufolie abdecken. 3 Stunden schmoren lassen. Während dieser Zeit die Keule mehrmals wenden, das Gemüse vermengen und abschmecken.

Am nächsten Morgen wieder auf 180° (150°) erhitzen, weitere 2 Stunden schmoren, dann Deckel ab bzw. Folie entfernen. Die Keule darf immer noch nicht braun und kaum geschrumpft sein. Das geschieht in der letzten Stunde Bratzeit, deshalb häufig wenden und, wenn nötig, Rotwein angießen (Côte du Rhône oder Beaujolais oder Rioja), vielleicht aber auch die Temperatur erhöhen, das müssen Sie im Gefühl haben. Nach rund 7 Stunden ist die Keule jedenfalls ein richtig altmodischer, mürber Braten geworden.

Herausnehmen und warm stellen. Alle Gemüsereste und den Bratensaft mit Rotwein auf starkem Feuer einkochen, durch ein feines Sieb passieren, gut ausdrücken. Weiter einkochen, eventuell mit mehr Rotwein, aber keine Sahne, keine Butter! Abschmecken ist wie immer das Wichtigste in dieser Phase, und wenn Sie glauben, nun hätten Sie eine noch nie da gewesene Supersauce in der Kasserolle, dann wird das schon stimmen, und Sie haben es geschafft.

Glacierte Karotten

Karotten schälen und in 2,5 cm lange und 1 cm dicke Stücke schneiden, in Butter andünsten, salzen, eine gute Prise Zucker dazu und zur Hälfte mit Wasser auffüllen. Bei geschlossenem Deckel 10 bis 12 Minuten köcheln lassen. Deckel weg und die Flüssigkeit völlig verkochen lassen, dabei dürfen die Karotten aber nicht zu weich werden (Saft eventuell abschütten). Die Stücke sollen schließlich mit einer glänzenden Glasur überzogen sein. Dazu braucht man etwas

Fingerspitzengefühl, damit nichts anbrennt, und man muss wissen, ob noch etwas Butter, noch eine Prise Zucker nötig sind. Bloß mehligweich dürfen die Karotten auf keinen Fall werden! Um die Lammkeule legen, mit gehackter Petersilie bestreuen. Die leicht süßen Karotten zur kräftigen, feinsäuerlichen Bratensauce: zum Augenverdrehen!

Dessert

Orangenparfait mit Mandelkuchen

Für 6–8 Personen

Für den Kuchen:

125 g Butter
7 Eier
200 g Zucker
300 g fein gemahlene Mandeln
4 Scheiben geriebener Zwieback
200 g klein gehackte Bitterschokolade
4½ EL Kirschwasser

Für das Parfait:

140 g Zucker
5 Eigelb
4 EL Grand Marnier
3 EL bittere Orangenmarmelade
500 ml süße Sahne
etwas Bitterschokolade

Das Dessert muss einen Tag im Voraus gemacht werden, damit der Kuchen gut durchzieht und das Parfait gefriert.

Mandelkuchen: Die sehr weiche Butter mit den Eigelb und Zucker schaumig rühren. Die Mandeln, Schokolade, Zwieback und das Kirschwasser untermischen. Die Eiweiß steif schlagen, 1 EL mit der Masse verrühren, den Rest vorsichtig unterziehen. Eine 25-cm-Kastenform ausbuttern, die Masse einfüllen. Bei 180° circa 1 Stunde backen.

Orangenparfait: Zuerst die Eigelb cremig und weißgelb rühren, dann mit dem Zucker zu heller Crème schlagen. Grand Marnier und Marmelade dazugeben. Ich empfehle keine feine Old-English-Marmelade, sondern Sevilla-Marmelade in Dosen aus Südafrika, die preiswerter und auch geeigneter (weil bitterer) ist; ich verrühre sie überdies mit dem Saft einer halben Zitrone. Die Sahne steif schlagen, unter die Masse ziehen. In eine Terrinenform oder ein ähnliches Gefäß füllen, mit geriebener Schokolade bestäuben und über Nacht ins Eisfach stellen (stärkste Kältestufe). Morgens die Kälte auf normal reduzieren. Parfait und Kuchen zusammen servieren und essen: eine selten delikate Kombination, Barbara fecit.

Menü 1981

LINSENSALAT MIT WACHTELBRÜSTEN

ZANDERFILET AUF GRENOBLER ART

REHRAGOUT MIT APFELGRATIN

ZIMTPARFAIT MIT BURGUNDERPFLAUMEN

Die verwendeten Produkte stammen – fast – alle aus deutschen Landen, und die einzelnen Gerichte habe ich, bis auf den Fisch, zuerst und am perfektesten in deutschen Restaurants gegessen: den Linsensalat in den Küchen von Vater und Sohn Franz Keller, also in Oberbergen und Köln; das Rehragout im »Le Gourmet« in München (wo es mit einer Blutsauce serviert wird); das Apfelgratin schließlich im Berliner »Maître«. Den jeweiligen Köchen bin ich also zu Dank verpflichtet.

Jedes Jahr stellt sich dasselbe Problem: Ein Menü, das sich von Anfang bis Ende vorbereiten lässt und nur noch aufgewärmt werden muss, oder Gerichte, bei denen es nicht darauf ankommt, ob sie eine halbe Stunde mehr oder weniger im Ofen schmoren, sind zwar bequem, entsprechen aber nicht den Vorstellungen, die ich von einem Festessen habe.

Also lässt es sich nicht vermeiden, dass die Hausfrau nach dem ersten Gang aufstehen und den Fisch garen muss, und nach dem Fisch das Reh. Dazu braucht sie allerdings jeweils nur wenige Minuten, das ist der Vorteil dieses Menüs – abgesehen von seiner Delikatesse, die ich »elegant« nennen möchte und die dem entspricht, was ich unter einer modernen Feinen Küche verstehe.

Entrée

Linsensalat mit Wachtelbrüsten

Für 4 Personen

250 g Puy-Linsen
1 Bouquet garni aus Lorbeerblatt, Petersilie und Thymianzweig

Nussöl
Sherry-Essig
2 Schalotten
½ Knoblauchzehe
Salz
Pfeffer

4 Wachteln
Butter

dazu Baguette und salzige Butter

Der Linsensalat wird natürlich vorbereitet. Für ihn sollte man sich unbedingt die winzigen, dunklen Puy-Linsen besorgen. Sie sind viel schneller gar und viel weniger mehlig als die bekannten hellbraunen, sättigen auch nicht sehr. Pro Person setzt man circa 60 Gramm in leicht gesalzenem Wasser mit einem Kräuterbündel (Bouquet garni) auf und lässt sie ungefähr 20 Minuten kochen. Die Linsen sollten noch einen leichten Biss haben. Gut abtropfen.

Eine Vinaigrette herstellen aus Nussöl, Sherry-Essig, sehr fein gehackten Schalotten und wenig Knoblauch. Die Salatsauce muss eindeutig saurer und auch mehr sein, als man sie üblicherweise für einen grünen Salat macht. (Salz und Pfeffer zum Abschmecken sind obligatorisch.) Linsen und Vinaigrette vermischen, eventuell nachwürzen: Der Geschmack sollte eher herzhaft sein als sanft!

Bereits vorher hat man pro Person eine Wachtel ausgelöst, also mit einem scharfen, spitzen Messer am Brustbein entlang auf jeder Seite das Brustfleisch mit Haut und dem anhängenden Bein von den Knochen gelöst und abgeschnitten. Das ist nicht schwer. Kurz vor dem Servieren werden diese Wachtelhälften in schäumender Butter mit wenig Salz nur ganz kurz gebraten (2 Minuten) und auf die Linsen gelegt.

Sie dürfen traditionellerweise mit den Fingern gegessen werden, dabei dient der kleine Beinknochen als »Griff«. Der Salat schmeckt mir besonders gut, wenn er insgesamt lauwarm ist. Dazu aufgebackenes Stangenbrot und salzige Butter.

Zwischengericht
Zanderfilet auf Grenobler Art

Für 4 Personen

ca. 500 g Zanderfilet
150 g Butter
2 Zitronen
4 EL Kapern

»Auf Grenobler Art« bedeutet, dass ein Fischfilet in Butter gebraten und mit Zitronenwürfeln und Kapern bestreut wird. Damit wäre eigentlich der zweite Gang auch schon beschrieben, denn mehr Arbeit ist damit nicht verbunden. Es muss auch nicht unbedingt Zander sein. Eglifilets oder Filets vom Steinbutt eignen sich genauso gut, natürlich auch Seezungenfilets. Nur Lachs, Forelle, Hering, Schellfisch geraten auf andere Art und Weise besser. Bei Rotbarschfilets kann ein Versuch gelingen – Fischeinkauf ist bekanntlich Glückssache. Wenn Sie vorbestellen, wird der Fischhändler die Zanderfilets hoffentlich auslösen.

Pro Person braucht man nicht mehr als ein Stück Filet von der Größe einer Kinderhand. Wichtig sind die kurze Bratzeit und die geringe Temperatur: Die Butter darf gerade nur schäumen, dann muss das gesalzene Filet hinein. Es darf nicht braun werden und muss nach 2 bis 3 Minuten auf den Teller. Nur so bleibt es innen saftig!

Mehl, Milch oder Brösel, diese Requisiten einer veralteten Küche sind hier überflüssig. Aber sparen Sie nicht mit der Butter! Sie ist ja gleichzeitig Sauce, in die Sie Zitronensaft träufeln (nach Gespür und Geschmack). Auf die fertigen Filets streuen Sie kleine Würfel aus enthäuteten Zitronenschnitzen. In die Bratbutter (sollte sie braun geworden sein, muss sie unbedingt durch neue ersetzt werden!) kommen etwas Zitronensaft und pro Portion 1 EL abgetropfte Kapern. Diese Sauce wird über die angerichteten Filets gelöffelt: leicht zu kochen, leicht zu essen, aber schwer zu übertreffen.

Hauptgericht
Rehragout mit Apfelgratin

Damit es weiterhin leicht bleibt, gibt es zum Rehragout nichts anderes als das Apfelgratin. Dafür werden geschälte und ausgestochene Äpfel (feste, saure Sorte) auf dem Gurkenhobel in 2 bis 3 mm dünne Ringe gehobelt und in eine ausgebutterte, feuerfeste Form so gelegt, dass sie dachziegelartig, dicht an dicht nebeneinanderliegen.

Es empfiehlt sich, weit mehr davon zu machen, als man zu brauchen glaubt (es schmeckt irre gut!), und eine Form zu nehmen, die man auch auf den Tisch stellen kann. Die Apfelringe werden mit Zitronensaft beträufelt, mit einer Mischung aus Sahne und Crème fraîche fast bedeckt. Im Ofen bei mittlerer Hitze circa 20 Minuten backen lassen, bis sie oben goldgelb werden.

Das Ragout hat man auch ein wenig vorbereiten können. Es unterscheidet sich von anderen Ragouts dadurch, dass es nicht aus der Schulter geschnitten wird, sondern aus einem Stück, das nach landläufiger Ansicht viel zu schade dafür ist: aus der Keule. Diese darf weder eingefroren noch eingelegt gewesen sein. Will man sie mehrere Tage lagern, so legt man sie vollständig in Öl ein.

Für das Ragout werden nur die schönsten Fleischstücke verwertet, also nur zusammenhängende, feste und feinfaserige Muskelstücke, die vollständig von allen Häuten gesäubert sein müssen, also pur und makellos wie bestes Filetfleisch. Daraus erst kurz vor dem Braten gleichmäßige Würfel von 3 cm Kantenlänge schneiden, sodass man sie später, nach dem Braten, noch einmal durchschneiden muss, um sie essen zu können.

Zu den äußeren Häuten sollten Sie sich weitere Wildabfälle und -knochen besorgen und daraus, einen oder zwei Tage vorher, einen kräftigen Wildfond kochen: wie einen normalen, braunen Fond, nur mit mehr Rotwein, mit Schinkenresten (oder Räucherspeck) und Wacholderbeeren, anschließend durchsieben. Erkaltet sollte er steif sein wie Pudding, so kann man ihn auch gut entfetten.

Die Fleischwürfel werden in einer großen Pfanne nur in Butter gebraten, das bedingt zwangsläufig eine nicht zu hohe Temperatur. Auch hier, wie beim Fisch, wäre ein knusprig gebratenes Äußeres ein böses Missgeschick. Nach 4 bis 5 Minuten aus der Pfanne nehmen, kaum salzen und warm stellen.

Nun vollendet man die vorbereitete Sauce: aufkochen, weiter reduzieren, Weinessig, scharfen Senf hinzufügen, dann erst salzen und pfeffern (schwarz), abschmecken, wenige Preißelbeeren und einen Schuss Madeira drangeben, wieder abschmecken (immer wieder!) und schließlich, wenn das Fleisch bereits gebraten ist, mit dem Schneebesen kalte Butterstücke einmontieren; pro Portion circa 50 Gramm. Dabei und danach darf die Sauce nicht mehr kochen. Sollte sich unter dem ruhenden Ragout Saft gesammelt haben, kann er noch zur Sauce gegeben werden, bevor die Butter einmontiert wird. Nachher geht nichts mehr!

Beim Durchschneiden der Fleischwürfel müssen diese innen rosa sein wie ein Filet. (Vorsichtige Köche prüfen das schon während des

Für 4 Personen

Für das Apfelgratin:
4 feste, große Äpfel
1 Zitrone
1 Becher Schlagsahne
1 Becher Crème fraîche

Für den Wildfond:
500 g Wildabschnitte und -knochen
50 g Schinkenreste oder Räucherspeck
Rotwein
1 Bund Suppengemüse
1 Zwiebel
1 Lorbeerblatt
Pfefferkörner
Wacholderbeeren

Für das Rehragout:
1 kg schieres Fleisch aus der Rehkeule
300 g Butter
1 EL Weinessig
1 TL scharfer Senf
2 EL Preißelbeeren
400 ml Madeira

Bratens!) Sie sind dann auch so zart wie ein Filet, nur schmecken sie besser. Dazu das Apfelgratin, in dem die Sahne leicht geflockt ist, sowie die kräftige Wildsauce – ach, wenn doch jede Woche Weihnachten wäre!

Dessert

Zimtparfait mit Burgunderpflaumen

Für 4 Personen

Für das Zimtparfait:
5 Eigelb
125 g Zucker
½ EL Zimt
2 EL Cognac
500 ml süße Sahne

Für die Burgunderpflaumen:
24 Trockenpflaumen
4 EL Honig
Rotwein (Burgunder, Côte du Rhône, Gigondas, Madiran etc.)
Bittere Orangenmarmelade oder 1 ungespritzte Bitterorange

Beim Zimtparfait handelt es sich um ein sogenanntes Sahne-Halbgefrorenes, man braucht also keine Eismaschine oder Ähnliches. Lediglich Eigelb hellgelb und schaumig rühren, Zucker und gemahlenen Zimt dazugeben und weiterrühren, bis der Zucker aufgelöst und die Masse dick ist. Cognac unterrühren, Sahne steif schlagen und unterziehen. In eine hübsche Schüssel füllen. Mindestens 3 Stunden ins Gefrierfach und 1 Stunde vor dem Servieren in den normalen Eisschrank stellen. Zum Servieren einen Löffel in heißes Wasser tauchen.

Pflaumen zu Zimt, das ist logisch, weil die Geschmackskomposition an Weihnachten erinnert. Bei den dazu benötigten Trockenpflaumen – pro Portion genügen 6 Stück, aber warum nicht mehr machen, sie halten sich gut! – ist, wieder einmal, auf beste Qualität zu achten. Die besitzen die Kurpflaumen, auch Römer- oder Karlsbader Pflaumen genannt, die sind oft schon entkernt und am saftigsten. Ansonsten wären nur noch die französischen Trockenpflaumen aus Agen zu empfehlen.

Man legt sie (Kerne drinlassen!) nicht zu dicht nebeneinander in eine Schüssel. Ungefähr ½ l Wasser mit 4 EL Honig aufsetzen und so lange kochen lassen, bis die Mischung zu einem süßen Sirup wird. Über die Pflaumen gießen. Diese sodann mit einem kräftigen und fruchtigen Rotwein (Burgunder, Côte du Rhône, Gigondas, Madiran etc.) bedecken, in dem 1 TL bittere Orangenmarmelade verrührt wurde. Besser noch: 1 TL in feinste Streifen geschnittene Schale von ungespritzten Bitterorangen.

Zugedeckt zwei Tage stehen lassen und vor Männern verstecken.

Menü 1982

QUICHE MIT RÄUCHERLACHS

FELDSALAT MIT ENTENLEBER

ENTEN-CONSOMMÉ MIT MORCHELN

WEISSE MOUSSE MIT LEBKUCHENAROMA, BIRNENSAUCE

Weihnachten im Zeichen der Ente, das klingt vertraut, das scheint nicht weit von der traditionellen Weihnachtsgans entfernt. Dennoch besteht zwischen den beiden ein himmelweiter Unterschied. Gewiss, auf die übliche Art gebraten sind sie ziemlich schwer verdauliche Brocken, beide produzieren große Mengen Schmalz, für das ich heutzutage keine vernünftige Verwendung mehr finde.

Aber während man die Gans nur so braten kann, wie das schon unsere Großmütter machten, hat die Ente auch in der modernen Küche ihre Berechtigung. Besonders wenn sie, wie hier, gekocht wird. Auf eine Weise allerdings gekocht, die nicht an ein Suppenhuhn erinnert, sondern eher an jene klaren, geheimnisvoll unter einem Blätterteigdeckel versteckten Kraftbrühen der großen Restaurants.

Eine Edel-Consommé also, die diesmal jedoch keine Trüffeln und keine Foie gras enthält, sondern mageres Entenfleisch und Morcheln. Vorher, weil Enten ja nun einmal Lebern haben (hoffentlich!), gibt's Salat mit gebratenen Entenlebern, davor eine Quiche mit Räucherlachs und hinterher eine weiße Mousse, die, weil Weihnachten ist, nach Lebkuchen schmeckt. Es darf geschluckt werden.

Entrée
Quiche mit Räucherlachs

Für 4 Personen

Für den Quicheteig:
250 g Mehl
125 g Butter
1 Eigelb
Salz und Wasser

Für den Belag:
250–300 g Räucherlachs
3 Eigelb
2 Eiweiß
250 ml Sahne
3 EL Crème fraîche
Salz und Pfeffer

Einen Mürbeteig aus Mehl, Butter, Eigelb, Salz und Wasser herstellen, 3 mm dünn ausrollen und in eine Form legen. Überstehende Ränder mit dem Nudelholz abrollen.

Den Teigboden dicht mit kleinen Würfeln von Räucherlachs belegen. Diese sollten nicht aus den üblichen dünnen Scheiben geschnitten sein. Es gilt also, im Feinkostgeschäft 2 (oder 4, je nach Bedarf) dicke Scheiben Räucherlachs zu verlangen. Dicke Endstücke, die meistens billiger verkauft werden, tun es auch.

Darauf wird eine Mischung aus Eigelb, Eiweiß, Sahne, Crème fraîche, Salz und Pfeffer gegossen, die Form auf den Boden des auf 200° vorgeheizten Ofens gestellt. Die Hitze auf 150° reduzieren und so lange backen, bis die Masse stockt und goldbraun geworden ist.

Den Wunsch, den Räucherlachs mit Dill zu aromatisieren, sollten Sie unterdrücken. 20 Minuten später warm servieren.

Zwischengericht
Feldsalat mit Entenleber

Für 4 Personen

ca. 250 g Feldsalat
Walnussöl
Sherry-Essig
1 Schalotte
Salz
Pfeffer
1 Prise Zucker
4 Entenlebern
100 g Butter

Vom Feldsalat müssen die Stiele entfernt werden. Die Blätter waschen und trocken schleudern. Aus Walnussöl, Sherry-Essig, der sehr fein gehackten Schalotte, Salz, Pfeffer, 1 Prise Zucker eine Vinaigrette herstellen.

Die Entenlebern von allen Nervensträngen säubern, wozu man sie am besten halbiert. In schäumender Butter vorsichtig anbraten, bis sie steif werden; innen sollen sie noch rosa sein. Herausnehmen, leicht salzen, auf die angerichteten Salatteller legen. Die Bratbutter weggießen und den Bratensatz in der Pfanne mit der Vinaigrette ablöschen, sei er auch noch so gering. Etwas Geschmack wird die Salatsauce annehmen und auch warm werden. Und das soll sie. Über Lebern und Salat gießen. Wenn Ihnen die Enten ohne Lebern verkauft wurden, geht das auch mit Hühnerlebern.

Hauptgericht
Enten-Consommé mit Morcheln

Für 4–6 Personen

2-3 Enten

Für die Bouillon:
1 kg Fleischknochen
500 g Ochsenschwanz
Entenklein und -knochen
2 große Zwiebeln
250 g Möhren
das Weiße von 2 dicken Lauchstangen
Sellerie
3 Lorbeerblätter
1 TL Nelken
Pfefferkörner
Salz

Zum Klären der Bouillon:
600 g absolut mageres, durchgedrehtes Rindfleisch
4 Eiweiß

Für die Einlage:
12 getrocknete Morcheln
2 große Kartoffeln
1 Stange Lauch
2 große Karotten
extra feine Erbsen (entweder aus der Dose oder, ja, Sie lesen richtig: tiefgefroren; anders gibt es sie nämlich nicht)
und das fertig gekochte Entenfleisch

evtl.
Blätterteig
1 Eigelb
schwarzer Pfeffer

Es gibt mehrere Sorten Enten; am häufigsten auf dem Markt sind die minderwertigsten, nämlich die großen, fetten Frühmastenten. Besser sind die kleineren Flugenten oder die französischen Barbarie-Enten. Ihr Fleisch ist fester, ihr Geschmack intensiver. Was auch immer Sie kaufen können (bloß keine tiefgefrorene!), eine Ente reicht für zwei Esser und für drei nur dann, wenn es keine hungrigen Halbwüchsigen sind.

Am Tag vorher: Von den Enten werden die Keulen abgetrennt und die Brüste ausgelöst. Ersteres ist ganz einfach; an die beiden Brusthälften kommen Sie besser ran, wenn Sie sie vorher enthäuten. Mit einem scharfen Messer ist das Auslösen dann kein Problem mehr. Die restliche Ente vollständig enthäuten und von jeglichem Fett befreien.

Alles andere – Flügel, Hals, Magen sowie das ganze Gerippe – klein hacken und zusammen mit Ochsenschwanz und Fleischknochen in 4 l kaltem Wasser aufsetzen und zum Kochen bringen. Die Hitze sofort reduzieren und leise köcheln lassen. Die aufsteigenden Trübstoffe immer wieder abschöpfen. Dann erst das klein geschnittene Suppengemüse mit 3 Lorbeerblättern und 1 TL Nelken hinzugeben, salzen, pfeffern. 3 bis 4 Stunden ohne Deckel köcheln lassen.

In der letzten Stunde die enthäuteten Entenkeulen dazugeben. Die können schon nach 45 Minuten gar sein, das hängt von der Rasse ab und muss geprüft werden. Herausnehmen. Die Brühe durch ein Sieb abgießen. Die Entenkeulen wieder einlegen und kalt stellen. Am anderen Morgen wird das Fett auf der Brühe einen harten Deckel gebildet haben: abnehmen und wegwerfen. Knapp 1 l Brühe abfüllen und mit den Entenkeulen beiseitestellen.

Zum Klären und Kräftigen der Brühe vermischen Sie nun das Hackfleisch mit den 4 Eiweiß, legen es auf den Boden eines Suppentopfes, gießen mit der kalten Brühe auf und bringen diese langsam zum Kochen. Sofort auf kleine Hitze stellen und 1 Stunde simmern lassen. Das Hackfleisch wird seine Kraft an die Brühe abgeben, gleichzeitig bindet das Eiweiß die Trübstoffe in der Brühe: Diese wird zur klaren Consommé! Noch einmal durchs Haarsieb und mit Salz abschmecken. Damit sich die Consommé nicht wieder trübt, werden alle anderen Zutaten extra gekocht bzw. warm gemacht. Dazu dient der beiseitegestellte Rest der Brühe.

Die Morcheln wie üblich einige Stunden in warmem Wasser einweichen, sehr gründlich waschen und in der Brühe gar kochen; das dauert ungefähr ½ Stunde. Herausnehmen, abtropfen.

Karotten und Lauch für die Einlage werden gewaschen und in Julienne geschnitten; das sind die gefürchteten streichholzgroßen Streifen. Ist aber halb so schlimm, wenn man es intelligent anfängt und ein gutes Kochmesser hat: die geschälten Karotten der Länge nach in flache Scheiben schneiden, aufeinanderlegen und dünne Streifen abschneiden, auf 4 cm Länge stutzen. Der Lauch wird zum gleichen Zweck halbiert, dann die Streifen einfach herunterschneiden und zurechtstutzen.

Die Erbsen – nun, das steht auf der Packung. Sie sollten gewürzt und gar, aber nicht zerkocht sein. Die Kartoffeln werden geschält, halbiert und dann in Würfel geschnitten, die kaum größer sein sollen als die Erbsen. Sie werden ganz normal in wenig, schwach gesalzenem Wasser gar gekocht. Ebenso die Karotten-Julienne (sie bekommen eine Prise Zucker mit auf den Weg). Nur die Lauch-Julienne kommen feucht (vom Waschwasser) in eine fettfreie Kasserolle und werden mit wenig trockenem Weißwein gar gedünstet. Alle Gemüse mit Salz abschmecken.

Das geht nicht alles gleichzeitig, vor allem der Lauch in dem bisschen Wein muss beobachtet werden, weil er leicht anbrennt. Aber bedingt durch die Dünne der Gemüsestreifen sind die Kochzeiten extrem kurz. Während man die warmen Karotten und die Lauch-Julienne warm stellen kann (im Ofen, wo vorher die Quiche war), sollten die Kartoffelwürfel nicht lange herumstehen, das vertragen fertige Salzkartoffeln in keinem Fall.

In der Brühe werden die Entenbeine wieder erhitzt und – dies ist der einzige Kochvorgang, der unmittelbar vor dem Servieren gemacht werden muss – die Entenbrüste eingelegt. Diese haben Sie vorher picobello gesäubert und in mundgerechte Würfel geschnitten. Die sind in 5 Minuten gar, innen noch leicht rosa. Herausfischen und mit allen anderen Zutaten, die gut abgetropft sein sollen, in eine große Suppenterrine legen. Darüber die wieder erhitzte, klare Consommé gießen – servieren!

Ich gebe zu, dass die Entenbeine in diesem Arrangement von Zartheiten ein wenig plump wirken. Da gibt es zwei Alternativen. Entweder auf einem kleinen Extrateller servieren und mit Messer und Gabel essen, oder das Fleisch vorher von den Knochen abfieseln. Jedenfalls sollte der gefüllte Teller keineswegs an die üblichen Eintopfsuppen erinnern.

Also – und damit komme ich zu den bisher nicht präzisierten Gemüsemengen – von allen Zutaten nur wenig. Weder sollen die Kartoffeln die Julienne unter sich begraben, noch soll das Ganze eine dicke Gemüseschicht im Teller bilden. Schließlich will man die wenigen Morcheln ja auch noch sehen und schmecken können. Dazu aber muss die Consommé eher an die ästhetischen Kreationen der japanischen Küche erinnern als an das übliche Durcheinander auf unseren Tellern.

Deshalb geht es auch so: alle fertigen Gemüse und das Entenfleisch auf die Teller legen (das garantiert eine gerechtere und schönere Verteilung) und dann erst mit der heißen Consommé übergießen. Wahrscheinlich werden Sie in jedem Fall feststellen, dass Sie zu viel Gemüse und Kartoffelwürfel gemacht haben. Seien Sie froh! Denn das alles zusammen (vermutlich bleibt auch vom Fleisch etwas übrig) ergibt am nächsten Tag ein wunderbares Gratin, wenn Sie zerkrümelten Schafskäse (nicht viel) daruntermischen und es in einer gebutterten, flachen und feuerfesten Form, mit Butterflöckchen belegt, im heißen Ofen überbacken!

Mit dieser Enten-Consommé lässt sich demonstrieren, dass ein im Grunde bürgerliches Gericht zu einem Feiertags-Kunstwerk werden kann. Dort, wo sich am Weihnachtstisch nicht mehr als vier Personen versammeln, besteht die zusätzliche Möglichkeit, die Teller, die dann allerdings kleine, feuerfeste Schüsseln sein müssen, mit dem eingangs erwähnten Blätterteigdeckel zu verschließen. Bei mehr als vier Personen wird das Hantieren mit dem Blätterteig umständlich, auch passen in die meisten Öfen nur vier Schüsselchen.

Also: tiefgefrorenen Blätterteig auftauen, 5 mm dick ausrollen, groben schwarzen Pfeffer eindrücken. In passende runde Scheiben schneiden und über die Schüsseln mit der Consommé legen. Die Ränder mit Eiweiß verkleben, die Oberfläche mit Eigelb bepinseln. Im Ofen bei starker Oberhitze überbacken, bis der Teig aufgeht und goldgelb wird. Das sieht aus wie große Kochkunst – und ist es auch.

Dessert

Weiße Mousse mit Lebkuchenaroma, Birnensauce

Für 6 Personen

Für die Mousse:
2 Tafeln weiße Schokolade
100 g Butter
4 Eigelb
375 ml Sahne
½ TL Pfefferkuchengewürz

Für die Birnensauce:
500 ml Rotwein
3 Birnen
2 EL Rosinen
Zucker
6 Nelken
½ TL abgeriebene Zitronenschale

Am Dessert habe ich mir fast die Zähne ausgebissen, sozusagen. Denn weiße Schokolade unterscheidet sich von brauner nicht nur in der Farbe, sie ist viel süßer und hat die tückische Eigenschaft, nicht so steif zu werden, wenn man eine Mousse daraus macht. Deshalb nehmen Köche fast immer Gelatine. Ohne geht's aber auch und schmeckt besser.

Die Eigelb mit dem Gewürz weißlich-cremig rühren. Die Schokolade in einer Kasserolle mit schwerem Boden unter ständigem Rühren vorsichtig schmelzen lassen, nach und nach die zimmerwarme Butter unterrühren. Mit dem Eigelb vermischen und immer weiterrühren, damit die Masse geschmeidig bleibt und sich nicht separiert. Auf Schnee (oder in Eiswasser) abkühlen lassen.

Die Sahne in einer gekühlten Schüssel sehr steif schlagen, die kalte Crème unter die Sahne mischen. Über Nacht in den Eisschrank stellen.

Dazu wenig Sauce, weil sonst der feine Lebkuchengeschmack verloren ginge. Und die Sauce bitte nicht so süß: die geschälten und geviertelten Birnen mit den Nelken, den Rosinen und der abgeriebenen Zitronenschale im Rotwein gar kochen. Die Birnen pürieren und löffelweise wieder in den Wein geben. Jetzt erst zuckern.

Das Birnenpüree bindet den Wein, darf ihn aber nicht in einen Brei verwandeln, deshalb entsprechend abmessen. Auch die Rosinen sparsam verwenden: Die weiße Mousse ist die Hauptsache und sollte von der Sauce unterstützt, nicht aber übertrumpft werden. Auch die Sauce wird kalt serviert, kann also ebenfalls am Vortag zubereitet werden. Es genügt, wenn Sie das Dessert mit goldenen Löffeln essen.

Menü 1983

SELLERIESALAT MIT NÜSSEN

LACHSMOUSSE UND WACHTELEIER

KALBSRÜCKENBRATEN MIT SAFRANISIERTEM BLUMENKOHL

WEINTRAUBENSABAYON

Noch nie konnten wir so viele Fasane und Rebhühner kaufen wie in diesen Wochen, noch nie hatten sie so wenig Geschmack. Im Gehege stressfrei aufgewachsen, unterscheiden sie sich von Hühnern nur noch durch ihre bunten Federn. Ähnliche Probleme haben wir neuerdings auch mit dem Wild, während Schwein und Rind schon lange keinen Feinschmecker mehr hinter dem Schafstall hervorlocken. Warum dann Kalbsrücken? Weil er, ich wage es kaum zu schreiben, weil er zart und fein und saftig ist und leicht bekömmlich – so steht es jedenfalls in alten Kochbüchern. Was er wirklich ist, das soll sich Weihnachten erweisen.

Als Weihnachtsmann fungiert wieder einmal Ihr Metzger. Dieser brave Mann ist ja nach den Viehzüchtern das wichtigste Glied in der Kette, welche vom mundwässernden Rezept zum ungenießbaren Braten reicht. Gewiss kann er nicht ausgleichen, was Hormonfütterung und Chemotherapeutika dem Fleisch mitgegeben haben. Aber er kann das Verlangen unterdrücken, sich in die Front der gewissenlosen Schnellverdiener einzureihen, und sich vornehmen, das Fleisch nicht schon zu verkaufen, wenn es noch warm ist.

Damit unser weihnachtlicher Braten gelingt, muss der Kalbsrücken nämlich mindestens acht Tage abgehangen sein. Andernfalls inkarniert er zum berüchtigten Schrumpfbraten. Der erste Schritt bei diesem Weihnachtsmenü ist also eine ernsthafte Unterredung mit Ihrem Metzger.

Ein Kalbsrücken, mancherorts auch Lende genannt, das ist nichts anderes als das, was übrig bleibt, wenn man das Fleisch aus einer Kotelettreihe auslöst. Schneidet man es in bratfertige Scheiben, heißen diese Kalbsteaks. Das Ganze klingt nach bürgerlicher Küche, und das ist es auch, nur dass diese Küche mangels Bürgern, die das Fleisch lange genug abhängen lassen, ebenso verschwunden ist wie Bürger, die solche bürgerlichen Rezepte noch schätzen. Das Weihnachtsmenü beginnt ganz brav mit einem Selleriesalat.

Entrée
Selleriesalat mit Nüssen

Für 6 Personen

Für den Selleriesalat:
1 große Sellerieknolle
Salz
Saft von 1 Zitrone

Für die Sauce:
12 Walnüsse
6 kleine Schalotten
90–135 ml Weinessig
schwarzer Pfeffer
Salz
Zucker
Walnussöl
Feldsalat

Baguette

Eine Sellerieknolle von durchschnittlicher Größe reicht für 6 Personen. Sie wird geschält und mit dem Gemüsehobel in dünne Scheiben geschnitten, so dünn wie Apfelschnitze für Pfannekuchen. Die Scheiben wie Torten in gleichmäßige Segmente schneiden. Diese werden in Salzwasser, dem der Saft einer Zitrone beigegeben wurde, gar gekocht. Das dauert 8 bis 10 Minuten. Die Selleriestücke sollen nicht weich sein, sondern noch Biss haben. Dann sofort in kaltem Wasser abschrecken.

Das bedeutet jedoch nicht, dass der Sellerie kalt oder gar eiskalt serviert werden soll. Schon gar nicht darf er vorbereitet und im Kühlschrank aufbewahrt werden! Wie bei den meisten Speisen unterdrückt Kälte auch hier den Geschmack. Deshalb ist lauwarm die beste Temperatur.

Für die Sauce werden pro Person 2 Walnüsse geknackt und mit dem schweren Messer sehr grob gehackt. (Schälen ist nur bei ganz frischen Nüssen notwendig.) Sodann pro Portion ½ große oder 1 kleine Schalotte sehr fein hacken und zusammen mit den Nüssen in 2 bis 3 EL Weinessig legen. Sherry-Essig ist der beste, aber auch anderer Weinessig, ob rot oder weiß, erfüllt seinen Zweck; nur Kräuteressig darf es nicht sein. Kräftig pfeffern (schwarz, aus der Mühle), je eine Prise Salz und Zucker dazu und abschließend Walnussöl langsam mit dem Schneebesen unterrühren. Die Sellerieschnitze auf einem Küchentuch abtrocknen. In eine Schüssel legen und mit der Nuss-Vinaigrette übergießen und umwälzen.

Sodann die Sellerieschnitze auf den einzelnen Tellern anrichten mit einer Rosette Feldsalat verzieren und mit der restlichen Vinaigrette übergießen. Die essiggetränkten Schalotten spielen dabei eine wichtige Rolle, denn sie frischen den etwas müden Geschmack des Selleries deutlich auf. Es dürfen deshalb nicht zu wenig Schalotten sein! Die säuerliche Frische des Salates macht Appetit; ein Stück aufgebackenes Baguette kann also nicht schaden.

Zwischengericht
Lachsmousse und Wachteleier

Für 6 Personen

180 g Räucherlachs
100 g Räucheraal
Cayennepfeffer
1 TL Tomatenmark
1–2 EL Crème fraîche
4 cl Wacholderschnaps
(grüne Paprika)
100 g Sahne
12 Wachteleier
(Kaviar)

Auch wenn Weihnachten ist, wollen wir das Brav-Bürgerliche nicht übertreiben. Deshalb dieser Zwischengang. Bei dem Lachs handelt es sich um Räucherlachs, und er hat noch einen stillen Teilhaber: Damit sie erstens kräftiger und zweitens nicht genauso schmeckt wie normaler Räucherlachs (dann wäre es unnötig, ihn zu verarbeiten), enthält die Mousse auch noch Räucheraal. Sie wird kalt gegessen und kalt hergestellt.

Und zwar so: Räucherlachs und Räucheraal werden in kleine Stücke geschnitten und püriert. Der Aal wird bekanntlich mit Haut und Gräten verkauft, mit 100 g meine ich aber schieres Fleisch; also entsprechend mehr kaufen. Die Masse mit Cayennepfeffer würzen und mit Tomatenmark aus der Tube färben. Crème fraîche unterrühren, damit sie locker wird, und einen doppelten Wacholderschnaps (Gin, Aquavit o. Ä.).

Wer keinen Schnaps mag, mag vielleicht grüne Paprika: In winzige Würfel geschnitten, geben sie der Mousse den notwendigen bitteren Kontrast und sehen darüber hinaus auch noch hübsch aus. Abschließend die steif geschlagene Sahne unterziehen. Mehrere Stunden oder über Nacht kühl stellen.

Beim Servieren mit einem heißgemachten Suppenlöffel Formen ausstechen, auf Teller anrichten und mit 4 halben, hart gekochten (3 Minuten) Wachteleiern dekorieren. Sollte zufällig eine Dose Kaviar im Haus sein, so wäre es kein Verstoß gegen die Regeln des guten Geschmacks, davon etwas auf jede Eierhälfte zu häufeln ...

Hauptgericht
Kalbsrückenbraten mit safranisiertem Blumenkohl

Für 6 Personen

Für den Kalbsrückenbraten:
1,2 kg Kalbsrücken
250 g salzige Butter

Für den Blumenkohl:
2 kleine Köpfe Blumenkohl
Salz
Saft von 1 Zitrone
100 g Butter
2 Msp. Safran

dazu Salzkartoffeln

Doch nun zum Fleisch. Es muss schieres, mageres Fleisch sein, ohne alle Häute. Seine Form ist eher flach als rund. Ich brate es im Ofen. Dazu benötige ich salzige Butter, eine flache Bratform oder -pfanne ohne Deckel, die nicht viel größer sein darf als das Stück Fleisch, und sonst nichts. Keinen Pfeffer, keine Gewürze, nichts.

Kalbfleisch enthält wie Fisch sehr viel Eiweiß, und wie beim Fisch wäre es falsch, das Fleisch einer großen Hitze auszusetzen; es würde an der Oberfläche hart und trocken. Also wird der Ofen höchstens auf mittlere Hitze eingestellt. Die richtige Temperatur erkennen Sie an der Butter. Die soll fingerhoch in der heißen Bratform stehen. Dahinein lege ich das Fleisch und achte darauf, dass die Butter auf keinen Fall braun wird oder verbrennt.

Das Fleischstück kann 10 oder 25 Zentimeter lang sein, je nachdem, wie groß Ihre Familie ist, seine Dicke wird immer ungefähr 5 Zentimeter betragen. Also bleibt auch die Garzeit gleich: 20 Minuten. Während dieser Zeit drehen Sie das Fleisch immer dann herum, wenn es zu bräunen beginnt. Dies soll vermieden werden, weil es ein Zeichen von zu großer Hitzeeinwirkung ist. Sie bekommen also keinen knusprig braunen Braten, dafür aber einen, der zart und saftig ist.

Dass er gar ist, erkennen Sie, wenn Sie mit dem Finger oder mit einer Gabel auf das Fleisch drücken. Es muss sich noch ein wenig eindrücken lassen, dann ist es gut, nämlich innen noch leicht rosa. Lässt es sich sehr leicht eindrücken, ist es noch nicht gar genug; gibt es dem Fingerdruck jedoch nicht mehr nach, dann haben Sie den richtigen Zeitpunkt bereits verpasst.

Es empfiehlt sich, das Fleisch während der Bratzeit öfter mit der flüssigen Butter zu bepinseln. Haben Sie keine salzige Butter (dann aber bitte Süß- und keine Sauerrahmbutter!), muss das Fleisch extra gesalzen werden, aber erst dann, wenn es schon einige Minuten im Ofen ist und die Poren sich geschlossen haben. Das ist alles.

Die Butter hat während der Bratzeit etwas Fleischsaft aufgenommen, sie ist, ohne dass Sie etwas dafür tun mussten, zu einer köstlichen Sauce geworden, die den gewöhnlichen Salzkartoffeln das gibt, was diese schon immer haben wollten, aber nie bekommen haben: die zur Delikatesse fehlende Ergänzung! Außer den Salzkartoffeln passt gut zu diesem Braten safranisierter Blumenkohl.

Der Blumenkohl wird dermaßen zerteilt, dass die einzelnen Röschen nur die Größe von Haselnüssen haben und auch kleine Strünke restlos weggeschnitten sind. Das dauert ein paar Minuten länger als bei der üblichen Präparation, dafür sind die Röschen in weniger als 10 Minuten gar – aber nicht weich! – gekocht. Dem salzigen Kochwasser habe ich den Saft von 1 Zitrone beigegeben. Sofort abgießen und mit kaltem Wasser abbrausen, damit der kohlige Geschmack völlig verschwindet. Abtropfen lassen.

Das kann Stunden vorher gemacht werden. Kurz vor dem Anrichten in einer Kasserolle, die groß genug sein muss, damit die Blumenkohlröschen nebeneinander Platz haben, ein eigroßes Stück Butter schmelzen und darin 1 Messerspitze Safranpulver auflösen, rühren. Die Blumenkohlröschen dazugeben und schüttelnd heiß werden und Farbe annehmen lassen. Das geht ruckzuck, und das Resultat ist verblüffend: Die kräftig gelbe Farbe, der neue Geschmack (manchmal ist nachsalzen notwendig) verwandeln dieses nicht gerade erhabene Gemüse in eine überraschend leckere Angelegenheit.

Die gelben Röschen werden um das Fleisch herumdekoriert, also entweder auf einer Platte, wenn der Braten im Ganzen auf den Tisch kommt, oder jeweils um die Portionsstücke auf den Tellern. Ich bevorzuge den Tellerservice und richte alles in der Küche an.

Dessert

Weintraubensabayon

Weil es eine unglaublich leckere und doch so leichte Süßspeise ist, habe ich die Zutaten für das Dessert reichlich gewählt: 1 kg Weintrauben sind nicht wenig. Außerdem müssen sie geschält und entkernt werden. Das allerdings hört sich schlimm an nur für jene, die es noch nie gemacht haben: Die Weintrauben werden kurz mit kochendem Wasser überbrüht. Danach lässt sich die Haut genauso leicht abziehen wie von überbrühten Tomaten. Sodann halbiert man sie und pult die Kerne heraus.

In eine Schüssel legen und mit etwas Zitronensaft beträufeln. Circa ½ Stunde Saft ziehen und durch ein Sieb abtropfen lassen. Den Saft auffangen. Mindestens 2 Stunden vorher hat man pro Esser 2 TL Rosinen in Trester eingeweicht oder in Treber, Marc oder Grappa. Da dessen Alkohol – im Gegensatz zum Wein in Saucen – hier nicht verkocht, kann in Antialkoholikerfamilien stattdessen Traubensaft genommen werden. Das schmeckt längst nicht so gut, süßt zusätzlich, beißt aber nicht.

Im heißen Backofen werden feuerfeste Formen vorgewärmt, in denen die Trauben abschließend gratiniert werden. Kleine flache Portionsformen sind besser als eine große. Zunächst aber wird die Sabayon geschlagen. Sie besteht aus Eigelb und 5 EL Flüssigkeit, welche zu gleichen Teilen aus dem abgetropften Traubensaft und dem Schnaps der Rosinen besteht beziehungsweise aus alkoholfreiem Saft. Damit werden die Eigelb sowie 60 g Zucker und das Innere einer halbierten Vanillestange verrührt und im Wasserbad mit dem Schneebesen so lange geschlagen, bis die Masse cremig wird.

Das geht in einer Kasserolle mit schwerem Boden auch auf der Herdplatte, aber im Wasserbad ist es sicherer. Denn wenn sie nur etwas zu heiß wird, stockt die Eiercreme, und Sie können noch einmal von vorne anfangen. Eine Schüssel mit Eiswasser bereitstellen (Schnee tut's auch) und den Topf mit der Eiercreme hineinstellen und weiterschlagen, bis die Creme erkaltet ist.

Inzwischen oder danach muss jemand einen halben Becher Sahne mit 1 EL Zucker steif schlagen. (Den Zucker erst in die halbsteife Sahne geben.) Dann werden die halbierten Weintrauben in die Form(en) gelegt und mit den Rosinen bestreut. Die Eiercreme wird mit der Schlagsahne verrührt und die Masse über die Trauben gegossen. Und zwar so viel, dass diese gut bedeckt sind, aber nicht mehr. Mit Puderzucker bestäuben. Hoch oben im heißen Backofen verwandelt sich das Ganze dann in 5 bis 8 Minuten in ein Dessert von wahrhaft himmlischer Qualität!

Die Oberfläche ist hellbraun, und sogar die Schwiegermutter, die ihre trockenen Weihnachtsplätzchen für das Nonplusultra hält, wird beim ersten Löffel anerkennend sagen: »Das habe ich aber noch nie gegessen!« – und zum zweiten Mal nehmen.

Für 6 Personen

1 kg Weintrauben
Saft von 1 Zitrone
12 TL Rosinen
Tresterschnaps (alternativ Traubensaft)
6 Eigelb
5 EL Schnaps/Saft
60 g Zucker
Mark von ½ Vanillestange
125 ml Sahne
1 EL Zucker
Puderzucker

Menü 1984

KALTER POCHIERTER LACHS MIT ROTWEIN-VINAIGRETTE UND GRÜNEM PFEFFER

NORMANNISCHE MUSCHELSUPPE MIT SAFRAN

FASANENBRUST MIT WILDEM REIS UND CHICORÉE

MAHLBERGER SCHLOSSKUCHEN UND WALNUSSPARFAIT

Es wird also wieder nichts mit der Weihnachtsgans. Wer da schon erwartungsvoll die Leberpillen bereitgelegt hat, kann sie getrost wieder wegtun. Denn diesmal wird leicht gegessen und wenig gearbeitet. Ich koche ein Menü, dessen Vorteil darin liegt, dass ich die Vorspeise und das Dessert einen Tag bzw. drei Tage vorher herstellen kann. Und der Hauptgang hatte sogar schönere Federn als eine Gans: Es gibt Fasan, diesen vertrottelten Tiefflieger, der einstmals nur den Fürsten vorbehalten war.

Noch vor gar nicht langer Zeit galt er immer noch als teure Rarität, ist heute aber fast ein Massenprodukt geworden. Da liegt denn auch die Schwachstelle dieses Menüs: Das, was Fasane einst zur Delikatesse machte, nämlich ein eindeutiger, kräftiger Wildgeschmack, existiert nicht mehr. Fasane werden heute unter der Obhut von Förstern großgezogen, man hält ihnen die Feinde vom Leib, kümmert sich um ihre Ernährung und ihre Gemütslage, mit dem Resultat, dass sie überall jung und zart zu haben sind und nach fast nichts schmecken.

Mit den Lachsen ist es ähnlich. Sie werden zum größten Teil in skandinavischen Fjorden gezüchtet. Dadurch fehlt auch ihnen die Anstrengung der Freiheit, aber bei ihnen ist das Manko nicht so deutlich. Gewiss sind sie weicher im Fleisch, etwas blasser in der Farbe, und auch ihr Geschmack ist etwas reduziert, aber nur etwas. Immer noch ist Lachs eine Delikatesse, wenn auch, gottlob, keine Rarität mehr. Deshalb serviere ich Lachs als Vorspeise, aber kalt, als Salat.

Zwischen Lachs und Fasan gibt es eine sahnige Muschelsuppe, damit die hungrigen Esser sich nicht am abschließenden Dessert satt essen müssen: Es gibt Kuchen. Ziemlich einfallslos, könnte man meinen. Aber erstens erleichtert ein Kuchen die Arbeit ungemein, weil er mehrere Tage im Voraus gebacken werden muss, und zweitens ist es dann doch ein Feiertagskuchen, auch wenn er zunächst nicht so aussieht. Aber nach dem ersten Stück ... Außerdem gibt's Eis: ein Walnuss-Parfait.

Entrée

Kalter pochierter Lachs mit Rotwein-Vinaigrette und grünem Pfeffer

Den Lachs pochiere ich am Tag vor Weihnachten. Denn erstens soll er ja kalt gegessen werden, und zweitens bekommt er durch die Nachtwache einen herzhaften Geschmack, den er frisch pochiert nicht hat. Das hängt mit dem Prozess des Gelierens zusammen, der etwas Zeit braucht. Der Sud, in welchem der Lachs pochiert wird, ist identisch mit dem Sud, den ich auch bei einem warmen Lachsessen brauche: 2 Teile Wasser, 1 Teil Essig, Lauch, Karotte, in Scheiben geschnittene Zwiebel, Petersilie, Salz, weißer Pfeffer. Der Sud muss deutlich zu sauer sein, zu pfefferig, wenn ich ihn probiere. Ungefähr 1 Stunde auskochen lassen, dann das Stück Lachs hineinlegen und – das ist ungeheuer wichtig! – nun nicht mehr kochen, sondern nur noch ziehen lassen.

Für 4 Personen

Frischer Lachs am Stück, ca. 12 cm

Für den Sud:
Essig
1 Stange Lauch
1 Karotte
1 Zwiebel
Petersilie
Salz
weißer Pfeffer

Für die Vinaigrette:
Rotweinessig
Salz
Pfeffer
Zucker

Zum Anrichten:
4 EL Tomatenconcassé
grüner Pfeffer
gehackte Petersilie

Jetzt hängt alles nur noch von der Kochzeit ab. 15 cm Fisch vom dicken Ende brauchen fast 20 Minuten. Handelt es sich aber ums dünne Schwanzende, oder hat der Fischhändler eventuell die Haut abgezogen und das Fleisch von der Mittelgräte gelöst, geht das sehr viel schneller; da genügen dann schon 5 Minuten! Denn wenn Lachs nur etwas zu lange pochiert wird, trocknet er aus und schmeckt nicht mehr. Scheuen Sie sich deshalb nicht, nachzuprüfen, indem Sie eine Probe entnehmen. Das Fleisch darf unter keinen Umständen innen ganz durchgekocht sein, es soll einen halb rohen Kern haben – wie ein Rinderfilet. Wenn Sie den Fisch aus dem Wasser heben, gart er ohnehin noch nach. Spätestens jetzt enthäuten und noch vorhandene Gräten herausziehen. In eine verschließbare Schüssel legen und ab in den Kühlschrank.

So haben Sie am nächsten Tag nur noch die Vinaigrette zu machen (Olivenöl, Rotweinessig, Salz, Pfeffer, 1 Prise Zucker). Zum Unterschied zu einer Kopf- oder Feldsalatsauce schütte ich alle Bestandteile einfach zusammen und lasse sie im Mixer hochtourig durcheinanderwirbeln. Dadurch kriegt die Vinaigrette einen ungewöhnlichen Charakter: Sie wird schaumig, fast cremig und weißlich. Die Lachsstücke werden zerpflückt. In der Küche arrangiere ich sie auf den einzelnen Tellern, gebe auf jede Portion 1 EL Tomatenconcassé (das schiere Fleisch von enthäuteten Tomaten, in kleine Würfel geschnitten) sowie 1 TL grünen Pfeffer. Darüber die Vinaigrette und darauf gehackte Petersilie. So habe ich eine höchst delikate, hübsche Vorspeise, zu der ich geröstetes Weißbrot serviere.

Zwischengericht

Normannische Muschelsuppe mit Safran

Die Muschelsuppe wird auch vorbereitet. Dazu dünste ich die üblichen klein geschnittenen Gemüse, wie sie auch schon im Lachssud waren, in Butter leicht an, lege meine Fischhäute und Köpfe darauf, gieße mit Wasser und Wein (1:1) auf und lasse 20 Minuten köcheln. Durch ein Sieb abgießen. Diesen Fischsud reduziere ich am nächsten Tag auf die gewünschte Menge, das heißt auf die Hälfte davon, denn die andere Hälfte besteht aus süßer Sahne, die ich dazugieße. Inzwischen habe ich die Muscheln gut abgebürstet und gewaschen und daraufhin kontrolliert, dass keine dabei ist, die bereits geöffnet ist. In einem Kochtopf wenig Salzwasser mit dem üblichen Grünzeug zum Kochen bringen, die Muscheln hinein und bei geschlossenem Deckel heftig kochen lassen, ab und zu rütteln. Sobald sich die Muscheln öffnen, sind sie gar. Zu lange Kochzeit ruiniert sie wie alles, was im Wasser lebt.

Für 4 Personen

16–24 Miesmuscheln
das Weiße von 1 Lauchstange
1 Karotte
1 Zwiebel
1 Lorbeerblatt
1 Handvoll Fischabschnitte
Weißwein
2 Becher Sahne
2 Eigelb
Zitronensaft
½ TL Safran
Salz
Pfeffer

Herausnehmen, auslösen und in die Suppe geben. Eigelb einrühren, aufkochen. Noch einmal abschmecken. Pfeffer? Salz? Zitrone? Auf jeden Fall aber ¼ TL Safranpulver. Fertig. Ich hoffe, Sie haben sowohl Fischfond als auch die Sahne so weit eingekocht, dass es nun keine dünne, sondern eine sehr sahnige, cremige Suppe geworden ist! Übrigens serviere ich die Suppe nicht in Tellern, sondern in Tassen. Damit sich die Verwandtschaft daran nicht satt isst, wozu der delikate Geschmack leider verführt.

Hauptgericht

Fasanenbrust mit wildem Reis und Chicorée

Nun zum Fasan. Als Beilage dazu serviere ich braisierten Chicorée und wilden Reis. Was den Vogel angeht, so reicht einer für 2 Personen, das hat er mit der Ente gemeinsam, und wie bei dieser sind eigentlich nur die Brüste delikat. Mein Fasan liegt wahrscheinlich nackt und bloß beim Geflügelhändler, und sollte er keine Füße mehr haben, soll er dort auch liegen bleiben bis zum Sankt-Nimmerleins-Tag. Denn an den Füßen erkenne ich leicht, ob er jung oder alt ist. Fasane haben oberhalb der Krallen, an der Rückseite des Beins, einen Dorn. Der ist bei jungen Fasanen stumpf bis abgerundet und kurz. Solche Fasane sind noch kein Jahr alt, also zart. Je spitzer und länger der Dorn, umso älter, also zäher, wird der Vogel sein. Stattliche Opas sind nicht mehr essbar, man kocht sie aus, im Gemüse oder zur Suppe. Die alten haben nämlich den Vorteil des kräftigeren Geschmacks.

Für 4 Personen

2 Fasane
schwarzer Pfeffer
4 Scheiben geräucherter Schinken

125 g wilder Reis
Fleischbrühe

Für die Sauce:
Öl
1 kleines Stück Sellerie
1 Karotte
das Weiße und Hellgrüne von 1 Lauchstange
1 Zwiebel
1 Lorbeerblatt,
1 EL Wacholderbeeren
Weißwein

Für den Chicorée:
4 Chicorée
Salz
Pfeffer
Saft von 1 Zitrone
50 g Butter

Bei meinem Menü wird nur die Fasanenbrust serviert, und die wird auch extra gebraten. Das vereinfacht das Kochen erheblich und ich erhalte eine überwältigende Sauce. Wer die Chance hat, einen nicht ausgenommenen und ungerupften Fasan kaufen zu können und sich nicht vor dem Rupfen fürchtet, der sollte zugreifen. Wenn der Fasan dann mit allem Drum und Dran und Drin noch 4 bis 6 Tage an einem kühlen, luftigen Ort hängt, entwickelt er vielleicht doch noch den Geschmack, um dessentwillen er einst so berühmt war.

Ist er dann gerupft, lege ich den Vogel auf den Rücken und löse die beiden Brusthälften mit einem scharfen Messer aus. Zwei Schnitte am Brustbein entlang und dann mehr schaben als schneiden – es ist ein Kinderspiel. Die beiden fast handtellergroßen Fleischstücke enthäute ich und pinsele sie mit Öl ein. Kühl stellen. Alles andere, also Keulen, Rücken, Hals, aber auch die essbaren Innereien, hacke ich in kleine Stücke und brate sie scharf an. Das erledige ich vernünftigerweise in einer *reine* im sehr heißen Ofen, denn schon die zerhackten Karkassen von zwei Fasanen nehmen so viel Platz ein, dass eine Pfanne zu klein wäre.

Wenn alles eine schöne braune Farbe angenommen hat (öfter durcheinanderrütteln!), gebe ich das übliche, klein geschnittene Gemüse dazu. Also Sellerie, Karotte, Lauch, Zwiebel, Lorbeerblatt sowie 1 EL Wacholderbeeren, lasse auch das leicht angehen und lösche dann mit Weißwein ab. Etwas einkochen lassen, dann in einen Kochtopf umfüllen, alle Bratrückstände in der *reine* abkratzen und mit Wasser auffüllen, bis alles bedeckt ist. 3 Stunden simmern lassen, durchsieben. Ich habe jetzt ungefähr 1 Liter sehr kräftige Fasanenbrühe, brauche aber, da ja weder Kartoffeln noch Nudeln vorkommen, nur sehr wenig Sauce, gerade 1 EL pro Brusthälfte, mehr nicht. Deshalb koche ich die Brühe nun so lange ein, bis davon nur noch die benötigte Menge übrig ist. Aber welche Qualität hat sie! Es ist eine ungeheuer konzentrierte Sauce geworden – und alles einen Tag im Voraus gemacht!

Bevor ich mich den Fasanenbrüsten zuwende, kümmere ich mich um die Beilagen. Vom Chicorée brauche ich pro Person ein dickes Exemplar. Das stumpfe Ende wird keilförmig ausgehöhlt; es ist bitter. Die Blätter lösen, waschen, grüne Stellen wegschneiden (sind auch bitter) und in kochendem Salzwasser eine knappe Minute blanchieren. Kalt abschrecken, abtropfen. In eine gebutterte, flache, feuerfeste Form legen, salzen, pfeffern und mit Zitronensaft großzügig sowie mit 1 bis 2 EL Wasser beträufeln. Mit heißer Butter übergießen und unten in den Backofen stellen (175°). Circa 20 Minuten garen lassen, bis die Blätter leicht braun werden.

Inzwischen den wilden Reis waschen. Zunächst wird er leicht in Butter angeschwitzt und dann mit Wasser oder Wein und Fleischbrühe im Verhältnis 1:2 aufgegossen. Wie jeden Reis bei geschlossenem Deckel langsam gar ziehen lassen; der wilde braucht dazu allerdings am längsten: Bis zu 1½ Stunde kann das dauern! Zum Schluss bei offenem Deckel noch vorhandene Flüssigkeit verdampfen lassen. Die Gefahr, dass wilder Reis matschig wird, besteht kaum.

Am Kochtag sorge ich zunächst dafür, dass die Fasanenbrüste früh aus dem Kühlschrank kommen und Zimmertemperatur annehmen. Sie sind übrigens ungleichmäßig dick. Der Hauptteil ist dick und rund, daran schließt sich ein länglicher, dünner Teil an. Da dieser beim Garen sofort trocken und hart würde, schneide ich ihn ab. (Bei mehreren Vögeln ergibt das am nächsten Tag eine kleine Vorspeise; Salat etc.) Sollten Sie am Fleisch einen gewissen Wildgeschmack erschnuppern, umso besser. Die einzelnen Stücke werden nun beidseitig gesalzen und mit frisch geschrotetem, schwarzem Pfeffer großzügig gewürzt. Fasanenbrüste zu braten ist ebenso problematisch wie das Braten von Fischfilets: zu starke Hitze ruiniert das Fleisch unvermeidlich! Deshalb wäre es sinnlos, eine braune Kruste zu erwarten, wie sie beim Rinderfilet und beim Kotelett so beliebt ist. Fasanenbrust ist weißes Fleisch, und es muss auch außen weiß bleiben. Innen darf es, wie der Lachs, nicht ganz durchgebraten werden! Das bedeutet also sehr kurze Garzeit und reduzierte Hitze.

Nun ist das mit der reduzierten Hitze in diesem Fall so eine Sache. Der Chicorée, der da im Ofen schmort, braucht jetzt in seiner letzten Garphase große Hitze, und für das Fleisch brauche ich den Ofen. Ich mache das so: Ein passendes Bratgefäß habe ich im Ofen vorgeheizt. Darin lasse ich Butter aus und lege die Brüste hinein, welche ich vorher locker in je eine Scheibe geräucherten Schinken eingeschlagen habe. In der oberen Hälfte des Ofens lasse ich sie 8 Minuten (nicht länger!) braten. Dann schalte ich den Ofen aus, öffne die Tür und lasse die Bratpfanne an der Türkante noch 3 Minuten ruhen. Dann wird (ohne Schinken) serviert! Die Brusthälften sind von der Hitze aufgegangen wie Brötchen, haben aber nicht einmal deren goldene Farbe. Doch dafür habe ich ja meine Sauce! Die ist über Nacht zu einem steifen Pudding geworden. Sollte sich an der Oberfläche Fett abgesetzt haben, wird es abgekratzt. Dann erhitze ich die Sauce, die ja in Wirklichkeit nur ein Fleischsirup ist, und schmecke zum letzten Mal ab. Pro Fleischstück genügt davon 1 EL, um der Fasanenbrust zu ihrer blassen Unreife das Parfüm der Vollendung zu geben.

Dessert

Mahlberger Schlosskuchen und Walnussparfait

Ein Kuchen zum Dessert, das klingt sparsam, und ein bisschen banal sieht er ja auch aus, mein Mahlberger Schlosskuchen. Ist das nicht ein normaler Napf oder Rodonkuchen? Beinahe; nur ist er nicht normal, sondern er ist frisiert, wie das bei Autos heißt. Und abgesehen von der besseren Leistung (in diesem Fall: Volumen, Geschmack) hat er den Vorteil, dass ich ihn mehrere Tage vorher backen muss.

Die Zutaten werden in folgender Reihenfolge verarbeitet bzw. untergerührt: Butter, Zucker, Eier, abgeriebene Zitronenschale, Vanillezucker, 1 Prise Salz, eingeweichte und abgetrocknete Rosinen, Orangeat, Zitronat, 75 g grob gehackte Walnusskerne, 75 g gestiftelte Mandeln, Mehl mit 1 gehäuften TL Backpulver, 100 g in kleine Würfel zerbrochene feine Milchschokolade.

Eine Napfform gut ausbuttern, Boden und Seiten mit 2 EL gehobelten Mandeln bestreuen. Den Teig einfüllen. In der unteren Hälfte des Ofens bei 175 bis 180° 90 Minuten backen. Der Kuchen soll dunkelgelb, aber nicht braun werden. Dass dieses Kraftpaket 3 Tage ruhen muss, damit alle Ingredienzen gut durchziehen, dürfte klar sein. Dass man davon, obwohl er so toll schmeckt, nur ein Stück isst, verlangt die Vernunft. Dass er schließlich jedes kunstvolle Dessert ersetzt und spielend mit dem Weihnachtsstollen vom stadtbesten Konditor konkurrieren kann, dass wissen Sie, wenn Ihnen der erste Brocken auf der Zunge zergeht.

Und weil vielen ein einfacher Kuchen nicht genug sein wird, folgt nun ein Walnuss-Parfait. Die Eigelb im Wasserbad schaumig schlagen, nach und nach Zucker und Weinbrand (oder Nusslikör) unterrühren, bis eine dicke Creme entsteht. Die frisch gemahlenen Walnüsse untermischen. In Eiswasser abkühlen lassen, ab und zu durchrühren. Die Sahne möglichst mit der Hand steif schlagen. Die Masse in eine Porzellanschüssel umfüllen und mit 1 EL Sahne geschmeidig rühren. Die restliche Sahne vorsichtig unterziehen. 1 EL grob gehackte Walnüsse auf der Oberfläche verstreuen. Ins Gefrierfach stellen. Eine Stunde vor dem Servieren herausnehmen.

Ein kunstvolles Dessert ist dieses Walnuss-Parfait nicht, aber es besteht aus allem, was einem Süßmaul lieb und teuer ist. Es versetzt zurückhaltende Esser in Entzücken und Kinder in Ekstase, vor allem aber ergänzt es sich mit dem Mahlberger Schlosskuchen so ideal, dass ich die beiden zusammen auf einem Teller serviere. Frohe Weihnachten!

Für 5 Personen

Für den Schlosskuchen:
375 g Butter
250 g Zucker
6 ganze Eier
1 abgeriebene Zitronenschale
1 Päckchen Vanillezucker
1 Prise Salz
200 g eingeweichte und abgetrocknete Rosinen
100 g Orangeat
100 g Zitronat
75 g Walnusskerne
75 g gestiftelte Mandeln
400 g Mehl
1 TL Backpulver
100 g feine Milchschokolade
2 EL Mandelblättchen

Für das Walnussparfait:
4 Eigelb
150 g Zucker
4 EL Weinbrand oder
3 EL Nusslikör
75 g frisch gemahlene Walnusskerne
400 g Sahne

Menü 1985

PELLKARTOFFEL ROSA

GRÜNKERNRISOTTO MIT PILZEN

POT-AU-FEU ROYAL

PFLAUMEN MIT ZIMTSABAYON

Ein Pot-au-feu ist dasselbe wie ein Bollito misto, also eine Gemüsesuppe, in der verschiedene Fleischsorten gekocht worden sind: Huhn, Kalb, Rind, Zunge. Das ist nicht gerade ein Armeleuteessen, aber auch kein Grund, der Hausfrau, die einen solchen Eintopf auf den Tisch bringt, Verschwendung vorzuwerfen.
Fürs Weihnachtsmenü darf es jedoch ein Pot-au-feu Royal sein, wie ich meine. Der Unterschied zur Alltagsfassung besteht in der besseren Qualität der einzelnen Fleischstücke. Und darin, dass dieser Eintopf nicht aus dem Suppenteller gegessen wird. Vorher aber gibt es ein Weihnachtsgeschenk für unsere Müslifreunde, ein Grünkernrisotto mit Pilzen.

Entrée

Pellkartoffel rosa

Und als ersten Gang nur eine Kartoffel. Eine große, mehlige pro Person. Die wird gewaschen und gar gekocht. Dann das obere Drittel der Länge nach abschneiden. Die Kartoffel aushöhlen, die heißen, ausgekratzten Weichteile mit Crème fraîche verkneten, wieder einfüllen. Darauf einen Klacks Crème fraîche und diesen mit Keta Kaviar dekorieren. Keta Kaviar ist Rogen vom Lachs; es sind große, rosa Körner, die keine Ähnlichkeit mit den kleinen grauen des Störs haben – und auch nicht mit deren Preis. Aber lecker ist Keta Kaviar trotzdem!

Für 4 Personen

4 große mehlige Kartoffeln
Crème fraîche
Keta Kaviar

Zwischengericht
Grünkernrisotto mit Pilzen

Für 4–5 Personen

250 g Grünkern
ca. 500 ml Bouillon
500 g Pfifferlinge
(oder getrocknete Steinpilze,
zur Not frische Champignons)
50 g Butter
1 Schalotte
Salz
Pfeffer
Zitronensaft
gehackte Petersilie

Grünkern gibt es mittlerweile in allen Biokost- und Reformhäusern. Dabei handelt es sich um eine Weizenart, den Dinkel, der nicht ganz ausgereift ist und beim Kochen stark quillt, ohne klebrig zu werden, und, so er gut gewürzt wird, eine gewisse Ähnlichkeit mit wildem Reis hat. Ich halte ihn für eine Bereicherung unserer Küche. Ich brauche den Grünkern in ganzen Körnern, nicht geschrotet oder gemahlen! Die Körner müssen mehrmals gründlich gewaschen werden, da sie staubig sind und leere Hülsen haben. Man kann Grünkern in Wasser kochen und gekörnte Brühe zusetzen. Wie immer aber ist es besser, eine natürlich entstandene Hühner- oder Fleischbrühe zu nehmen. Und die steht mir bei diesem Menü ja zur Verfügung.

Also setze ich die Körner mit einer kräftig gewürzten Bouillon auf, ungefähr doppelt so viel Brühe, wie Körner im Topf sind. Einmal aufkochen lassen und dann zugedeckt auf ganz kleiner Flamme gar ziehen lassen. Nach ungefähr 40 Minuten nachsehen, wie es mit der Feuchtigkeit bestellt ist. Also: entweder den Deckel weglassen, damit der fast gare Grünkern trocken wird, oder aber noch einige Esslöffel Bouillon angießen. Rühren ist gestattet; der Weizen ist nicht so empfindlich wie Reis.

Um die Weihnachtszeit sind frische Pfifferlinge selten und teuer. Es bedarf wahrscheinlich eines Einkaufstrips in die Großstadt, um sie zu finden. Als immobiler Landbewohner greife ich auf getrocknete Steinpilze zurück. Konservenpilze taugen nichts, lieber nehme ich frische Champignons, die genauso gebraten werden wie Pfifferlinge und wie letzten Endes auch die getrockneten Steinpilze, welche einen schönen, intensiven Geschmack haben. Sie werden eingeweicht, abgetrocknet und eventuell halbiert. In einer großen Pfanne Butter heiß werden lassen. Darin 1 EL sehr fein gehackte Schalotte anschwitzen. Die Hitze erhöhen und die Pilze anbraten. Salzen, pfeffern und mit Zitronensaft würzen. Den Grünkern unter die Pilze mischen (nicht umgekehrt, weil so die Körnermenge reguliert werden kann!), auf Teller füllen und mit Petersilie bestreuen. Wie bei anderen Reisgerichten auch, entscheidet hier allein die Art des Würzens über Banalität oder Delikatesse. Und natürlich das Verhältnis von Pilzen zu Grünkern: Je mehr Pilze, desto besser. Weil es sich um ein Zwischengericht handelt, serviere ich nur kleine Portionen.

Hauptgericht
Pot-au-feu Royal

Eine Fleischsuppe mit Einlage – so könnte man das Hauptgericht nennen, wenn man es verharmlosen, aber nicht die Unwahrheit sagen will. Was die Arbeit angeht, so verlangt dieser Fleischtopf tatsächlich nicht mehr Aufwand als eine normale Rinderbrühe. Nur handelt es sich hier nicht um eine normale Bouillon, sondern um eine königliche, um einen Pot-au-feu Royal. Und der lässt sich für 3 Personen nicht, für 4 Personen nur unvollkommen herstellen. Denn mit kleinen Mengen ist das Resultat ebenfalls nur klein. (Es sei denn, ich koche den Topf für zwei Tage, also die doppelte Menge.)

Zum Huhn ist zu sagen, dass ein Suppenhuhn einfach mehr Hühnergeschmack hat als ein Brathuhn. Dafür kann es passieren, dass es am Ende praktisch ungenießbar ist und weggeworfen werden muss. Weil bei einer ähnlichen Bemerkung vor Jahr und Tag viele Leser protestierten, möchte ich zitieren, was eine Hühnerzüchterei einer unzufriedenen Kundin zu diesem Thema schrieb: »Lassen Sie sich einmal von uns sagen, dass ein Suppenhuhn stets ein Abfallprodukt darstellt. Nach einer Legezeit von 300 oder 500 Tagen (…) sind diese Tiere dann ein total heruntergemergeltes Wirtschaftsgut, welche in der Regel nur noch für eine Suppe zu verwerten ist« (nach der *Badischen Zeitung*).

Auf Märkten besteht die Chance, ein Suppenhuhn zu kaufen, das auch in ausgekochtem Zustand noch essbare Teile aufweist. Dieses Huhn also setze ich mit dem Ochsenschwanz, den Knochen, der Kalbshaxe und der Beinscheibe in kaltem Wasser auf. Zum Kochen bringen und den aufsteigenden Schaum mehrmals abschöpfen. Gut salzen; für einen 10-Liter-Topf brauche ich einen guten Esslöffel grobes Salz. Dann das Suppengrün dazugeben. Bei sehr kleiner Flamme 3 Stunden mehr ziehen als köcheln lassen. Wie so oft ist auch hier die sanfte Tour die bessere. Sprudelnd gekocht würde das Fleisch hart und die Brühe trüb. Nach 3 Stunden wird die Haxe butterweich sein, das Huhn gar und die Beinscheibe vielleicht auch. Manchmal aber braucht sie 4 Stunden, manchmal wird sie nie weich. Deshalb brauche ich sie, wie den Ochsenschwanz und eventuell das Huhn, zunächst nur zum Auskochen. Sollte sie essbar sein, umso besser.

Beim Abschmecken der Brühe merke ich schon jetzt, dass da etwas Besonderes im Topf ist. Ich nehme die essbaren Fleischteile heraus, löse sie von den Knochen und befreie sie von Haut und Fett. Dann wird die Brühe durchgesiebt. Suppengrün und Ochsenschwanz haben

Für 6 Personen

1 kleine oder ½ Kalbshaxe
1 große Beinscheibe vom Rind
eine Handvoll Markknochen
eine Handvoll Ochsenschwanzstücke
1 kleine oder ½ gepökelte Kalbszunge
1 Suppenhuhn
1 Entenbrust
1 EL grobes Salz

Das übliche Suppengrün: Lauch, Karotte, Sellerie, Zwiebel, Lorbeer, Thymian, Nelken, Pfefferkörner

4 große Karotten
3 Stangen Lauch
1 tennisballgroßes Stück Sellerie
6 kleine Tomaten
6 große halbmehlige Kartoffeln

Für die Sauce:
Basilikum
Petersilie
frischer Thymian
Knoblauch
1 TL Senf
Zitronensaft
Salz
Pfeffer
Olivenöl

ihre Schuldigkeit getan. Wer's mag, kann die Markknochen retten. Die Fleischteile kommen zurück in die Brühe, und die wird über Nacht kalt gestellt. Am anderen Morgen lässt sich der Fettdeckel leicht entfernen und mit ihm die Sorge, das Weihnachtsessen könnte zu mächtig sein.

Der Anblick einer Kalbszunge ist manchen Leuten nicht angenehm. Ich kann das verstehen; auf den Tisch kommt sie bei mir (nicht nur deshalb) in aufgeschnittener Form. Ihre Zubereitung ist denkbar einfach: 2 Stunden in salzigem Wasser sprudelnd kochen lassen. Dann die Haut abziehen und alle unansehnlichen Teile wegschneiden. Die Zunge in dünne Scheiben schneiden. Sie ist rot, sehr zart und hat einen würzigen Geschmack, der sich zwischen dem sanften Huhn und der milden Kalbshaxe wunderbar einfügt (und die traditionellen Würste vertreten muss, die hier bewusst weggelassen werden).

Inzwischen habe ich die Gemüse geputzt bzw. geschält. Die Tomaten werden ganz belassen, alles andere wird in mundgerechte Würfel geschnitten. Zusammen in die Bouillon geben, die sicherheitshalber noch einmal abgeschmeckt wird. Eine halbe Stunde leicht köcheln lassen. Die Fleischteile mit einlegen. In den letzten Minuten geschieht Folgendes: Die Entenbrust, das sind die beiden Brusthälften, enthäutet und ohne Knochen, von jeglichem Fett befreit, wird an einem Faden in die Bouillon gehängt. 6 Minuten ziehen lassen; herausnehmen.

Wenn mehr als 6 Personen am Tisch sitzen (Weihnachten kommt ja schon mal was zusammen), wäre zusätzlich noch ein Stück Rinderfilet denkbar. Je mehr Personen, umso besser für diesen Pot-au-feu! Entenbrüste werden vielfach bereits ausgelöst angeboten. Muss man eine komplette Ente kaufen, hat man für den nächsten Tag noch die beiden Keulen, die zwar nicht viel hergeben, sich aber durch langes Braten auch noch in eine kleine Mahlzeit verwandeln lassen. Vom Rinderfilet nehme ich lieber zwei, drei Scheiben von 4 Zentimeter Dicke als ein großes Stück, weil sich sonst die Garzeit nicht präzise bestimmen lässt. Gar sind sowohl Filet wie Entenbrust, wenn sie innen noch leicht rosa sind. Und das ist bereits nach 6 Minuten der Fall.

Serviert wird das Fleisch auf einer Platte, umlegt von einem Teil der Gemüse. Die Bouillon bleibt im Topf, sie ergibt am nächsten Tag eine prächtige Suppe! Da die Tomaten nicht enthäutet waren, sind sie ganz geblieben. Die Häute, die jetzt geplatzt sind, müssen vor dem Servieren abgezogen werden. Und damit das alles sich zu einer schönen Harmonie verbindet, stelle ich dazu eine grüne Sauce auf den Tisch: sehr viel Basilikum und Petersilie, etwas frischen Thymian, Knoblauch nach Belieben, 1 TL Senf, 1 Spritzer Zitronensaft, Pfeffer und Salz in eine Rührschüssel geben, mit kalt geschlagenem Olivenöl aufgießen und mit dem Mixstab pürieren. Abschmecken. Mehr nicht. Aber dieses Wenige gibt sowohl dem Gemüse wie dem Fleisch einen köstlichen, einen königlichen Geschmack!

Dessert

Pflaumen mit Zimtsabayon

Für 4 Personen

500 g frische Pflaumen
30 g Zucker
Saft von 1 Zitrone
4 Eigelb
125 ml Weißwein
1½ EL Zucker
1 TL Zimt
Puderzucker
(Zwetschgenwasser)

Für das Dessert brauche ich pro Person 125 Gramm frische Pflaumen. Diese in kochendem Wasser brühen und die Haut abziehen. Die Pflaumen halbieren und entkernen. Feuerfeste Portionsformen (eine große Gratinform tut's auch) ausbuttern und mit Zucker ausstreuen. Die Pflaumen einlegen, leicht zuckern und mit Zitronensaft beträufeln. (Gibt's ähnlich wie bei den Pfifferlingen auch mit frischen Pflaumen Schwierigkeiten, so nehme ich Backpflaumen. Sie werden über Nacht in Wasser eingeweicht, entkernt und 1 Stunde in süßem schwarzem Tee gekocht. Danach werden sie behandelt wie die frischen Pflaumen.)

Im Wasserbad eine Sabayon montieren: die Eigelb mit dem Weißwein und dem Zucker sowie dem Zimt so lange schlagen, bis die Masse schaumig-steif wird. Über die Pflaumen gießen und bei starker Oberhitze oben im Backofen (oder unterm Grill) kurz gratinieren. Mit Puderzucker bestreuen, servieren. Wer nichts gegen Schnaps hat, darf die Pflaumen mehr oder weniger großzügig mit Zwetschgenwasser parfümieren.

Menü 1986

WINTERSALAT MIT WALNÜSSEN

GARNELENSCHWÄNZE PROVENZALISCH

GEFÜLLTE LAMMKEULE

APPLE CRUMBLE

Das Bewährte und Vertraute wird oft sträflich vernachlässigt. Gerade weil es wie selbstverständlich zur Verfügung steht und nie Schwierigkeiten gemacht hat, rangiert es auf dem Jahrmarkt der Attraktionen irgendwo im Mittelfeld. Spitzenreiter sind immer die auffälligen, effektvollen Dinge. Wenn es nur neu ist, nur einen Hauch von Exotik besitzt, ja, dann sind wir schon halb überzeugt. Um keine Missverständnisse aufkommen zu lassen: Hier ist vom Essen die Rede, vom Weihnachtsbraten.

Ich meine allerdings nicht die vertraute und bewährte Weihnachtsgans, sondern die mit Schafskäse gefüllte Lammkeule. Und so vertraut ist die auch wieder nicht, obwohl ich ihre Schönheit schon vor zehn Jahren gerühmt habe. Das liegt, man möchte es nicht glauben, an den immer noch grassierenden Vorurteilen der Deutschen gegenüber dem Schaf. Ein Stück vom Schaf als Weihnachtsbraten? Da könnte man ja gleich zum Pferdemetzger gehen! (Aber vom Schwein essen sie zweimal in der Woche.)

Lammfleisch ist zart und sehr bekömmlich; es ist weder fett, noch riecht es penetrant. Letzteres war früher zweifellos oft der Fall, aber dann war es kein Lamm, sondern ein Hammel oder ein Schaf mit mehreren Jahren auf der Wolle. Doch die gibt's schon lange nicht mehr. Was es heute gibt, sind Schafe, die unter einem Jahr alt sind und deshalb noch Lämmer genannt werden. Die ganz jungen, die Milchlämmer, sind eher nichtssagend, ohne viel Geschmack.

Ein Weihnachtsbraten – der Name sagt es – soll nach allgemeiner Übereinkunft lange im Ofen braten. Beim Lamm bedeutet das: die Keule. Also ein Braten für die Großfamilie oder den genusssüchtigen Freundeskreis. Sechs Personen braucht man schon, um eine Lammkeule auf einen Sitz zu verputzen, und wenn es vorher und nachher viel zu essen gibt, reicht sie auch für acht. (Man kann natürlich auch eine halbe Keule kaufen; aber dann macht das Braten weniger Spaß.)

Vorher gibt es bei mir in diesem Jahr zuerst den beliebten Salat. Zu Recht beliebt, denn der Wintersalat heißt Feldsalat (oder Nissel), und den finde ich entschieden delikater als das sommerliche Kaninchenfutter namens Kopfsalat. Außerdem erspare ich mir mit dem Salat, bequem, wie ich bin, die Gemüsebeilage zur Lammkeule. Und dazwischen, weil mein Weißwein bei diesem Essen sonst nicht richtig zur Geltung käme, ein paar von diesen Dingern, bei denen man sich nie sicher ist, ob sie dasselbe sind wie die Scampi der italienischen Küche, ob sie Garnelen heißen oder Langostinos. Sicher kann man nur sein, dass sie tiefgefroren sind oder es wenigstens waren. Und so was empfiehlt Siebeck?, höre ich jetzt die skeptischen Stimmen aus den alarmierten Küchen.

Ja. Weil es die nämlich frisch nicht gibt. Ich weiß auch nicht, warum. Frische Blumen aus Kolumbien, lebender Hummer aus Kanada, Obst aus allen Ecken dieser Welt – eigentlich gibt es alles frisch. Nur diese dicken Krebsschwänze nicht. (Krebs? Hat er nicht gerade von Garnelen gesprochen? Der Mann weiß wohl selber nicht, wovon er redet!) Sie heißen übrigens auch Kaisergranat, und als Hummerkrabbenschwänze oder Gambas sind sie ebenfalls zu haben, wobei es gewiss Unterschiede gibt. Aber wie in jedem vernünftigen Kochbuch bei einem Hummerrezept ersatzweise Languste steht, so sind auch hier die Unterschiede eigentlich nur für den Zoologen wichtig.

In allen Fällen sind die Schwänze der Schalentiere kernig und leicht süßlich im Geschmack, und immer sind die dicken Exemplare den dünnen vorzuziehen. Da ich sie nur als Zwischengericht benötige, genügen zwei oder, wenn es kleine Exemplare sind, vier Stück pro Person. So halten sich die Kosten in Grenzen. Denn wenn es sich auch nicht um teure Hummer handelt, so sind Garnelenschwänze doch nicht gerade billig.

Entrée

Wintersalat mit Walnüssen

Für 6 Personen

ca. 360 g Feldsalat
Sherry-Essig
Salz
Zucker
1 Schalotte
Walnussöl
12 Walnüsse
12–18 Champignons
schwarzer Pfeffer

Den Feldsalat waschen und gründlich trocken schleudern. Sollten die Blätter noch büschelweise zusammenhängen, die Stiele vor dem Waschen abschneiden. Sherry-Essig (Vinaigre de Xérès) mit Salz und einer Prise Zucker verrühren, eine sehr fein gehackte Schalotte dazugeben und Walnussöl mit einer Gabel einrühren, Verhältnis 1:3. Sherry-Essig ist sehr viel milder als der normale Essig, daher der verhältnismäßig große Anteil. Frische Walnüsse entkernen und in kleine Stücke brechen. Frische Champignons (pro Portion 2 bis 3 Stück) putzen und in 2 mm dicke Scheiben schneiden. Den Salat auf Tellern anrichten, Champignons drauflegen, darüber die Nüsse streuen und großzügig mit grob geschrotetem schwarzem Pfeffer bestreuen. Über alles die Vinaigrette gießen, servieren.

Zwischengericht

Garnelenschwänze provenzalisch

Für 6 Personen

12 Garnelenschwänze
Olivenöl
Salz
Cayennepfeffer
1 Msp. Safranpulver
1 Knoblauchzehe
3 EL Butter
6–8 EL Tomatenconcassé
1–2 EL Pastis
etwas Zucker

Die Schalen der Gambas entfernen. Das mache ich mit den Fingern, es geht ganz einfach. Das Schwanzende ist spitz und dunkel, das reiße ich ab und hoffe, dass dabei der sehr dünne Darm des Schalentieres herausgezogen wird. Robuste Naturen kümmern sich nicht weiter um ihn; die Empfindsamen erwischen ihn mit Sicherheit, indem sie das dicke Schwanzende senkrecht mit dem Messer einschneiden. Dann wird er sichtbar und kann herausgezogen werden.

Im Prinzip ist die Grundzubereitung von Langostinos so begrenzt wie die von Bratwürsten. Aber anders als bei den deftigen Schweinsprodukten kann man den zarten Schalentieren durch unterschiedliche Würzungen die überraschendsten Geschmacksnuancen abgewinnen. Ich liebe besonders die leicht süßlichen Versionen der asiatischen Küche, wo mit exotischen Saucen, Honig oder süßem Wein gearbeitet wird. Feinschmeckern wird das sofort einleuchten; doch an einem deutschen Weihnachtsessen nehmen ja auch Kinder und die Oma teil, und bei denen ist der Erfolg solcher Extravaganzen nicht garantiert. Deshalb soll bei folgendem Rezept die Exotik auf einige Safranfäden beschränkt bleiben.

In einer Pfanne Olivenöl sehr heiß werden lassen. Die Schwänze hineinlegen (Vorsicht, spritzt!), salzen, mit Cayenne pfeffern und mit 1 Messerspitze Safranpulver (bzw. ¼ TL Safranfäden) bestreuen. Nach 1 Minute die Schwänze einzeln umdrehen, wieder salzen, 1 dicke

Knoblauchzehe durchpressen und die Pfanne schütteln, damit sich die Zutaten vermengen. Nach weiteren 2 Minuten bereits vom Feuer nehmen. Die Schwänze – sie sind leicht rosa geworden – mit dem Schaumlöffel herausheben und auf Tellern anrichten. Butter in die Pfanne geben, aufschäumen lassen und klein gewürfeltes Tomatenfleisch (ohne Haut, Saft und Kerne) dazugeben, kurz andünsten lassen. Abschmecken, eventuell nachsalzen. Pernod oder Ricard dazugießen, 1 bis 2 Prisen Zucker, nochmals kurz aufkochen lassen und über die Schwänze gießen. Sofort servieren.

Wichtig ist, dass die Gambas nur ganz kurz und sehr heiß gebraten werden. So bleiben sie knackig und saftig, während eine nur um 2 Minuten verlängerte Bratzeit sie mehlig und trocken werden lässt. Bei den Gewürzen bin ich nicht pingelig. Es handelt sich hier ja um eine kräftige, aromatische Speise, also gehe ich mit Pfeffer, Knoblauch und Safran großzügig um. Dazu Weißbrot. Und natürlich ein kräftiger, sehr trockener Weißwein, möglichst ohne die zurzeit so beliebte blumige Fruchtigkeit.

Hauptgericht
Gefüllte Lammkeule

Für 6 Personen

1,5 kg Lammkeule ohne Knochen
300 g bulgarischer Schafskäse
4–8 Knoblauchzehen
Rosmarinpulver
Cayennepfeffer
Salz
1 große Tomate
2 Stückchen Sellerie
12 Schalotten
Kalbsbrühe
¼ l Sahne

dazu Bandnudeln

Bei der Lammkeule rechne ich mit 250 g pro Person, ohne Knochen. Den lasse ich vom Metzger herausschneiden; die äußere Haut und dicke Fettstellen werden ebenfalls entfernt.

Mit einer Gabel vermenge ich den Schafskäse und den durchgepressten Knoblauch mit nicht wenig Rosmarinpulver. Die auseinandergeklappte Keule bestreue ich innen, wo der Knochen gesessen hat, mit weiterem Rosmarin und etwas Cayennepfeffer. Darauf lege ich den zubereiteten Käse und klappe die Keule zusammen. Da ich bequem bin, nehme ich nun einen langen, dünnen Bindfaden (kein Nylon!) und umwickle die zusammengeklappte Keule so gründlich, dass sie zu einem strammen Paket wird. Besser wäre es zwar, wenn ich sie mit Nadel und Faden zunähen würde; aber wie gesagt, die Bequemlichkeit …

Das Fleischpaket brate ich von allen Seiten in heißem Olivenöl an. Dann wird es gesalzen und kommt zusammen mit der geviertelten und enthäuteten Tomate, zwei Stückchen Sellerie und den enthäuteten, aber ganzen Schalotten in eine passende Bratform *(reine)* und das Ganze für knapp 2 Stunden in den auf 200° vorgeheizten Backofen. Eine halbe Tasse Brühe dazu und nach 20 Minuten die Temperatur auf 120° reduzieren. Von Zeit zu Zeit weitere Kalbsbrühe angießen, doch sollte das Fleisch nie in viel Flüssigkeit liegen; diese soll nur das Verbrennen des Fleischsaftes verhindern.

Erst gegen Ende der Bratzeit erinnere ich mich daran, dass ich ja auch eine Sauce brauche. Und die entsteht nicht zuletzt durch eine kleine Unvollkommenheit. Denn so fest ich auch das Fleischpaket zusammengeschnürt habe, es verändert sich durch die Hitze, und von der Füllung gelangt etwas in den Bratensaft. Wunderbar! Denn das erst gibt der Sauce den herrlichen Geschmack! Nach beendeter Garzeit lasse ich die Sauce separat einkochen, gieße Sahne an und, so vorhanden, etwas steifen Kalbsfond; den Rest besorgt die würzige Basis.

Im Gegensatz zu anderen Lammbraten soll das Fleisch hier nicht mehr rosa sein; trotzdem aber nicht saftlos und durchgebraten. Also Vorsicht vor zu großer Hitze! Zu der kräftigen, fast deftigen Sauce passen Bandnudeln am besten. Gemüse nicht. Wein: rot und nicht so leichtgewichtig.

Dessert

Apple Crumble

Apple Crumble ist ein englisches Rezept, fast primitiv einfach und auch geschmacklich irgendwie normaler Hausmannskost verwandt. Doch spätestens wenn sich verwöhnte Feinschmecker mit dieser Hausmannskost den Teller zum dritten Mal füllen, wird klar, dass sich hinter dem scheinbar rustikalen Apfelgratin mehr verbirgt als der obere Teil eines Apfel-Streuselkuchens.

Für 6 Personen

Für den Apple Crumble:
1 kg Äpfel (Golden Delicious)
2 EL Zucker
1 TL Zimt
eine Prise Nelkenpulver
Saft von 1 Zitrone
1 Glas Weißwein oder Apfelmost
80 g Rosinen

Für die Streusel:
100 g Mehl
50 g Zucker
60 g geschmolzene Butter
1 Messerspitze Salz
200 g Crème fraîche
Calvados

Die Äpfel schälen, vierteln, das Kerngehäuse herausschneiden und die Viertel noch einmal halbieren. Mit Zucker, Zimt, Nelkenpulver, Zitronensaft und dem Wein aufsetzen und zugedeckt leicht köcheln lassen, bis die Äpfel gerade gar, aber noch nicht weich sind. Die Flüssigkeit sollte so gut wie verkocht sein. Die eingeweichten Rosinen untermischen und alles in eine flache Gratinform geben. Mehl, Zucker und Butter miteinander verrühren, wobei sich die Streusel fast automatisch bilden. Auf die Apfelmasse streuen und unter der Oberhitze im Ofen langsam (circa 30 Minuten) gar werden lassen. Abschließend unter dem Grill oder bei verstärkter Oberhitze leicht anbräunen. Zum warmen Apfelgratin serviere ich – und das ist der Pfiff – gut gekühlte Crème fraîche. Und weil Oma und die Kinder es nicht so schätzen wie ich, präpariere ich extra für mich und meine Gesinnungsgenossen eine Schale Crème fraîche, in die ich ein nicht zu kleines Glas Calvados eingerührt habe. Prost, Christkind!

Menü 1987

PROVENZALISCHE CHAMPIGNONS

GURKENSUPPE MIT LACHS

FASAN MIT WEINKRAUT UND KARTOFFELPÜREE

DATTEL-SOUFFLÉ

Manche Gerichte haben nur deshalb einen schlechten Ruf, weil wir zu viel davon essen. Zum Beispiel Sauerkraut und Kartoffelpüree. Wenn beide richtig lecker zubereitet sind, esse ich davon mehr, als ich will. Deshalb sind diese beiden Beilagen, die hier zum Fasan serviert werden, mit Vorsicht zu genießen. Und Vorsicht bedeutet nichts anderes als kleine Portionen. Damit trotzdem niemand hungrig vom Tisch aufstehen muss, gibt es vorher Champignons, die werden kalt serviert, sind ziemlich scharf und können einen Tag im Voraus gemacht werden, sowie eine leichte Suppe – natürlich ebenfalls nicht zum Sattessen.

Vom Dessert verspreche ich mir allerdings ein Ende der Zurückhaltung: Weihnachten ist schließlich nur einmal im Jahr.

Entrée

Provenzalische Champignons

Olivenöl und Lavendel, Koriander und Thymian sind die Wahrzeichen der provenzalischen Küche; kalte Vorspeisen lassen an Wind und südliche Sonne denken. Die Champignons erfüllen alle Voraussetzungen dafür. Außerdem sind sie leicht und lecker. Weißwein, Wasser, Olivenöl, Zitronensaft, Rosinen, Korianderkörner, Tomatenpüree, Lavendelhonig, Safranpulver, Lorbeerblatt, Thymian, Cayennepfeffer und Salz in einem Topf zum Kochen bringen. Währenddessen Champignons putzen und in Würfel schneiden. In die köchelnde Brühe geben, circa 5 Minuten garen lassen. Die Pilze mit einem Schaumlöffel herausheben und in eine Porzellanschüssel füllen. Den Saft einkochen lassen, damit er seinen suppigen Charakter verliert und eher einer Vinaigrette ähnelt; diese soll sehr würzig und scharf sein. Also sorgfältig abschmecken und eventuell nachwürzen. Über die Pilze gießen. Die sollten noch mindestens einen halben Tag ziehen. Dann mit Weißbrot und einem frischen Weißwein servieren. Kurz vorher gieße ich ein Glas Olivenöl über die Champignons.

Für 4–6 Personen

½ Tasse Weißwein
½ Tasse Wasser
¼ Tasse Olivenöl
Saft von 1 Zitrone
750 g Champignons
2 EL Rosinen
1 EL Korianderkörner
1 EL Tomatenpüree
1 TL Lavendelhonig
½ TL Safranpulver
1 Lorbeerblatt
1 Sträußchen Thymian
Cayennepfeffer
Salz
1 weiteres Glas Olivenöl

Zwischengericht
Gurkensuppe mit Lachs

Für 4 Personen

2 Schlangengurken
500 g frischer Lachs
1 l ungesalzene Hühnerbrühe
100 g Sahne
1 EL fein gehackter Dill
Butter
Curry
Zitrone
Salz

Diese Suppe vereinigt Wohlgeschmack mit Schönheit: Hellgrün und Rosa ist nun einmal eine hübsche Kombination. Die Gurken schälen, halbieren und die Kerne herauskratzen. In lange Streifen und dann in kleine Würfel schneiden. 1 EL Butter in einem Suppentopf heiß werden lassen, darin die Gurkenwürfel anschwitzen, mit der Hühnerbrühe aufgießen und gar ziehen lassen, was circa 10 Minuten dauert. 4 EL Gurkenstückchen herausfischen, den Rest im Topf mit dem Schnetzelstab pürieren. Die intakten Stücke wieder zurück in den Topf, die Sahne und den Zitronensaft (½ Zitrone) dazugießen. Salzen, mit circa ½ TL Curry abschmecken, den Dill einstreuen.

Inzwischen habe ich das Stück Lachs sorgfältig enthäutet, das Fleisch von den Gräten geschnitten und in kleine löffelgerechte Streifen zerlegt. Drei Minuten vor dem Servieren lege ich sie in die heiße Suppe, die nicht kochen darf, und lasse sie gar ziehen; drei Minuten, länger nicht. Der Arbeitsaufwand ist minimal im Verhältnis zur Delikatesse, die hier mit wenigen, wenn auch edlen Zutaten erreicht wird.

Hauptgericht
Fasan mit Weinkraut und Kartoffelpüree

Früher war der Fasan eine fürstliche Delikatesse, ein Prunkstück für jede Festtafel. Das ist nicht einmal lange her. Heute gibt es möglicherweise viel mehr Fasane als damals; aber sie schmecken nicht mehr fürstlich. Es fehlt ihnen der typische Geschmack eines Wildvogels. Dieser war bei Fasanen nie sehr stark und zum größten Teil das Resultat längeren Abhängens. Doch es ist ein Unterschied, ob ich einen Fasan tagelang hängen lasse oder ein Huhn. Denn die heutigen Fasane schmecken eher nach Huhn als nach einem Wildvogel, weil sie, wie die Hühner, gezüchtet und gefüttert werden. Im Oktober, wenn die Jagdsaison beginnt, dürfen sie ins Freie. Einige entkommen den wartenden Jägern und gründen in der verdreckten Wildnis im nächsten Frühjahr eine Familie. Das sind dann wieder richtig wilde Fasane. Auch sie gibt es zu kaufen, aber selten.

Was meinen Weihnachtsvogel angeht, so finde ich mich damit ab, dass er kaum anders als ein Perlhuhn schmeckt (deshalb kann man ein Perlhuhn genauso zubereiten). Fasane laufen lieber, als dass sie fliegen, was in meinen Augen zwar ein Indiz für eine höher entwickelte Intelligenz ist, ihren Beinmuskeln aber athletische Eigenschaften gibt, welche einen bedauerlichen Kontrast zu den zarten Brüsten bilden: Sie sind ziemlich zäh. Ganz und gar zäh aber sind Fasane, die über ein Jahr alt sind, also Freigelassene vom Vorjahr. Sie sind jedoch leicht zu identifizieren, weil der dreieckige Sporn, den alle Fasane am Hinterfuß haben, bei ihnen länglich und empfindlich spitz ist, während er bei einem jungen Fasan nur ein kleines stumpfes Dreieck bildet. Alte Fasane sind gut für die Suppe; als Braten taugen sie nichts.

Wenn ein essbarer Vogel keinen deutlichen Eigengeschmack hat, dann sollte er wenigstens ein zartes, angenehm zu kauendes Fleisch haben. Das hat der Fasan. Seine Brust – sie allein macht ihn delikat – ist groß und fest, aber nicht hart; sie ist saftig, ohne (wie bei Käfighühnern) wässerig zu sein. Den fehlenden Geschmack würze ich dem Vogel an. Es gibt noch eine andere, die traditionelle Methode, seinen Geschmack zu intensivieren: das Abhängen. Dazu darf er aber weder gerupft noch ausgenommen sein. Mir ist das Rupfen zu mühsam. Wer es dennoch auf sich nehmen will: vier bis fünf Tage in der Kälte hängen lassen, aber nicht einfrieren. Ein Fasan reicht für zwei Personen.

Gewürzt wird mein Fasan nur mit Wacholder, Pfeffer und Rauchspeck. Zunächst muss er zusammengebunden werden, mit einem Faden um die Unterbeine, damit er sich im Ofen nicht rekeln kann. Dann zerstoße ich im Mörser 1 EL Wacholderbeeren mit 1 TL schwarzen Pfefferkörnern und 1 flachen TL Salz. Die Wacholderbeeren lassen sich nicht sehr fein zermörsern, das ist auch nicht nötig. Mit dieser Mischung reibe ich die Brust ein; von innen wird der Vogel nicht gewürzt.

Zum Einwickeln des Fasans habe ich mir beim Metzger fetten, stark geräucherten Speck in sehr dünne und möglichst große Scheiben schneiden lassen; ungeräucherter Speck ist nicht geeignet. Zusätzlich besorge ich mir, ebenfalls sehr dünn geschnitten, mehrere Streifen mageren Knochenschinken. Dünn müssen Speck und Schinken sein, weil sich so ihr Aroma besser löst. Also lieber zwei oder drei hauchdünne Scheiben übereinanderwickeln als nur eine dicke! Der Fasan wird damit gründlich bandagiert, dass er wie eine ovale Mumie aussieht. Dann binde ich ihn mit einem dünnen Bindfaden so fest zusammen, dass ich das Paket gefahrlos drehen und wenden kann.

Der Ofen ist auf 250° vorgeheizt. Ich nehme eine Bratform, die nicht größer ist als der Fasan, lasse 2 EL Butter aus, begieße den Vogel damit und lege ihn mit einer Seite in die ebenfalls vorgeheizte Form, welche ich in den Backofen schiebe. Nach 10 Minuten drehe ich den Fasan auf die andere Seite, nach weiteren 10 Minuten auf den Rücken.

Für 4 Personen

Für den Fasan:
2 Fasane
1 EL Wacholderbeeren
1 TL schwarze Pfefferkörner
1 TL Salz
einige große, dünne Scheiben fetter Räucherspeck
100 g Knochenschinken
2 EL Butter

Für das Weinkraut:
500 g Sauerkraut
Butter
1 Apfel
1 TL Zucker
1 Lorbeerblatt
1 TL Wacholderbeeren
1 Glas trockener Silvaner
Salz
Pfeffer
ca. 20 große Weintrauben

Für das Kartoffelpüree:
500 g mehlige Kartoffeln
Sahne
Salz
Cayennepfeffer
Muskatnuss
Butter

Für die Sauce:
evtl.
Wildfond
Rotwein
Madeira
Butter

Insgesamt 30 Minuten, und er ist gar. Das heißt, die Brust ist gar, die Keulen noch nicht. Ich entferne Bindfaden und Speck, schneide die Keulen ab, die an der Schnittfläche noch ziemlich rosa sind, und lege sie zurück in die Bratform. Dann löse ich die beiden Brusthälften aus. Mit einem Messer am Brustbein entlang einschneiden und abtrennen. Das Fleisch sollte an der Innenseite noch einen ganz leicht rosa schimmernden Glanz haben, das ist ein Zeichen dafür, dass es nicht trocken gebraten wurde. Die Keulen verwende ich am nächsten Tag, indem ich sie noch circa 10 Minuten leicht brate und dann zugedeckt weitere 10 Minuten schmoren lasse. Jetzt richte ich die Teller an:

Je eine Brusthälfte, Weinkraut und Kartoffelpüree. Sauce ist nicht nötig, wie ich meine, da ja das Püree, wie es hier gemacht wird, alles andere als trocken ist; außerdem hat das Weinkraut genug Saft. Wo aber Sauce unbedingt sein muss – kein Problem! Ich brauche bloß einen vorbereiteten, dick eingekochten Wildfond, löse ihn in einer Pfanne mit etwas Rotwein und einem kleinen Glas Madeira auf, lasse reduzieren, gebe Butter hinzu, schmecke ab, und schon habe ich eine passende Sauce. Über das begleitende Weinkraut müssen wohl nicht viele Worte gemacht werden: Sauerkraut nicht waschen, einen zerkleinerten Apfel mit 1 TL Zucker in reichlich Butter anschwitzen lassen, das Sauerkraut, 1 Lorbeerblatt und 1 TL Wacholderbeeren dazu. Etwas trockenen Silvaner angießen. Salzen, pfeffern. Bei geschlossenem Deckel circa 2 Stunden schmoren lassen, von Zeit zu Zeit Wein nachgießen. Pro Portion etwa 5 große, süße Weintrauben enthäuten, halbieren und die Kerne entfernen. Diese Traubenhälften kommen in den letzten 10 Minuten ins Sauerkraut. Sie sollen heiß werden, aber nicht verkochen.

Bei der Herstellung von Kartoffelpüree auf keinen Fall einen Elektroquirl oder ähnliche Atomisierer verwenden! Nur wenn sie langsam mit einem altmodischen Drahtstampfer bearbeitet werden, verwandeln sich Kartoffeln in ein lockeres Püree, andernfalls in klebrigen Brei. Also mehlig kochende Kartoffeln weich kochen. Abschütten, wieder auf den Herd stellen, zerteilen und alle Feuchtigkeit verdampfen lassen. Dann stampfen. Zunächst nur wenig Sahne anschütten – immer stampfen, nie rühren –, und nach und nach weitere Sahne dazugeben. Dabei mit Salz, Cayennepfeffer und frisch geriebener Muskatnuss abschmecken – nicht zu zaghaft bitte! Wer abschließend im heißen Püree noch einen Klumpen Butter schmelzen lässt, handelt vielleicht gegen die Vernunft, aber er verbessert den Geschmack.

Dessert
Dattel-Soufflé

Für 5 Personen

15 frische Datteln
1 TL Zimt
1 EL gemahlene Haselnüsse
Saft von 1 Zitrone
2 Eigelb
1 EL Zucker
4 Eiweiß
1 Prise Salz
Cognac

Backofen auf 200° vorheizen. 5 feuerfeste Portionsförmchen von 9 cm Durchmesser ausbuttern und mit Zucker ausstreuen. Datteln enthäuten, entkernen und pürieren. Zimt, gemahlene Haselnüsse und den Zitronensaft mit dem Dattelpüree vermischen. Eigelb mit 1 flachen EL Zucker schaumig rühren, bis der Zucker sich auflöst. Mit der Dattelmasse vermischen. Eiweiß mit 1 Prise Salz sehr steif schlagen; 2 EL davon unter die Masse rühren, das restliche Eiweiß vorsichtig unterheben.

In die Förmchen füllen, welche nur zu ⅔ gefüllt sein dürfen, glatt streichen. In ein heißes Wasserbad stellen und auf der mittleren Schiene im Ofen garen lassen, bis die Masse aufgeht und an der Oberfläche braun wird, was ungefähr 20 Minuten dauert. Sofort servieren und, wenn kein Alkoholverbot besteht, mit etwas Cognac begießen.

Je frischer die Datteln sind, umso weniger süß sind sie und für dieses Soufflé besser geeignet. In jedem Fall ist die ausgleichende Säure durch die Zitrone wichtig.

Weinempfehlungen

Was die passenden Weine angeht, so wird der Weißwein, der zu den Champignons getrunken wird, auch zur Suppe passen. Fasan und Sauerkraut aber verlangen etwas Spezielles. Ein kräftiger Riesling und sogar ein trockener Gewürztraminer passen ebenso gut dazu wie ein Volnay oder ein Kaiserstühler Spätburgunder. Das Soufflé wiederum ist eine Gelegenheit, eine der wenigen Beerenauslesen aus dem Keller zu holen, mit denen man normalerweise wenig anzufangen weiß. Und Champagner passt von vorn bis hinten, wenn er nur erste Qualität ist.

Menü 1988

SALAT MIT ROQUEFORTKARTOFFELN

SAIBLINGSFILETS IN DER FOLIE

REBHUHN AUF WIRSING

HONIGQUARKSOUFFLÉ MIT ZITRONE

Wie's aussieht, läuft diesmal wieder alles auf die Weihnachtsgans hinaus. Kalb vergiftet, Wild verstrahlt. Schwein versaut. Lachs verlaust, Froschschenkel verpönt ... Was bleibt da noch übrig? Doch da finde ich in Heines »Wintermärchen« folgende Zeilen:

»Es stand auf dem Tische eine Gans,
Ein stilles, gemütliches Wesen.
Sie hat vielleicht mich einst geliebt,
Als wir beide noch jung gewesen.

Sie blickte mich an so bedeutungsvoll,
So innig, so treu, so wehe!
Besaß eine schöne Seele gewiss,
Doch war das Fleisch sehr zähe.«

Das genügt! Manchmal bedarf es der Dichtung, um uns auf den Boden der Tatsachen zurückzubringen. Außerdem liegt eine Gans immer schwer im Magen. Rebhuhn nicht.

Entrée

Salat mit Roquefortkartoffeln

Für 4 Personen

4 Kartoffeln (festkochend)
8 TL Roquefort
8 Wachteleier
Batavia-Salat
Rotweinessig
Olivenöl
gehackte Schalotten
eingelegte Pfefferschoten (oder Knoblauch)
Salz
Zucker

Ein Menü, das mit diesem Salat beginnt, ist ein Wagnis. Es besteht nämlich die Gefahr, dass die Gäste hinterher sagen: »Warum haben die von dem Salat so wenig gemacht? Ich hätte auf alles andere verzichten können!« Doch auf dem Teller darf sich nicht mehr befinden als vier halbe, noch warme weich gekochte Wachteleier, etwas Batavia-Salat (der mit den braunroten Rändern) und vier heiße, mit geschmolzenem Roquefort gefüllte Kartoffelstücke. Die Kombination von kaltem Salat mit seiner säuerlichen Vinaigrette, den sanften Eiern und den kräftig aromatisierten, heißen Kartoffeln ist schlechthin unwiderstehlich. Deshalb lohnt sich auch die Arbeit, die ich mir mit den Kartoffeln mache. Sie müssen unbedingt von der festkochenden Sorte sein. Ich schäle sie und schnitze aus ihnen kleine runde Stücke, nur wenig dicker als ein halbierter Weinkorken. Mit der Spitze des Kartoffelschälmessers höhle ich sie aus. Dann werden sie in Salzwasser gekocht. Aber aufpassen, dass sie nicht zu weich werden und bei der kleinsten Belastung auseinanderbrechen! Abschütten und trocken dünsten. In die Höhlungen fülle ich nun Roquefort – ein halber Teelöffel Käse sollte in jedes Kartoffelstück hineinpassen – und platziere die Kartoffeln auf eine feuerfeste Unterlage. Die schiebe ich unter den Grill oder hoch oben in den Backofen unter die voll aufgedrehte Oberhitze. Braun werden soll hier nichts; der Käse soll heiß werden und schmelzen, mehr nicht. Inzwischen habe ich die Wachteleier 2 Minuten gekocht, abgeschreckt, geschält und halbiert. Ich lege auf jeden Teller viel Hälften an den Rand, sodass sie sich gegenüberliegen. In die Tellermitte häufele ich den gewaschenen und getrockneten Salat, übergieße ihn mit einer Vinaigrette aus gehackten Schalotten, gehackten spanischen Pfefferschoten (guindillas en vinagreta), wahlweise auch Knoblauch, Salz, einer Prise Zucker, Rotweinessig und Olivenöl. Die heißen Kartoffelstücke mit dem geschmolzenen Roquefort werden zwischen die Eier gesetzt und die Teller sofort serviert.

Zwischengericht
Saiblingsfilets in der Folie

Für 4 Personen

4 Saiblinge
(oder 4 kleine Lachsforellen)
12–16 Champignons
Zitronensaft
Salz
Pfeffer
Petersilie
Butter
trockener Vermouth

Die Versorgung mit Fisch ist, zumindestens in den Städten, besser als je zuvor. Exotische und rare Fische (die heute gezüchtet werden und also nicht mehr rar sind) liegen neben Steinbutt, Seeteufel und Knurrhahn. Der Saibling gehört zur Familie der Forellen, sein Fleisch ist rosa und fester als das einer Bachforelle. Da Saiblinge nicht sehr groß sind, brauche ich pro Person einen Fisch, den ich mir vom Händler filetieren lasse, doch die Haut soll er dranlassen. (Man muss sie nicht unbedingt essen, aber sie schützt das Fleisch beim Garen.) Saiblinge werden oft auch bereits filetiert angeboten. Und wenn gerade keine Saiblinge auf dem Markt sind, dann bestimmt Lachsforellen, welche hier einen durchaus vollwertigen Ersatz bilden. Sodann brauche ich pro Portion 3 bis 4 Champignons. Die werden gesäubert und in hauchdünne Scheiben geschnitten (weil sie sonst nicht gar würden). Ich lege sie in eine Schüssel und beträufele sie großzügig mit Zitronensaft. Die Fischfilets unter kaltem Wasser abspülen und mit Küchenkrepp trocken tupfen. Nun schneide ich rechteckige Stücke von der Alufolie. Darauf lege ich ein Filet mit der Haut nach unten, salze und pfeffere aus der Mühle. Darauf häufele ich so viele Champignonscheiben, dass das Filet bedeckt ist. Die Pilze extra salzen; einen Teelöffel grob gehackte Petersilie dazu. Nun das

zweite Filet salzen und pfeffern und mit der Haut nach oben auf das erste Filet legen. Es ist jetzt ein circa drei Zentimeter dickes Sandwich entstanden, auf dem ich zwei Butterflöckchen verteile. Dann wird der Fisch in die Folie eingeschlagen, welche ich an den Rändern mehrfach falte, damit das Päckchen luftdicht verschlossen ist. Die so verpackten Filets lege ich nebeneinander in eine Brat- oder Backform und schiebe sie in den 180° heißen Ofen. Nach 15 Minuten sind sie gar. Die Champignons haben ihren Saft abgegeben, ihn fange ich beim Öffnen der Pakete in einer Kasserolle auf und reduziere ihn, wobei ich ein kleines Glas trockenen Vermouth angieße. Abschmecken (Salz? Pfeffer? Zitronensaft?), und dann montiere ich einige kalte Butterstücke ein. Die Filets werden auf vorgewärmte Teller gelegt und mit der Sauce begossen. Das ist leicht und delikat und macht wenig Arbeit. In hungrigen Familien kann Reis dazu gereicht werden; bei mir gibt es nur Weißbrot.

Hauptgericht
Rebhuhn auf Wirsing

Für 6 Personen

3 Rebhühner
15 Wacholderbeeren
24 schwarze Pfefferkörner
Salz
ca. 200 g durchwachsener Räucherspeck
2 kg Wirsingkohl
3 TL Karottenwürfel
1½ TL Schalotten
½ Zitrone
½ Becher Sahne
Pfeffer
Crème fraîche
1 EL Petersilie

Die Rebhühner, die es immer häufiger zu kaufen gibt, sind so wenig wild aufgewachsen wie die Wachteln; deshalb haben beide auch keinen Wildgeschmack mehr. Aber saftig sind sie, saftig und zart, und das ist schon etwas. Außerdem besteht keine Gefahr, dass wir beim Essen auf eine Schrotkugel beißen.

Rebhühner sind so klein wie Tauben. Trotzdem genügt in einem Menü wie diesem ein halber Vogel pro Person (ohne Vorgerichte ist jedoch die doppelte Menge angebracht). Rebhühner werden bratfertig verkauft. Ich muss nur noch würzen. Und manchmal den bereits umgewickelten Speck wieder entfernen; denn der ist im Allgemeinen fett und ungewürzt, also ziemlich sinnlos. Auch ich wickele die Vögel in Speck ein, aber ich nehme stark geräucherten, durchwachsenen Bauchspeck, den ich vom Metzger in sehr dünne Scheiben oder Streifen schneiden lasse. Zuerst aber zermörsere ich pro Rebhuhn 5 Wacholderbeeren und 8 schwarze Pfefferkörner und massiere sie den Vögeln in die Haut, so gut das geht. Dann salze ich sie und bandagiere sie mit dem Speck, dass sie aussehen wie ägyptische Mumien. Den Speck binde ich mit einem Metzgerzwirn fest.

Ich bereite den Wirsing vor: die Blätter von den Strünken ab- und in Stücke reißen, ungefähr so groß wie Siegfrieds Lindenblatt. Waschen. In kräftig gesalzenem, stark kochendem Wasser 2 Minuten blanchieren. In kaltem Wasser abschrecken. Abtropfen lassen. In einem

Schmortopf Butter heiß werden lassen und darin die umwickelten Rebhühner gründlich anbraten, dabei immer wieder herumdrehen. Der Speck sollte bei diesem Prozess dünn und durchsichtig werden, so gibt er sein Aroma besser ab. Während des Anbratens streue ich pro Rebhuhn 1 TL sehr klein gehackte Karotten und ½ TL ebenso fein gehackte Schalotten in den Topf. Butter und Schalotten dürfen nicht braun werden. Schließlich schichte ich den abgetropften und ausgedrückten Wirsing über und um die Rebhühner herum, salze eventuell noch nach, drücke eine halbe Zitrone über dem Ganzen aus und gebe (bei 3 Rebhühnern) einen halben Becher Sahne dazu. Deckel drauf und in den sehr heißen Ofen schieben. Sobald das Gemüse schmurgelt, die Hitze auf 200° reduzieren und 40 Minuten schmoren lassen. Das ist eine lange Zeit für so kleine Vögel, aber sowohl der Speck als auch die feuchten Wirsingblätter mildern die Hitzeeinwirkung erheblich.

Über die Menge des Wirsings lässt sich nur sagen, dass der Kohl, wenn er erst blanchiert und dann geschmort wird, sein Volumen extrem verringert. Was zunächst aussieht wie Wirsing für drei Tage, reicht hinterher gerade für drei Esser. Außerdem kann übrig gebliebener Wirsing am nächsten Tag aufgewärmt werden. Nach 40 Minuten im Ofen ist der Wirsing weich.

Ich nehme den Bräter heraus und prüfe durch einen Einschnitt an den Schenkeln, wie es um die Rebhühner steht (den Speck habe ich abgewickelt und weggeworfen). Wenn nötig, schiebe ich sie noch einmal allein und offen in den Ofen, während ich den Wirsing vollende. Der hat mit großer Wahrscheinlichkeit zu viel Flüssigkeit unter sich angesammelt. Also setze ich den Schmortopf ohne Deckel auf den Herd und reduziere. Das gibt mir eine letzte Möglichkeit, abzuschmecken: mit Zitronensaft, Salz, Pfeffer, Crème fraîche. Ein Esslöffel gehackte Petersilie ist immer gut. Ich brauche nur wenig Schmorsaft, da eine weitere Beilage nicht vorgesehen ist (im Zweifelsfall würde ich hier Kartoffelpüree servieren). Die Rebhühner werden jetzt der Länge nach halbiert und auf den Tellern, auf dem Wirsing, nicht daneben, angerichtet.

Dessert

Honigquarksoufflé mit Zitrone

Vor einem Soufflé fürchten sich die meisten, weil es so empfindlich ist und leicht zusammenfällt. Deshalb gibt es heute ein Soufflé, das garantiert zusammenfällt; das liegt an der Masse. Die besteht aus Schichtkäse: Andere Sorten sind zu feucht, da geht gar nix. Den Schichtkäse durch ein Sieb drücken. Von der Zitrone schäle ich die Schale ohne das weiße Futter so dünn ab, dass sie fast durchsichtig ist. Diese Schalenstreifen zerlege ich wiederum in lange, nur 1 mm dicke Fäden. Dafür gibt es in Haushaltsgeschäften Spezialmesser (»Zestenschneider«), es geht aber auch mit einem sehr scharfen Messer. Die Fäden werden 2 Minuten in kochendem Wasser blanchiert. Abtropfen lassen.

Nun koche ich aus dem Honig (keinen Waldhonig) und dem Wasser einen Sirup, gebe die Fäden hinein und lasse erkalten. Sollte der Sirup karamellartig hart geworden sein, muss ich ihn noch einmal mit wenig Wasser aufkochen und wieder abkühlen lassen. Den Saft der Zitrone und den Sirup mit den Zitronenfäden mische ich unter den Quark. Für jede Portion lege ich drei besonders lange Fäden beiseite.

Die Eiweiß werden mit einer Prise Salz sehr fest geschlagen. Ich buttere 6 Portionsförmchen von 9 cm Durchmesser und streue sie innen mit Zucker aus. Das Eiweiß wird vorsichtig unter den Quark gehoben und in die Förmchen gefüllt, welche nur ⅔-voll sein dürfen (etwas geht das Ganze nämlich doch auf!). Obendrauf die drei Dekorationsfäden. Im sehr heißen Ofen im oberen Drittel 20 Minuten backen lassen, bis die Oberfläche hellbraun geworden ist. Herausnehmen, mit Puderzucker bestreuen und servieren: Das ist saftig und leicht.

Wer es süßer mag und nichts gegen einen Schnaps hat, weicht pro Portion 1 TL Rosinen in Rum ein und vermischt sie mit der jeweiligen Portion – vor dem Backen natürlich.

Dieses Dessert gibt mir endlich einmal eine Gelegenheit, Champagner zu trinken, und der muss nicht einmal von der trockensten Sorte sein.

Für 6 Personen

250 g Schichtkäse
1 Zitrone
100 g Honig
100 g Wasser
3 Eiweiß
1 Prisc Salz
Zucker
Puderzucker
(evtl. 6 TL Rosinen in Rum)

Menü 1989

NUDELTELLER MIT PILZ-PAPRIKA

SUPPE VON TELTOWER RÜBCHEN MIT DILL UND KAVIAR

RUMPSTEAK IM SENFMANTEL MIT KAROTTEN

GEWÜRZTER WEIHNACHTSKUCHEN

Nudelteller mit Pilz-Paprika, Teltower Rübchensuppe, Rumpsteak im Senfmantel und gewürzter Weihnachtskuchen – das klingt nicht sonderlich festlich, derartige Leckereien stehen bei den Bundesbürgern häufig auf dem Tisch. Nudeln immer, denn Nudeln und Deutsche, das ist wie Pommes frites und Belgier, wie Matrosen und Rum. Die Nudeln hier unterscheiden sich hauptsächlich in der Portion von der üblichen Spaghettischlacht. Und in der Sauce, die ein Gemüse ist. Die Rübensuppe könnte auch in einer Dokumentation über den Dreißigjährigen Krieg erscheinen – bis auf eine dekorative Kleinigkeit. Und das Rumpsteak? Ich gebe zu, kein originelles Hauptgericht. Aber wenn es dann auf dem Tisch steht, leckt sich die Familie die Finger! Das macht die Sauce, die ist dann doch nicht alltäglich, sondern von eindrucksvoller Prächtigkeit. Nur beim Dessert – diesmal auf besonderen Wunsch wieder einmal ein Kuchen – weihnachtet es ein bisschen.

Entrée

Nudelteller mit Pilz-Paprika

Für 6 Personen

125 g Eierschnittnudeln oder Capelli d'Angelo (Nudelnester)
20 g Judasohren (getrocknete schwarze chinesische Pilze)
500 ml kräftige Fleischbrühe
1 rote Paprika
geschmacksneutrales Pflanzenöl
1 Zitrone
1 Prise Safranpulver
200 g weißer Schafskäse
schwarzer Pfeffer
Butter

Die Nudeln sollten relativ kurz sein, eventuell müssen sie vor dem Kochen gebrochen werden, damit auf den Tellern kein unfestliches Chaos entsteht. Die Brühe, die bei diesem Menü mehrfach gebraucht wird, muss so stark konzentriert sein, dass sie über Nacht im Kühlschrank steif wie Wackelpudding wird, außerdem ungesalzen und entfettet. Der Schafskäse ist der in Blöcken aus Bulgarien oder Griechenland.

Das Rezept ist für 6 Personen gedacht, weil eine Paprika für 4 Portionen zu groß ist und die Pilze nicht in kleineren Mengen zu kaufen sind. Sie werden einige Minuten in kaltes Wasser gelegt, bis sie weich sind. Dann gründlich waschen und in sauberem Wasser 20 Minuten quellen lassen. Ausdrücken und mit dem Kochmesser klein hacken, bis sie eine manierliche Gabelgröße haben.

Den Schafskäse zerbröseln oder mit dem Messer in kleine Bröckchen zerteilen.

Die Paprika säubern und in sehr feine Streifen schneiden, diese wiederum in kleine Stückchen hacken, nicht größer als eine grob gehackte Zwiebel. In einer Sauteuse (Stielpfanne mit hohem, schrägem Rand) etwas Öl heiß werden lassen und die Paprika darin leicht anbraten. 1 Suppenkelle Brühe dazugeben, darin eine Prise Safran auflösen. Leicht salzen. Zugedeckt etwa 10 Minuten garen lassen; die Paprikawürfel sollen nicht butterweich sein, sondern noch etwas Biss haben.

Die Nudeln in Salzwasser gar kochen.

In einer flachen Pfanne die feuchten Pilze trocken braten. Öl dazugeben, salzen und mit Zitronensaft beträufeln. Unter ständigem Rühren sind die Pilze in wenigen Minuten gar; auch sie sollten nicht ganz weich sein. Dann mit der Paprika in der Sauteuse vermischen und abschmecken. Also etwas Pfeffer aus der Mühle, vielleicht noch etwas Salz und sicherlich noch etwas Zitronensaft, denn der soll dem Gemüse eine deutlich säuerlich-frische Note geben. Was die Konsistenz dieses Pilz-Paprika-Gemüses angeht, so soll es nass sein, aber nicht suppig. Darunter mische ich jetzt auch die Käsebröckchen. Es sieht sehr appetitlich aus: schwarz-weiß-rotkulinarisch. Noch einmal kurz erhitzen.

Die abgetropften, heißen Nudeln werden auf den Tellern angerichtet und mit einem Stück Butter vermengt. In die Nudelmitte setze ich einen gehäuften EL von dem Pilzgemüse. Für die Erwachsenen stelle ich ein Schüsselchen schwarzen Pfeffer auf den Tisch, den ich erst in der letzten Minute grob gemörsert habe. (Weil Nudeln ohne Pfeffer wie Champagner ohne Kohlensäure sind.)

Zwischengericht
Suppe von Teltower Rübchen mit Dill und Kaviar

Für 4 Personen

1 kg Teltower Rübchen mittlerer Größe, d. h. so groß wie eine Kinderfaust
2 große Sträußchen Dill
500 ml klare kräftige Fleischbrühe (Ochsenschwanz- oder Rinderfleischbrühe), ungesalzen und entfettet
2 EL Crème fraîche
Saft von 1 Zitrone
4 TL Kaviar

Die Rübchen schälen und würfeln. Mehr als 600 g werden danach nicht übrig geblieben sein: Das reicht für 4 bis 6 Portionen. Die Würfel mit der Brühe zum Kochen bringen und zugedeckt circa 25 Minuten garen, bis sie weich sind. Mit dem Mixstab zerquirlen, sodass die Suppe eine sämige Konsistenz bekommt. Ist sie zu dünn, einkochen lassen. Mit Salz und Cayennepfeffer abschmecken. Den Dill klein hacken, in die Suppe geben, danach den Zitronensaft. Die Suppe schmeckt jetzt deutlich nach Dill, und auch der Zitronensaft sollte unverkennbar sein; andernfalls weiteren Zitronensaft dazugeben. Heiß in Suppentassen oder -teller füllen. Auf jede Portion einen Klacks Crème fraîche geben und darauf einen TL Kaviar dekorieren.

Ich möchte darauf hinweisen, dass hier, wo weder Butter noch Sahne zu Hilfe genommen wurde, alles davon abhängt, wie abgeschmeckt wird. Die Rübchen brauchen unbedingt die Aufmunterung durch Zitrone, damit sie ihre süße Muffigkeit verlieren; der Dill bringt eine appetitanregende Frische ins Ganze, während der dekorative Kaviar nur für wenige Sekunden zur Geltung kommt. Eine kleine Suppe – aber oho!

Hauptgericht

Rumpsteak im Senfmantel mit Karotten

Für 4 Personen

800 g Rumpsteak
250 g Butter
200 g scharfer körniger Senf
600 g Karotten
Zucker
Butter
Brühe

Ein Stück Rumpsteak von 800 Gramm reicht für 4 bis 5 Personen. Da es kein Metzger über sich bringt, nur das pure Fleisch auf die Waage zu legen, wird es nicht sauber pariert sein. Die restlichen Hautfetzen oder Fettstücke schneide ich deshalb zu Hause ab. Aber auch das schönste Fleisch nützt nichts, wenn es ein frisch geschlachtetes Rind war, dasbleibt zäh und faserig. Deshalb muss der Metzger beim Leben seiner Mutter schwören, dass das Rumpsteak mindestens zwei Wochen abgehangen ist: Andernfalls brate ich eine Ente. 800 Gramm Rumpsteak, das ist ein relativ flaches, fast quadratisches Stück Fleisch. Ich bestreiche es von allen sechs Seiten dick mit dem Senf, bis er aufgebraucht ist, und lasse es eine Stunde ruhen. Kein Salz, kein Pfeffer! In den auf 220° vorgeheizten Backofen stelle ich eine offene Bratform, die nicht wesentlich größer sein darf als das Fleisch. Dahinein lege ich die Butter. Jawohl, das komplette halbe Pfund! Aber keine Angst, gegessen wird davon nur die Hälfte, der Rest fängt als Butterschmalz ein neues Leben an.

Die Butter schmilzt, wird heiß, beginnt zu kochen. Jetzt hebe ich das Fleisch mit einem breiten Pfannenmesser von seiner Unterlage (möglichst wenig Senf zurücklassen!) und lege es in die heiße Butter. Ofen zu. Nach 12 Minuten löffele ich die flüssige Butter über das Fleisch und reduziere die Temperatur auf 85°. Da das nicht schlagartig geht, lasse ich die Ofentür offen, bis mir der Thermostat die richtige Temperatur anzeigt. Tür zu und das Fleisch eine knappe Stunde ruhen lassen. Während dieser Phase entspannen sich die Muskeln, die Säfte verteilen sich. Wenn ich mit der Gabel auf das Fleisch drücke, gibt es ein wenig nach. Ist es noch sehr weich, wird es innen noch ziemlich dunkelrosa sein (nicht mein Geschmack); gibt es aber gar nicht nach – au weia, dann war die Heißphase zu lang, und das Rumpsteak ist durchgebraten. Das sollte nicht passieren, also aufpassen. Bei Ende der Garzeit nehme ich die Bratform aus dem Ofen, hebe das Fleisch heraus und lege es auf die vorgewärmte Platte, mit der ich es in wenigen Minuten auf den Tisch bringe.

Die Sauce, die sich in der Bratform gebildet hat aus der Butter, den abgerutschten Senfkörnern und etwas Fleischsaft, ist praktisch fertig. Mehr als ein Viertelliter wird es nicht sein, aber sie hat es in sich! Da ich damit nur das Fleisch ein wenig anfeuchte, wird ungefähr die Hälfte übrig bleiben. Die kommt in den Kühlschrank. Am anderen Tag liegt eine feste Schicht Butterschmalz auf einem wunderbaren Saucenextrakt zur weiteren Verwendung.

Die passendste Beilage (wie bei allen Saucen mit einem säuerlich-scharfen Charakter) sind glacierte Karotten. Die klein geschnittenen Karotten in Butter andünsten, mit Brühe knapp bedecken, leicht salzen und ½ TL Zucker dazugeben. Zugedeckt 10 bis 15 Minuten garen lassen. Deckel abnehmen und die Flüssigkeit einkochen lassen, bis die Karotten mit einem feinen Film überzogen (glaciert) sind. Mit gehackter Petersilie bestreuen.

Eine weitere Beilage gibt es nicht. Es sei denn, jemand lässt den ersten Gang ausfallen und serviert von der Suppe nur ein kleines Tässchen. Dann braucht es, um satt zu werden, noch Kartoffeln zum Fleisch. Und zwar Kartoffelpüree! Verständlich, dass in diesem Fall von der Sauce nichts übrig bleiben wird.

Dessert
Gewürzter Weihnachtskuchen

Weihnachtskuchen

250 g Mehl
200 g Butter
180 g Zucker
4 Eier
1 Päckchen Vanillezucker
abgeriebene Schale einer Zitrone
40 g gestiftelte Mandeln
60 g Sultaninen
20 g Lebkuchengewürz
20 g geriebene Edelbitter-Schokolade
2 EL Sahne
½ TL Backpulver
1 Prise Salz

Die Butter im Wasserbad cremig, aber nicht flüssig werden lassen. Aus dem Wasser nehmen, schaumig rühren. Zucker und Vanillezucker hinzufügen, nochmals gründlich rühren. Die auf Zimmertemperatur gebrachten Eier eins nach dem anderen hineinquirlen. Mehl, Salz und Backpulver vermischen und nach und nach in den Teig sieben und glatt rühren. Je länger der Teig gerührt wird, umso lockerer wird hinterher der Kuchen!

Den Teig auf zwei Schüsseln verteilen. In die eine Schüssel die abgeriebene Zitronenschale und die Mandeln einrühren; in die zweite das Lebkuchengewürz, die Schokolade, die Sultaninen und die Sahne.

Eine Gugelhupfform (Napfkuchen) von 24 cm Durchmesser gut ausbuttern. Die Teige schichtweise einfüllen: zuerst eine Schicht helle Teigmasse, glatt streichen, dann den braunen Teig, dann wieder eine helle Schicht. Bei 180° in der Mitte des Backofens 45 Minuten backen. Zehn Minuten später auf eine Unterlage stürzen. Auskühlen lassen. Wenn ich den Kuchen anschneide, sieht er aus wie ein Marmorkuchen der herkömmlichen Sorte. Doch nichts trifft weniger zu: Vor mir steht ein edler Teekuchen, ein weihnachtlich inspiriertes, aber ganzjährig delikates Backwerk – fait à la maison! Und wer mich kennt, weiß, dass ich dazu keinen Tee und keinen Kaffee trinke, sondern eine Gewürztraminer-Auslese oder eine Silvaner-Beerenauslese.

HERINGSSALAT MIT NÜSSEN

LAUCH-KARTOFFEL-SUPPE MIT TRÜFFELN

REHRÜCKEN À LA OMA KEMPCHEN

TOPFENKNÖDEL

Dieses Weihnachtsmenü steht unter dem Motto: »Was zusammenpasst, wird auch zusammen gegessen.« Der erste Gang ist den östlichen Landesteilen gewidmet, der zweite trägt eindeutig westliche Züge, während das Hauptgericht, der klassische Rehrücken, so gesamtdeutsch und so konservativ ist, wie es dem Zeitgeist entspricht. Um aber die verschiedenen deutschen Dialekte zu Wort kommen zu lassen, schlage ich als Beilage wahlweise vor: Thüringer Klöße; Hamburger Kartoffelpüree; Stuttgarter Spätzle. (Die Münchner sind jetzt in ihren toskanischen Ferienhäusern und essen Spaghetti.) Unsere österreichischen Gastarbeiter in den Chefetagen der Verlage und Verbände sollen sich aber nicht als Deutschsprachige dritter Klasse fühlen. Deshalb habe ich ihnen die Süßspeise gewidmet: Topfnockerln wie aus dem Salzkammergut. Zunächst eine traditionelle Vorspeise, die Dieter Biesler, der Patron der Burgschänke auf Schloss Johannisberg, aus seiner ostelbischen Kindheit herübergerettet hat.

Entrée
Heringssalat mit Nüssen

Für 4 Personen

Für den Heringssalat:
4 Heringsfilets
150 g gekochtes Kalbfleisch
100 g Rote Bete
12 Walnusskerne
1 Apfel
1 Gewürzgurke
2 Pellkartoffeln
½ Tasse Mayonnaise

Für die Mayonnaise:
1 Ei
1 kleine Tasse Olivenöl
½ TL Senf
der Saft von ½ Zitrone
Salz
Cayennepulver
Zucker
Sahne

Zum Kalbfleisch ist zu sagen, dass es mager sein sollte, aber kein Schnitzel, also am besten Brust oder Schulter. In kochendes Salzwasser legen und ganz leise ziehen lassen. Ein rundes, kompaktes Stück braucht ungefähr vierzig Minuten, ein längliches, flaches ist bereits nach zwanzig Minuten gar.

Die Pellkartoffeln in mundgerechte Würfel schneiden. Die Rote Bete wird nicht aus dem Glas gefischt (!), sondern als Knolle frisch auf dem Markt gekauft. Ungeschält in Wasser kochen, bis sie durch und durch gar ist, was circa 45 Minuten dauert. Dann schälen und in kleine Würfel schneiden. Die Nüsse hacken. Auch die Gurke, der geschälte Apfel und das Kalbfleisch werden in kleine Würfel geschnitten. Die Heringsfilets wasche ich und ziehe ihnen die Haut ab. Ebenfalls in Stücke schneiden. Alles vermischen. Mit Salz und Pfeffer (weiß, aus der Mühle) würzen und die Mayonnaise unterziehen. Diese selber machen! Mit dem Elektroquirl ist das überhaupt kein Problem. Es werden das Ei, Olivenöl, Senf, Zitronensaft, Salz, Cayennepulver und 1 Prise Zucker einmal gründlich durchgequirlt. Dann 3 EL steif geschlagene Sahne unterziehen, das macht die Mayonnaise leichter. (Aber so geht's auch: 150 g Crème fraîche mit 1 EL Tubenmayonnaise und Zitronensaft verrühren: fertig.)

Zum Heringssalat tranken die alten Germanen Bier. Die neuen werden es nicht anders halten.

Zwischengericht
Lauch-Kartoffel-Suppe mit Trüffeln

Für 4 Personen

4 mittelgroße festkochende Kartoffeln
2 Stangen Lauch
ca. 1 l Bouillon
Butter
Olivenöl
Salz
schwarzer Pfeffer
Trüffel(n)

Der zweite Gang ist eine Suppe. Suppen sind im deutschen Sprachgebrauch sprichwörtlich geworden und in der Küche beliebt, weil sie billig sind und wenig Mühe machen. Hier eine Version des Westens, was an der abschließenden, luxuriösen Zutat erkennbar ist: Trüffel. Ich brauche 4 mittelgroße, festkochende Kartoffeln und 2 Stangen Lauch. Kartoffeln schälen und würfeln. Lauch waschen und in Ringe schneiden. In einem Topf mit schwerem Boden etwas Butter und Olivenöl erhitzen und darin die feuchten Gemüse angehen lassen. Salzen. Dann mit Bouillon aufgießen. Woher Sie die Bouillon nehmen – ich schau nicht hin. Bei mir ist es frische Hühnerbrühe, die ich oft vorrätig habe. Eine entfettete Rinderbrühe geht auch.

Kartoffeln und Lauch garen. Mit dem Elektroquirl einmal kurz in den Topf, damit ein kleiner Teil der Gemüse sämig wird. Salzen. Mit grob geschrotetem schwarzem Pfeffer abschmecken. Ob schwarz oder weiß ist beim Trüffelpilz im Gegensatz zum Pfeffer egal. Es ist eine Geldfrage. Die weißen sind teurer. Gut schmecken sie beide. Für 4 Personen sollte der Edelpilz schon so groß sein wie ein Pingpongball. Ich habe ihn gründlich gebürstet, gewaschen und getrocknet und hobele über der fertigen Suppe dünne Scheiben in den Topf.

Ach ja: der Trüffelhobel! Der sollte in keiner besseren Küche fehlen. Nicht wegen dieser einen Gelegenheit, sondern weil es nichts Besseres gibt, um den geliebten Knoblauch mühelos in hauchdünne Scheiben zu hobeln, welche, unter Salat gemischt oder mit Olivenöl auf Toastbrot auch die Familie Dracula zum Knoblauch bekehren können. Also die Trüffeln (ja, es dürfen auch mehrere sein) roh in die heiße Suppe hobeln. Einmal durchrühren, Deckel drauf und an den Tisch bringen. Effektvoller, aber auch zeitraubender ist es, wenn Sie am Tisch jedem Esser die Trüffel direkt in den Teller hobeln.

Hauptgericht

Rehrücken à la Oma Kempchen

Ihr Rezept klingt so richtig nach dem Förster aus dem dunklen Tann. Mit der Nouvelle cuisine hat es nicht das Geringste zu tun. Es ist die Uraltküche, an die schon Heine in seinen schlaflosen Nächten gedacht haben wird. Der Rücken wird eine Woche lang am Knochen in Rotwein mariniert. Da das Fleisch vollkommen bedeckt sein muss, kostet das, wenn der Topf nicht die genau passende Größe hat, bis zu drei Flaschen des Rotspons, den Sie sich aus Südfrankreich mitgebracht haben. Ansonsten kommt in die Marinade nur das übliche Gemüse: Zwiebel in Scheiben, Karotte in Scheiben, Petersilienwurzel halbiert, Lorbeerblatt, Pfefferkörner, Wacholderbeeren.

Zum Rehrücken gibt es traditionsgemäß Rotkohl und, natürlich, die eingangs angeführten Beilagen. Die Rezepte für Spätzle und Konsorten erspare ich mir. Aber zum Rotkohl ist ein Wort zu sagen. Ich weiß, dass für den größten Teil der Deutschen der Rotkohl etwas ist, das sich in einer Blechdose befindet und in null Komma nichts aufgewärmt wird. Doch wie die römischen Mamas am Feiertag die Fettucine selber machen, so wollen wir es heute mit dem Rotkohl halten. Das macht allerdings Arbeit.

Für 4–5 Personen

Rehrücken, nicht ausgebeint
150 g Frühstücksspeck

Marinade:
1–3 Flaschen Rotwein
1 große Zwiebel
1 Karotte
1 Petersilienwurzel
1 Lorbeerblatt
1 EL Pfefferkörner
1 EL Wacholderbeeren

Für den Rotkohl:
ca. 1,7 kg Rotkohl
2 Gläser Rotwein
1 Glas Rotweinessig
Salz
1 Cayenneschote
frischer Ingwer
1 TL Honig
1 Apfel
1 Lorbeerblatt
Nelkenpulver
Butter

evtl. Fleischextrakt oder
eiskalte Butter

Ich brauche 1 Kilo geschnittenen Rotkohl. Das bedeutet, dass ich einen Kopf von circa 1,7 Kilo kaufe. Der wird halbiert. Den Strunk herausschneiden und die äußeren Blätter weg. Nun auf dem Gemüsehobel so fein wie möglich hobeln. Den feuchten Kohl in einen großen Topf geben, mit 2 Gläsern Rotwein und 1 Glas Rotweinessig bester Qualität aufsetzen, zum Köcheln bringen. Salzen. Dazu: die zerriebene Cayenneschote: 3 fünfmarkstückgroße Scheiben frischen Ingwer, den Honig, den in Stücke geschnittenen Apfel, das Lorbeerblatt, etwas Nelkenpulver. Zugedeckt garen lassen circa 1½ Stunden. Abschmecken. Ingwer und Lorbeer rausfischen. Wer will, kann abschließend 1 EL Butter unterrühren. Bei dieser Version des roten Kohls finde ich das aber nicht nötig.

Der Rehrücken wird nicht gebraten, sondern geschmort. Weil er schon seit einer Woche am Knochen in der Marinade liegt (im Kühlschrank oder auf dem winterlichen Balkon), entwickelt er jenen deftigen Wildgeschmack, den die Kinder von Kiwi und Missoni nur vom Hörensagen kennen. Kann sein, dass unsere Müslifreunde den nicht mögen. Aber Bismarck, da gehe ich jede Wette ein, hat Reh nur so gegessen.

Ich heize den Backofen vor und lege einen Bräter mit Frühstücksspeck aus. In den Ofen schieben. Zehn Minuten später den Rehrücken mit Küchenkrepp abtrocknen und mit dem Knochen nach unten in den Bräter legen. 15 Minuten bei starker Hitze braten, dann salzen. Aus der Marinade fische ich das Gemüse heraus und lege es zum Fleisch. Dazu gieße ich so viel Marinade, dass der Rücken zu einem Drittel in Flüssigkeit liegt. Zum Köcheln bringen. Deckel drauf und die Temperatur auf 180° herunterschalten. Nach einer knappen Stunde drehe ich den Rücken auf die Fleischseite und reduziere die Hitze auf knapp 100°. Weiterschmoren. Insgesamt verbringt der Rehrücken 2½ Stunden im Backofen.

Es zieht ein ungeheurer Duft durchs Haus. Dieser wird verstärkt, da ich jetzt die restliche Marinade in einem großen, flachen Topf auf den Herd setze und sie einkochen lasse, bis kaum mehr ein halber Liter übrig ist. Sorgfältig durchsieben und in einer kleinen Sauteuse bereithalten; daraus wird die Sauce gemacht. Das geschieht, wenn das Fleisch so weich geworden ist, dass es sich mühelos mit einem Löffel vom Knochen lösen lässt. Es sieht sehr dunkel aus und riecht auch so. Ich gieße den Schmorsaft durch ein Haarsieb in die Sauteuse mit der reduzierten Marinade und lasse alles zusammen noch einmal bei großer Hitze einkochen. Die so entstehende Sauce hat einen sehr intensiven Geschmack: So hat Wild in der deutschen Vergangenheit immer geschmeckt! Das Fleisch habe ich während dieser Phase warm gestellt. Es wird kurz vor dem Servieren vollständig vom Knochen gelöst und in Portionsstücke zerlegt.

Die Sauce ist zwar stark, aber dünn. Mir macht das nichts aus. Wer sie gern sämig hat (wegen der Spätzle, vermute ich), kann entweder konzentrierten Fleischextrakt (Glace) hinzufügen (gibt es auch fertig zu kaufen) oder mehrere Stücke eiskalter Butter mit dem Schneebesen einmontieren. Von Sahne rate ich ab; sie verschandelt die Farbe der Sauce und schwächt ihren Geschmack.

Das wär's dann auch schon. Dazu trinke ich eine Spätburgunder Spätlese vom Kaiserstuhl oder einen Lemberger aus Württemberg – trocken, das versteht sich von selbst.

Dessert

Topfenknödel

Für 4 Personen

1 Toastbrot von 500 g
100 g Butter
5 EL Zucker
1 Vanillestange
4 Eier
375 g Magerquark
1 Zitrone
Zimt
1 Tüte Dörrpflaumen
Portwein
Nelkenpulver
Salz
Zwieback

(wie sie mein badischer Lieblingskoch, Hans-Paul Steiner vom Hirschen in Sulzburg, macht)

Zuerst entrinde ich das Toastbrot und mahle das Innere mit einem Mixer. Die Brösel breite ich auf Pergamentpapier aus und lege dies an eine warme Stelle, damit sie trocken werden. Sodann rühre ich die Butter mit 3 EL Zucker und dem Mark einer Vanillestange schaumig. 1 Prise Salz dazu. Dahinein werden der Quark sowie die Eier und ½ abgeriebene Zitronenschale verrührt. Nun hebe ich mit einem Holzlöffel behutsam die getrockneten Toastbrösel in die Masse und lasse diese mindestens 1 Stunde bei Zimmertemperatur ruhen. Aus der Masse kleine Klößchen formen und in kochendem Wasser garen. Auf Küchenkrepp ablegen und wälzen in: einer Handvoll gemahlenem Zwieback, verrührt mit 1 TL Zimt und 2 EL Zucker. Quarkknödel müssen heiß serviert werden. Man kann sie also nicht vorbereiten.

Eine Zwetschgensauce wie diese ist zwar nicht original österreichisch, aber mir schmeckt sie dazu ganz hervorragend: Dörrpflaumen in Portwein einweichen, entkernen, mit Zimt, Nelkenpulver und etwas Zitronensaft kochen lassen, bis die Pflaumen zu einem dünnen Brei werden. Nach Geschmack zuckern.

Dazu trinke ich einen Nussschnaps. Köstlich, sage ich und singe die dritte Strophe von »O Tannenbaum«.

WACHTELSPIEGELEIER AUF TOMATENTOAST

JAKOBSMUSCHELN AUF CHICORÉE

REHRÜCKEN À LA PICHELSTEIN

THYMIAN-APFELKOMPOTT

Vorstellen könnte ich mir ein Weihnachtsmenü, das mit einem Korb Austern beginnt und mit einer Käseplatte endet, welche auf jeden Fall Roquefort oder Stilton enthalten müsste, damit abschließend ein Portwein getrunken werden kann. Was dazwischen gegessen wird, wäre mir ziemlich egal. Eine Linsensuppe vielleicht oder ein Bohneneintopf. Das aber entspräche nicht der Tradition, die Gans oder Ente verlangt, mindestens aber ein Stück vom Reh.

So soll's denn auch diesmal sein: ein Rehrücken als Mittelpunkt. Allerdings in einer unorthodoxen Zubereitung, deren arbeitsintensiver Teil sich in Ruhe vorbereiten lässt, während der Garprozess nicht mehr als 15 Minuten in Anspruch nimmt. Vorher gibt es eine kleine Portion Jakobsmuscheln auf Chicorée, und zum Appetitmachen Wachtelspiegeleier auf Tomatentoast. Den Abschluss bildet ein bürgerliches Apfelkompott mit exotischem Aroma.

Entrée
Wachtelspiegeleier auf Tomatentoast

Für 4 Personen

8 Wachteleier
8 Scheiben Graubrot
salzige Butter
4 Tomaten
Olivenöl
Salz
Pfeffer
1 Knoblauchzehe

Wachteleier sind sehr klein und wegen ihrer zähen Innenhaut schwierig aufzuschlagen. Ich benutze dazu ein Messer. Zum Toasten nehme ich kein Weiß, sondern ein Graubrot, schneide es in entrindete, runde Scheiben von 5 cm Durchmesser, welche auch nicht getoastet, sondern in salziger Butter leicht angebraten werden. Darauf streiche ich eine Schicht vom vorbereiteten Tomatenpüree: Tomaten enthäuten, entkernen und in kleine Stücke schneiden. In etwas Olivenöl gar dünsten, dabei salzen, pfeffern und eine Knoblauchzehe hineindrücken.

Die Wachteleier (pro Person nur 2 Stück) fange ich zunächst in einem tiefen Teller auf; erst wenn sie alle ohne Schale sind, lasse ich sie in die Pfanne gleiten und in Butter braten. Sie werden auf die Tomatenbrote platziert und warm serviert.

Zwischengericht
Jakobsmuscheln auf Chicorée

Für 4 Personen

8 frische Jakobsmuscheln
3 Chicorée
Salz
Pfeffer
Butter
Zitronensaft

Jakobsmuscheln gibt es fast nur ausgelöst zu kaufen, ein kleiner Nachteil, aber kein Unglück. Allerdings sollten sie noch weiß sein, nicht bereits grau, was auf unzureichende Frische hinweist. Auch von ihnen brauche ich pro Person nicht mehr als 2 Stück. Sollte der Corail genannte orangefarbene Anhang noch dran sein, entferne ich ihn. Die Muscheln werden auf der untersten Schiene des sehr heißen Backofens auf einem nur schwach gefetteten Blech höchstens 4 Minuten gegart. Wehe, wenn sie zu lange drinbleiben und hart werden! Ich platziere sie mit der leicht angebräunten Unterseite nach oben auf den vorbereiteten Chicorée und salze erst jetzt; auch eine Prise Pfeffer kommt drauf.

Aus den zarten Blättern (2 Chicorées reichen für 3 Portionen) habe ich dünne, circa 6 cm lange Streifen geschnitten, welche ungefähr 5 Minuten in etwas Butter gar gedünstet werden. Salzen, den Saft einer halben Zitrone angießen und warm stellen.

Nun brauche ich nur noch etwas Zitronenbutter, nicht viel, 1 TL pro Portion. Die entsteht, indem ich den restlichen Zitronensaft mit etwas Wasser aufkoche, verschlage und einige Stückchen Butter einmontiere; 1 Prise Salz, Pfeffer. Mit dieser Zitronenbutter werden die auf den Chicorées angerichteten Jakobsmuscheln begossen. Eine kleine Köstlichkeit, das Ganze, und das Rezept verdanke ich Georges Blanc in Vonnas, einem der französischen Spitzenköche. Dazu trinke ich am liebsten einen Chardonnay oder einen herben Weißburgunder.

Hauptgericht
Rehrücken à la Pichelstein

Wenn der Rehrücken aus dem Papier gewickelt wird, wird's feierlich in unseren Küchen. Festlich und fürstlich ist er für die meisten; und so manche Hausfrau sieht zaghaft auf das längliche und blutige Fleisch hinab, auf dieses edelste und teuerste Stück vom Reh, das in einen Festtagsbraten zu verwandeln ihr aufgetragen ist.

Zugegebenermaßen ist es nicht schwer, das magere Fleisch in einen grauen und trockenen Braten zu verwandeln. Die Spickmethode hilft da wenig, überdies hat sie andere Nachteile. Und dann: Wie kommt Geschmack ans Reh? Hier sehe ich die größte Schwierigkeit. Denn

Für 4 Personen

1 Reh(kitz)rücken
Karotten
Kartoffeln
Sellerie
Lauch
frische Steinpilze
(oder Pfifferlinge,
zur Not Champignons)
Zitronensaft
1 EL schwarze Pfefferkörner
200 g Butter
2 Lorbeerblätter
1 EL Wacholderbeeren
Weißwein
Salz

Eigengeschmack haben die Rehe merkwürdigerweise nicht oder nicht mehr, seit nämlich Wild nicht mehr wie früher längere Zeit abgehangen wird. Wir sind sie nicht mehr gewohnt, die kräftigen Aromen und den Hautgout. Die allen modernen Produkten anhaftende Milde hat uns den Geschmack am Eindeutigen verdorben.

Ich halte das für einen Verlust. Ein Rehrücken ist mager und im besten Fall zart und saftig. Doch das ist ein Rinderfilet auch. Und dafür das Risiko des blamablen Misslingens eingehen? Ich meine Nein und empfehle deshalb, aus dem Rücken des Rehs einen Gemüsetopf zu machen. Kein deftiges, sondern ein feines und leichtgewichtiges Durcheinander, nichts Verkochtes und kein Gulasch. Akkuratesse beim Kochen ist unerlässlich, aber darüber hinaus ist's einfach, auch für Ungeübte.

Wie immer in der besseren Küche, kommt es auf die Qualität der Zutaten an. Der Rehrücken sollte möglichst von einem Kitz stammen, dann reicht er für 4 Personen und ist garantiert zart. Ein Rehrücken wird immer am Stück verkauft, also am Knochen. Ein gutwilliger Händler wird ihn mir auf Wunsch auslösen; hat er keine Zeit dazu, mache ich es zu Hause selbst.

Dazu brauche ich ein sehr scharfes Messer, mit dem ich zunächst die den Rücken bedeckende Haut entferne. Dann löse ich die beiden dicken Fleischstreifen von den Rippen, ebenso die auf deren Unterseite liegenden dünnen Filets. (Sie sind, trotz ihres Namens, nicht der beste Teil, weil zu dünn.) Alle Fleischteile schneide ich in mundgerechte Scheiben. Um es noch einmal zu sagen: Hätte Rehfleisch einen unverwechselbaren, kräftigen Eigengeschmack, würde ich es bestimmt nicht anders als intakten Braten servieren.

Die anderen Zutaten zum Gemüsetopf sind: Karotten, Kartoffeln, Sellerie, Lauch, Steinpilze. Die Mengen: eine große Tasse pro Person von den zurechtgeschnittenen Kartoffeln (unbedingt festkochende!), den Karotten und den Steinpilzen; vom Sellerie und vom Lauch etwas weniger. Zum Schneiden benutze ich einen Gemüsehobel, darauf werden die geschälten Kartoffeln und Karotten in hauchdünne (!) Scheiben gehobelt, welche ein wenig kleiner sein sollen als die Fleischstücke. Sellerie und Lauch werden mit der Hand ebenfalls in kleine Stücke geschnitten, die jedoch nicht so dünn sein müssen. Am dicksten dürfen die Steinpilze sein; aber zerschnitten werden auch sie. Sind keine auf dem Markt, nehme ich Pfifferlinge. Sogar frische Champignons wären möglich, obwohl das Aroma der Steinpilze sich natürlich nicht ersetzen lässt.

Vor mir auf dem Küchentisch stehen also Gefäße mit frisch gehobelten Kartoffeln und Karotten sowie Sellerie, den ich sofort mit Zitronensaft beträufele, damit er nicht braun wird, außerdem Lauch und die Pilze. In einem Mörser zerschrote ich 1 EL schwarze Pfefferkörner und vermische sie mit dem Fleisch. Jetzt brauche ich einen sehr großen Bräter. Darin lasse ich die Butter heiß werden und gebe die Lorbeerblätter und die zermörserten Wacholderbeeren sowie 1 TL Salz hinein.

Nach einer knappen Minute schütte ich die noch feuchten Kartoffeln (sie haben im Wasser auf diesen Moment gewartet) und die Karotten in die heiße Butter, schwenke alles durcheinander, warte eine halbe Minute und füge Lauch, Sellerie und die Pilze hinzu. Wieder vermischen und drei Minuten warten. Während dieser Zeit könnte es notwendig sein, ein wenig zusätzliche Flüssigkeit anzugießen, dafür nehme ich Weißwein. Wichtig ist, dass die Gemüse nicht hoch übereinanderliegen. Fehlt ein entsprechend großer Bräter, wird man diese Prozedur wohl oder übel in zwei Pfannen stattfinden lassen.

Nach insgesamt 10 Minuten Garzeit schiebe ich das Gemüse auseinander und verschaffe mir etwas Platz für das Rehfleisch. Es wird leicht gesalzen und dazugegeben. Es geht hier nicht darum, dass es wie ein Rinderfilet eine braune Kruste kriegt, denn das ist bei der Feuchtigkeit des Gemüses nicht möglich und auch gar nicht beabsichtigt. Hier wird nichts gebraten, hier wird gedünstet; eine Methode, die ohnehin leichter und bekömmlicher ist als die übliche Braterei. Also alles gut durcheinanderschaufeln und mal kurz den Deckel auf den Bräter legen. Es versteht sich von selbst, dass während dieser Phase abgeschmeckt und das Gemüse auf seinen Garzustand überprüft wird. Es muss fast gar sein, bevor das Fleisch in den Topf kommt, da dieses nur eine sehr, sehr kurze Zeit (maximal 5 Minuten) mitgedünstet werden darf. Schließlich soll ein so zartes Fleisch innen noch rosa sein, nicht durchgebraten.

Es ist wahrscheinlich, dass der Kochvorgang, der insgesamt nicht länger als höchstens 15 Minuten dauert, problemlos gelingt, das heißt, dass alle Zutaten die richtige Konsistenz haben: Pilze, Sellerie und Lauch weich, Karotten und Kartoffeln mit einem leichten Biss und das Fleisch rosa. Wie aber steht es mit dem Aroma? Haben Wacholderbeeren und Lorbeerblatt deutliche Spuren hinterlassen? Reicht der Pfeffer, den man herausschmecken soll, für alle Zutaten? Und habe ich genug gesalzen? Das Würzen, nicht das Garen, ist hier der kritische Punkt. Was ich in den vergangenen 15 Minuten versäumt, habe, lässt sich jetzt nur zum Teil (Salz und Pfeffer) korrigieren.

Gartenkräuter haben in meinem Reh-Gemüse nichts zu suchen, nicht einmal die harmlose Petersilie. Da ich auch keine Sauce brauche, erweist sich das fast puristisch-klare Gericht zusätzlich auch noch als unkompliziert. Nicht festlich genug? Nun, wenn ich meinen silbernen Bräter auf den Tisch stelle (oder das Essen in einer großen Porzellanschüssel serviere), geben die Skeptiker sich geschlagen. Und wer da vermutet, das Ganze ließe sich auch mit einem Lammrücken herstellen, ist ein Schlaukopf. Dazu ein leichter Rotwein (trocken) der Güteklasse 1.

Dessert

Thymian-Apfelkompott

Für 4 Personen

4 mittelgroße Äpfel (z. B. Golden Delicious)
2 Gläser Wein
4 EL Lavendelhonig
16 Nelken
4 EL fein gehackter frischer Ingwer
einige Prisen Thymianblüten
½ TL Safranpulver

Die Herstellung eines Apfelkompotts zu beschreiben wäre Zeitverschwendung, wenn es sich um die traditionelle Zubereitung handelte. Doch die diesjährige Weihnachtsversion schmeckt nicht nur anders als gewohnt, sie wird auch etwas anders gekocht. Zunächst gilt es, ein Vorurteil gegenüber den Delicious-Äpfeln abzubauen. Sie, vor allem die grüne Sorte, sind saftiger als die traditionellen Boskop und haben auch genügend Säure. Deshalb werden sie von Köchen und Konditoren seit Langem bevorzugt.

Also Äpfel schälen, und zwar pro Person einen mittelgroßen. Vierteln, entkernen, in dünne Scheiben schneiden und würfeln. In einer Kasserolle zusammen mit dem Wein, dem Lavendelhonig, den Nelken, der Ingwerwurzel und einer Prise Thymianblüten aufsetzen. Safranpulver unterrühren und langsam garen lassen. Dabei abschmecken.

Ich gebe zu, dass der Geschmack der exotischen Gewürze nicht jedermanns Sache ist. Damit meine ich vor allem Kinder. Die haben es gern süß und sind gegen Experimente. Ihretwegen würde ich einen Teil des Kompotts ohne Safran und Thymian lassen. Doch der Anteil der Erwachsenen soll diesmal nicht schmecken wie gewohnt. Also beim Abschmecken eher etwas Zitronensaft zugeben als weiteren Honig.

Da die Äpfel nicht in großen Stücken, sondern in sehr kleinen Würfeln gekocht werden, sind sie schnell gar, ohne dass sie wie üblich zu Brei werden. Das sollen sie nämlich nicht. Auch die beim Kompott entstehende Feuchtigkeit darf nicht suppig werden. Im Idealfall lassen sich aus diesem Kompott auf den Tellern kleine, runde Inseln formen, welche der Vater mit Apfelschnaps, die Mutter mit Crème fraîche einkreisen darf. Ich verzichte auf beides und trinke dazu einen leicht süßen Weißwein.

Menü 1992

RÜHREI MIT SCHWARZEN TRÜFFELN

FLAMBIERTE GAMBAS

WILDSCHWEINKEULE MIT ROTKOHL UND ESSKASTANIEN

SCHOTTISCHER ROSINENKUCHEN

Das diesjährige Weihnachtsmenü steht ganz im Zeichen von Europa. Gerade weil die europäische Einheit auch unsere Küche vereinheitlichen wird, soll hier daran erinnert werden, was es zu bewahren gilt: die schon längst gefährdete Individualität auf unseren Tischen. Deshalb ist der erste Gang der französischen Küche, der zweite der spanischen, der Hauptgang der deutschen und das Dessert der schottischen Küche gewidmet.

Den Kuchen kann, ja muss man zwei, drei Tage im Voraus backen. Auch die Hauptarbeit bei der Wildschweinkeule erledige ich am Vortag. À la minute zubereitet werden lediglich das Rührei und die Gambas.

Entrée
Rührei mit schwarzen Trüffeln

Für 4 Personen

8 frische Eier
3 EL Milch
Salz
1 schwarze Trüffel von 100 g
schwarzer Pfeffer
Butter

Trüffel? Ja, Sie haben richtig gelesen. Dieser knollige Pilz, der aussieht wie ein Stück Kohle. Das Symbol für Luxus und Haute Cuisine. Da es uns nie wieder so gut gehen wird, wie es uns bisher gegangen ist, wollen wir den Abschied von den goldenen Zeiten gebührend feiern. Mit einer schwarzen Trüffel von 100 Gramm für 4 Personen. Beim Kauf ist Folgendes zu beachten: Es sollte eine Trüffel sein, nicht zwei kleine. Und sie muss deutlich duften! Aroma und Geschmack einer Trüffel sind ungewöhnlich. Etwas bitter, erinnert sie an feuchtes Herbstlaub; Kinder werden sie nicht sonderlich mögen. Trüffeln werden nicht geschält, sondern feucht abgebürstet und dann mit einem Föhn getrocknet. Soll eine Trüffel mehrere Tage aufbewahrt werden, so legt man sie zusammen mit frischen Hühnereiern in ein verschlossenes Glas. Das starke Aroma überträgt sich auf die Eier, was den Effekt der Vorspeise dieses Menüs verstärkt.

Und so wird sie zubereitet: die Eier über einer Schüssel aufschlagen, die Milch zugeben und mit dem Schneebesen kurz verschlagen. Salzen. Dahinein jetzt die Trüffel hobeln. Wer keinen Trüffelhobel besitzt (der bei mir ständig benutzt wird, nämlich zum Hobeln von Knoblauch und Hartkäse), der nimmt einen Gurkenhobel.

Es ist wichtig, dass die Trüffelscheiben schön dünn sind, so geben sie ihr Aroma besser ab. Ob man sie so groß wie ein Zweimarkstück oder nur halb so groß hobelt, ist weniger entscheidend für den Geschmack. Unter die Eiermasse mischen und etwas schwarzen Pfeffer dazu. Ein großes Stück Butter auf dem Herd in einer Pfanne auslassen, bis die Butter beginnt, braun zu werden. Die Eier hineingießen und nur 1 bis 2 Minuten, je nach Größe der Pfanne, garen lassen. Dabei immer wieder mit einem Spatel wenden. Aufpassen, dass das Rührei nicht trocken wird; es muss leicht cremig sein! Schnell auf nicht vorgewärmte Teller füllen und sofort servieren. Es ist möglich, dass jemand, der zum ersten Mal ein getrüffeltes Rührei isst, die Frage stellt, ob ein Ei mit Tomaten und geriebenem Käse nicht besser schmecke. Vielleicht hat er recht. Auch ein Kombi ist meistens das vernünftigere Auto im Vergleich zu einem Ferrari. Aber Weihnachten ist nur einmal. Ein passender Wein zum Rührei ist nicht leicht zu finden. Der »Y« genannte Zweitwein von Château d'Yquem ist ideal, aber er kostet noch einmal so viel wie 100 Gramm Trüffeln. Denkbar ist auch eine halbtrockene Auslese eines Grauburgunders. Der Wein sollte jedenfalls wenig Säure haben, andererseits aber keine deutliche Süße besitzen.

Zwischengericht

Flambierte Gambas

Für 4 Personen

16 große, grüne Oliven
Olivenöl
8 Gambas
1 Glas Cognac
Cayennepfeffer

Zum zweiten Gang ist zu sagen, dass es die Gambas – auch Riesengarnelen genannt – meistens nur tiefgefroren beziehungsweise aufgetaut gibt. Ein Nachteil, ganz klar. Aber immer noch besser als Pellkartoffeln. Pro Person genügen zwei Stück. Die Oliven werden entkernt und in kleine Würfel geschnitten. Wenig Öl in der Pfanne sehr heiß werden lassen. Die geschälten Gambas hineingeben, salzen und pfeffern, nach 30 Sekunden umdrehen, noch einmal salzen und pfeffern. Die zerkleinerten Oliven dazu und, sobald die Gambas rot geworden sind, mit dem Cognac ablöschen und flambieren. Das alles spielt sich in weniger als vier Minuten ab. Die Gambas dürfen auf keinen Fall zu lange braten, sonst werden sie mehlig. In diesem Menü werden sie ohne jegliche Beilage gegessen. (Bei einer anderen Gelegenheit, als Hauptgericht, verdoppele ich die Zahl der Garnelen und serviere sie auf einem Safranreis mit weiteren Oliven und gedünsteten und gewürfelten roten Paprikaschoten vermischt.) Dazu trinke ich einen absolut trockenen Weißburgunder oder Chardonnay.

Hauptgericht

Wildschweinkeule mit Rotkohl und Esskastanien

Unser Hauptgang, das deutsche Wildschwein (zum Trüffelsuchen zu dumm), wird am Vortag mariniert und dann 4 bis 5 Stunden mit der Niedrigtemperaturmethode gegart. Einfacher und sicherer kann man einen Braten nicht auf den Tisch bringen!

Die Keule wird großzügig pariert, das heißt, alle Häute und andere unansehnliche Teilchen werden abgeschnitten. Dieses Abfallfleisch nennt man Parüren. Vorsichtshalber habe ich davon zusätzlich noch 200 g gekauft, die brauche ich für den Fond.

Die Keule lege ich in die Marinade (die Schalotten wurden dafür in Scheiben geschnitten, Pfeffer und Wacholder im Mörser grob geschrotet), wo sie mindestens 24 Stunden, vollständig vom Wein bedeckt, ziehen darf. Ein weiterer Ruhetag schadet ihr auch nicht. Ab und zu in der Marinade herumdrehen. Auch den Fond bereite ich im Voraus zu. Dazu werden die Fleischabfälle zusammen mit einigen Kalbsknochen in Räucherspeck angebraten, bis sie gut gebräunt sind. Eine halbe zerschnittene Karotte und eine grob gehackte Zwiebel dazugeben sowie Thymian, 1 TL Tomatenmark und 1 TL Senfkörner.

Für 4 Personen

1000 g Wildschweinkeule (entbeint)
Esskastanien (ca. 8 pro Person)
Butter
Zucker
Rotkohl

Für die Marinade:
2 Flaschen Barbera
oder ein roter Côtes du Rhône
10 Wacholderbeeren
2 Schalotten
1 EL schwarze Pfefferkörner
3 Gewürznelken
2 Lorbeerblätter
3 Zweige Thymian
2 EL Essig

Für den Fond:
Kalbsknochen
Abfälle der Keule
Räucherspeck
1 Zwiebel
1 Karotte
1 TL Tomatenmark
1 TL Senfkörner
Rotwein
Thymian
Öl
Butter
Senf
Salz
Pfeffer
Preiselbeeren
(oder Johannisbeergelee)
Cognac
Portwein

Mit Rotwein aufgießen, kochen lassen, bis der Wein fast verdunstet ist, dann mit Wasser auffüllen und 3 Stunden ruhig köcheln lassen. Von Zeit zu Zeit mit Wasser auffüllen. Durchsieben und kalt stellen. Am nächsten Tag das abgesetzte Fett abschöpfen.

Am Weihnachtsmorgen nehme ich das Fleisch aus der Marinade, trockne es gründlich ab und binde es mit Garn zusammen. Es wird mit Salz und schwarzem Pfeffer eingerieben und in einem Bräter, der nicht größer sein sollte als das Fleisch, in einem Butter-Öl-Gemisch vorsichtig von allen Seiten angebraten. Das dauert glatt 20 Minuten, denn es muss wirklich vollkommen zugebraten sein! Aber damit ist denn auch die wichtigste Arbeit getan.

Nun schiebe ich den Bräter in den auf 85° vorgeheizten Backofen, wo er drei, vier oder auch fünf Stunden vergessen werden kann! Es kommt wirklich nicht darauf an; nur darf die Temperatur auf keinen Fall höher sein!

Die Marinade gieße ich durch ein Haarsieb in den Fond und lasse alles einkochen. Dabei wird der Fond trüb, was aber nur ein Schönheitsfehler ist. So weit reduzieren, bis nur noch ⅛ l übrig bleibt. Mit Senf, eventuell Essig und Salz abschmecken. Die Sauce sollte sehr kräftig schmecken! Portwein oder ein Schuss Cognac könnten deshalb nötig sein (der Alkohol verfliegt durchs Kochen vollständig), ein paar Preiselbeeren oder etwas Johannisbeergelee runden den Geschmack ab. Das ist die Stunde der Kreativen, hier können sie zeigen, was in ihnen steckt! (Geriebener Ingwer? Geriebene Honigkuchen? Pumpernickel?) Ganz zum Schluss, kurz vor dem Servieren, 3 EL kalte Butterstücke mit dem Schneebesen einmontieren, dabei aber nicht mehr kochen lassen.

Wieso währenddessen der Braten unbeaufsichtigt garen darf, weiß ich eigentlich auch nicht. Weder verbrennt er, noch wird er trocken. Im Gegenteil, er ist auch nach vielen Stunden innen noch leicht rosa und saftig. Und das, ohne ihn zu spicken oder unentwegt zu begießen! Bedenken sollte man jedoch, dass man das Stück Fleisch später nicht nachwürzen kann; es muss also beim Anbraten auf dem Herd schon genügend gesalzen und gepfeffert werden. Entscheidend für das Gelingen ist hier also nur das Alter der Wildsau; mit dem Rest wird die Niedrigtemperaturmethode spielend fertig – unabhängig vom Gewicht der Keule. Die Garzeit bleibt dieselbe!

Als Beilage gibt es den für Wildgerichte klassischen Rotkohl und Esskastanien. Wer frischen Rotkohl zu verarbeiten weiß, braucht dafür an dieser Stelle wohl kein Rezept; alle anderen nehmen Rotkohl sowieso aus der Dose. (Wogegen weniger einzuwenden ist als bei anderen Konserven.) Aber Kastanien werden relativ selten gegessen, obwohl sie bei Wildgerichten besser sind als Kartoffeln: Sie werden wenige Minuten unter dem Grill oder der sehr heißen Oberhitze im Backofen erhitzt, bis die Schale schwarz wird oder sogar platzt. Nun lassen sie sich leicht schälen. Auch die feine Haut, die jetzt noch dran ist, wird abgezogen. Die Kastanien sind bereits dreiviertel gar. Deshalb glasiere ich sie jetzt wie Karotten: Butter heiß werden lassen, 1 TL Zucker dazu und darin die Kastanien leicht anrösten. Dann mit Wasser knapp bedecken und auf starker Hitze kochen, bis alle Flüssigkeit verdunstet ist und sich ein feiner Zuckerfilm um die Kastanien bildet. Ob sie dazu ganz gelassen oder in Stücke geschnitten werden, ist Geschmackssache. Sie ergänzen sich jedenfalls schön sowohl mit Rotkohl als auch mit kräftigen Wildsaucen.

Dessert
Schottischer Rosinenkuchen

Rosinenkuchen

(18-Zentimeter-Springform)

Für den Kuchen:
je 225 g Butter
Mehl
Zucker
1 Prise Salz
2 unbehandelte Orangen
4 Eier
80 g gemahlene Mandeln
1 EL Zitronat
100 g Korinthen
100 g blonde Rosinen
100 g braune Rosinen
6 ganze kandierte Kirschen
40 geschälte und halbierte Mandeln

Für das Rumparfait:
Eigelb
Zucker
Sahne
1 Glas Rum

Der Schottische Rosinenkuchen hingegen ergänzt sich wunderbar mit einem Rumparfait. Ohne dieses serviert, ist er wiederum ein herrlicher Anlass, einen Dessertwein zu trinken, also eine Beerenauslese oder Portwein. Und Arbeit macht er Weihnachten keine, weil er schon mehrere Tage in Folie eingepackt durchzieht.

Die Orangen werden gewaschen und getrocknet, die Schale wird mit einem Zestenschneider in kurze, dünne Streifen geschnitten. Das sollte 2 EL Orangenzesten ergeben. Butter und Zucker schaumig rühren. Die Orangenschalenstreifen und danach die Eier, eins nach dem anderen, unterrühren.

Nach jedem Ei 1 EL Mehl einrühren. Sodann die geriebenen Mandeln, die Kirschen, das Zitronat, die Rosinen, das Salz und das restliche Mehl hinzugeben. Die Springform ausbuttern, den Teig einfüllen, dicht mit den halbierten Mandeln belegen und mit Backpapier abdecken. Im auf 140° vorgeheizten Ofen 2½ Stunden backen.

Messerprobe machen (die Klinge muss sauber bleiben). Einige Minuten warten, bevor die Springform geöffnet wird. Wenn es denn ein Rumparfait sein muss: wird genauso gemacht wie jedes andere Parfait (Eigelb, Zucker, Sahne), nur dass hier statt Zimt oder Vanille ein Glas Rum als Aroma herhalten muss.

Wie ich eingangs schon sagte: So gut geht's uns nie wieder.

Menü 1993

LAUWARMER BOHNENSALAT MIT GEFLÜGELLEBER

NUDELN MIT RADICCHIO-SAUCE

LACHS MIT WALNÜSSEN

ARME RITTER MIT UND OHNE

Ob es noch Familien gibt, die zu Weihnachten eigenhändig backen und kochen und das Festmenü nicht bei McDonald's fertig kaufen? Hat neben der Ruckzuck-Pizza die Gans noch eine Chance? Sitzt Weihnachten überhaupt noch jemand am heimischen Herd anstatt in Florida, Nepal, Australien? Wir sind also unter uns; feiern wir es gebührend! Zuerst mit einem lauwarmen Bohnensalat und Geflügellebern. Danach nudeln wir uns lustig, um schließlich den schnellen Lachs mit Walnüssen zu füttern. Und Arme Ritter ans Ende des Menüs, wo sie hingehören. Dessen Leitmotiv aber heißt: Walnuss.

Entrée
Lauwarmer Bohnensalat mit Geflügelleber

Für 4 Personen

Für den Bohnensalat:
320 g Keniabohnen
4–8 Geflügellebern/Entenlebern/ Gänseleberterrine
Salz
reichlich Butter

Für die Vinaigrette:
4 TL Schalotten
Sherry-Essig
⅔ Walnussöl +
⅓ Olivenöl
schwarzer Pfeffer
Salz

dazu frisches Weißbrot

Die Bohnen für den Salat werden bei uns Keniabohnen genannt, auch wenn sie woanders gewachsen sind. Davon brauche ich pro Person eine Handvoll. Sie sind dünn, sehr dünn, und werden an beiden Enden abgeknipst; Fäden haben sie nicht.

Frische Geflügellebern sind normalerweise vom Huhn. Die Lebern von Enten und Gänsen sind besser, und am leckersten ist für diesen Salat eine in Würfel geschnittene Gänseleberterrine. Die kauft man fertig. Für die Bohnen bringe ich völlig versalzenes Wasser zum Kochen. Obwohl sie so dünn sind, nehmen sie während der kurzen Kochzeit fast kein Aroma an. Deshalb die große Menge Salz. Nach circa 5 Minuten sind sie gar (Bissprobe machen!), dann spüle ich sie kurz in kaltem Wasser ab und lasse sie abtropfen.

Die Lebern habe ich geteilt und gesäubert; wenn es frische Gänseleber ist, muss sie auch flach halbiert werden. Pro Person genügen 1 bis 2 Hühnerlebern. Die werden leicht gesalzen und in reichlich heißer Butter ganz kurz auf beiden Seiten gebraten. Ich mag sie am liebsten, wenn sie innen noch rosa sind. Durchgebraten schmecken sie trocken und mehlig. Die fertigen Lebern nehme ich aus der Pfanne und schwenke diese, abseits vom Feuer, mit der vorbereiteten Vinaigrette aus. Die besteht aus sehr fein gehackten Schalotten, Sherry-Essig, ⅔ Walnussöl und ⅓ Olivenöl sowie aus grob geschrotetem schwarzem Pfeffer und Salz. Damit wird der Bratensatz (wenig, aber aromatisch!) abgelöscht. Die Bohnen auf Tellern anrichten, darauf die Lebern platzieren und mit der Vinaigrette übergießen. Dazu frisches Weißbrot.

Zwischengericht
Nudeln mit Radicchio-Sauce

Für 4 Personen

50 g gesalzener Bauchspeck
2 Radicchio-Köpfe
Olivenöl
entfettete Hühnerbrühe
½ TL Balsamico-Essig
½ Tasse Olivenöl
schwarzer Pfeffer
320 g Bavettine oder Capellini (Trockengewicht)

Es müssen nicht immer Tomaten sein. Radicchio, als Salat so bitter, dass er jede Vinaigrette lächerlich macht, gewinnt als Hauptbestandteil einer Nudelsauce neue Sympathien. Den Bauchspeck in sehr kleine Würfel schneiden. Diese werden in einer großen Sauteuse (mithilfe von etwas Olivenöl) ausgelassen. Dahinein gebe ich gehackte, rohe Radicchio-Blätter, und zwar pro Person eine Handvoll. Wenn es sich um vier Portionen handelt, scheint das eine große Menge. Doch das Zeug zerfällt so sehr in der köchelnden Sauce, dass es ruhig noch etwas mehr hätte sein können. Die Sauce entsteht, weil ich den mit den Speckwürfeln dünstenden Radicchio mit einer entfetteten

Hühnerbrühe aufgieße. Diese sollte vorher bereits reduziert worden sein; denn jetzt bleibt dazu keine Zeit mehr. Die roten Salatkonfetti sind in einer Minute gar. Ich schmecke ab: Es muss ziemlich salzig schmecken (der Speck!). Wenn nicht, nachsalzen.

Jetzt kommt ein halber TL Balsamico-Essig dazu, und dann nehme ich die Sauteuse vom Feuer und gieße eine halbe Tasse Olivenöl hinein. Das muss sehr fruchtig sein, sonst war alle Mühe vergebens. So ein Öl kriegt man nicht in jedem Supermarkt, und billig wird es auch nicht sein. (Nie zum Kochen bringen! Lauwarm entfaltet es sein Aroma am besten.)

Nun fertig gekochte Nudeln in die Sauteuse geben und mit der Radicchio-Sauce vermischen. In eine Schüssel umfüllen. Zusammen mit grob geschrotetem schwarzem Pfeffer auf den Tisch stellen. Den Pfeffer streut jeder über seinen Nudelteller wie sonst den Parmesan. Fast hätte ich vergessen: Die Nudeln sind dünner als Spaghetti, aber nicht so lang. Sie heißen Bavettine oder Capellini.

Hauptgericht
Lachs mit Walnüssen

Fisch als Hauptgericht eines Weihnachtsmenüs ist zeitgemäß. Immer mehr Leute essen immer weniger Fleisch. Das Angebot an Fisch ist in den Städten vorzüglich, auf dem Land nach wie vor unbefriedigend. Da bleibt uns Provinzlern nur die Fahrt zur Kreisstadt, was für ein Weihnachtsessen allerdings keine Zumutung sein dürfte.

An Prächtigkeit nimmt es ein großer Lachs mit jeder Gans auf. Wenn er auf einer Platte an den Tisch getragen wird, von der Großfamilie mit Spannung erwartet, dann kommt das dem Auftritt eines Superstars sehr nahe. Leider passen die großen Fische nicht in unsere bescheidenen Backöfen. Es gibt aber auch kleine Lachse. Man nennt sie Baby-Lachse. Sie sind ungefähr 1,5 Kilo schwer, das reicht für vier Personen. Und sitzen tatsächlich einmal acht am Tisch, so haben zwei kleine nebeneinander immer Platz im Ofen. Vielleicht muss man Kopf und Schwanz abschneiden, weil der Bräter nicht lang genug ist.

Für 4 Personen

1 Baby-Lachs, ca. 1,5 kg

Für die Sauce:
100 g Walnusskerne
250 g frische Champignons
2 EL Butter
1 Zitrone
2 frische Lorbeerblätter (getrocknete sind zu schwach)
weißer Pfeffer
1 Glas Sherry
Hühnerbouillon (entfettet und reduziert)
Salz
Sahne

dazu in Butter geschwenkte und mit Petersilie bestreute Kartoffeln

Der Lachs ist, wie der Aal und der Seeteufel, ein robuster Bursche. Weder muss man ihn mit der Stoppuhr in der Hand garen, noch schadet ihm eine Überdosis an Gewürzen. Lachs schmeckt immer nach Lachs, so wie eine Gans immer nach Gans schmeckt.

Deshalb kann ich ihm auch eine ungewöhnliche Sauce zumuten. Zuerst zerhacke ich die Walnusskerne mit einem schweren Kochmesser. Bloß nicht in der Nussmühle mahlen! Dies ist kein Müsli! Also grob hacken. Die geputzten Champignons werden ebenfalls gehackt. In einer großen Pfanne lasse ich zwei EL Butter heiß werden. Darin die Champignons bei großer Hitze anbraten. Den Zitronensaft und die Lorbeerblätter dazugeben und salzen. Leicht pfeffern (weiß, aus der Mühle). Jetzt die Nüsse untermischen. Den Sherry anschütten und einkochen lassen. Hühnerbouillon angießen. Wahrscheinlich nachsalzen. Es sollte jetzt ungefähr ½ l Sauce in der Pfanne sein.

Der Lachs ist bereits gewaschen, trocken getupft und von innen und außen gesalzen und liegt erwartungsvoll in seinem Kochtopf. Ich nehme dazu den hohen Deckel eines ovalen Bräters. Eine viereckige *reine* ist ebenfalls geeignet, wenn auch der größere Boden die Feuchtigkeit (Sauce) stärker verdunsten lässt. Diese Sauce gieße ich nun über und um den Lachs herum, decke die Form mehr symbolisch als luftdicht mit Alufolie ab und schiebe sie in die Mitte des 210° heißen Backofens. 25 Minuten später ist er gar. Ich nehme ihn heraus und enthäute ihn. Das ist unerlässlich; denn erstens sieht so ein rosa Nackedei höchst appetitlich aus, und zweitens soll sich meine Familie nicht mit der Fischhaut abmühen müssen. Während er zugedeckt warten muss, damit er nicht auskühlt, vervollständige ich die Sauce. Ich gieße sie in eine Sauteuse und beginne das übliche Ritual: einkochen, abschmecken, einkochen, abschmecken. Noch etwas Zitrone? Warum nicht. Mehr Sherry? Her damit! (Noch einmal, für alle Alkoholgefährdeten: Durch das Aufkochen verschwindet Alkohol aus jeder Sauce!) Und dann, endlich, die Sahne. Wie viel, lässt sich nicht vorhersagen. Ist die Sauce sanft gewürzt und leicht suppig (was sie eigentlich nicht sein darf), nehme ich wenig. Bei einer kräftigen Sauce darf es aber bis zu einem Becher sein. Die fertige Sauce gieße ich um den Fisch herum, was schön aussieht, aber, leider, etwas unpraktisch ist beim Filieren.

Dazu essen wir in Butter geschwenkte und mit Petersilie bestreute Kartoffeln.

Dessert

Arme Ritter mit und ohne

Warum Arme Ritter Arme Ritter heißen, weiß ich nicht. Gewiss ist diese Süßspeise nicht in reichen Häusern erfunden worden; denn es handelt sich dabei eindeutig um Resteverwertung. Man machte die Armen Ritter aus trockenen Weißbrotscheiben. Heute sind wir nicht mehr so bescheiden. Außerdem ist Weißbrot oft so miserabel, dass es nicht einmal für dieses Dessert taugt. Deshalb nehme ich Brioches (vom Bäcker).

Simpel sind die Armen Ritter, aber einfach zu machen sind sie nicht. Das heißt, sie gelingen wahrscheinlich jedem; doch werden sie jedes Mal anders schmecken. Abwiegen und abmessen ist sinnlos. Solche Sachen macht man mit Gefühl. Das Prinzip ist einfach: Trockene Briochescheiben werden in eine Mischung aus Eiern und Milch eingelegt, welche mit Zucker und Zimt gewürzt wurde. Dann in Butter braten. Doch wie dick und wie trocken sollen die Scheiben sein? Wie lange einweichen? Wie viel Milch und wie viele Eier? Ich nehme bei 4 Scheiben 3 Eier. Schaumig schlagen und etwa die gleiche Menge Milch unterrühren. Zucker und Zimt nach Geschmack. Eine Prise Salz hilft. Die Butter darf in der Pfanne nicht verbrennen. Was dabei herauskommt, schmeckt Kindern immer.

Für uns Erwachsene mache ich einen anderen Ritter, nicht ganz so arm: Die Brioches werden entrindet und in Würfel geschnitten, 4 Eigelb und 3 Eiweiß werden schaumig geschlagen und mit Zucker und Zimt abgeschmeckt. Dazu kommen in Rum eingeweichte Rosinen, eventuell etwas Sahne. In dieser Pfütze werden die Briochebröckchen eingeweicht. Danach kommen sie in ausgebutterte Portionsformen und werden im Wasserbad gegart, bis die ganze Ritterschaft gestockt ist. Zu beiden Versionen würde ich ein Pflaumenkompott servieren.

Für 4 Personen

3–4 Brioches (Brötchenform)
Eier
Milch
Zucker
Zimt
Butter
eine Prise Salz

evtl. in Rum eingeweichte Rosinen und etwas Sahne

dazu Pflaumenkompott

Menü 1994

ROTE-BETE-ESSENZ MIT INGWER

POCHIERTE AUSTERN AUF SPINAT

AUSGELÖSTE HAXE MIT SALBEI

ANANASPARFAIT »WALDEMAR«

Zwei Premieren in einem Weihnachtsmenü, das gibt's nicht alle Jahre. Möglicherweise werden Leser, die sich vor Austern ekeln, zunächst zurückschrecken. Denn Austern bilden heute zum ersten Mal einen Teil des Menüs. Kalbfleisch hingegen aus biodynamischer, chemiefreier Aufzucht mit Mutterbindung im Grüngras-Ambiente – da sagt wohl niemand Nein. Zunächst aber sollte das Missverständnis mit den Austern ein für alle Mal ausgeräumt werden. Austern sind nicht eklig. Sie sind eine der größten Delikatessen, die wir uns leisten können. Schon die Römer waren verrückt danach, und die wussten beim Jupiter, was gut war. Das Glibberige einer frischen Auster entspricht sicherlich nicht dem Geschmack von Kindern. Aber jeder emanzipierte Esser wird diesem Naturprodukt einen weitaus höheren Rang einräumen als einer aus Fleischabfällen und Chemikalien zusammengekochten Wurst. Im Übrigen propagiere ich heute keine rohen Austern, sondern, im Hinblick auf mögliche Einsteiger, Ostrea edulis in pochierter Form. Da sie nicht roh gegessen werden, bilden sie nicht den Auftakt, sondern den zweiten Gang. Das Kalbfleisch stammt von der Haxe, wird aber nicht so furchteinflößend serviert wie in den süddeutschen Haxenbratereien, und den Anfang macht eine Suppe, eine extrem leichte Vorspeise von raffinierter Eleganz.

Entrée
Rote-Bete-Essenz mit Ingwer

Für 4 Personen

500 g rohe Rote Bete
frische Ingwerwurzel
1 l konzentrierte Bouillon (Consommé)
1½ TL Maizena
2 TL Essig
2 EL Rotwein
Crème fraîche

Die Bouillon kann eine reduzierte Hühnerbouillon sein. Eine zur Consommé verstärkte Rinderbouillon (in der mit Eiweiß vermischtes, mageres Rinderhack ausgekocht wurde) wäre ideal. In jedem Fall muss die Bouillon total entfettet und klar sein (ungewürzt). Also wird sie am Vortag hergestellt.

Die Rote Bete schälen und in sehr dünne Scheiben und dann in Streifen schneiden. Ein haselnussgroßes Stück frische Ingwerwurzel ebenfalls in dünne Scheiben schneiden. Rote Bete und Ingwer in die Bouillon geben, aufsetzen und dann 3 Stunden lang ganz schwach, also um 90°, ziehen lassen. Anschließend durch ein Haarsieb geben. Maizena mit dem Essig und dem Rotwein mischen und in der heißen Bouillon verrühren, sodass sie ganz leicht andickt. Mit Salz abschmecken.

Das wär's dann. Die beiden konzentrierten Aromen (Rote Bete und Ingwer) ergänzen sich zu einem ungewöhnlichen Wohlgeschmack, gekrönt durch die Crème fraîche. Die stelle ich direkt auf den Tisch, damit sich jeder Esser davon einen Klacks in seinen Teller tun kann. Da das keine sättigende Suppe ist, dürfte es der zweite Gang, die Austern, nicht schwer haben, hochwillkommen geheißen zu werden.

Zwischengericht
Pochierte Austern auf Spinat

Für 4 Personen

Für die Austern:
16 Austern
200 g Spinat
Salz
Pfeffer

Für das Sabayon:
3 Eigelb
1 EL Zitronensaft
1 TL Curry

Die Austern unter fließendem Wasser mit der Bürste reinigen. Zum Öffnen der Austern braucht man ein Austernmesser; Behelfswerkzeuge wie Schraubenzieher sind gefährlich! Eine Auster mit der flachen Unterseite nach oben im Handtuch halten. Austernmesser an der Seite der Auster ansetzen, die Schalen auseinanderzwängen. Saft durch ein Haarsieb in eine kleine Sauteuse tropfen lassen. Die Auster herumdrehen und mit einem Messer von der flachen Seite losschneiden. Sorgfältig von eventuellen Splittern befreien und in den aufgefangenen Saft legen. Während der weiteren Vorbereitungen lagern die ausgelösten Austern im Kühlschrank.

Den Spinat: waschen und tropfnass in einem heißen, aber trockenen Topf zusammenfallen lassen. Einmal umrühren. Leicht salzen, wenig pfeffern. Nach 2 Minuten herausnehmen, ausdrücken und auf Tellern anrichten. Warm stellen. Die Pfanne mit den Austern und ihrem Saft auf den Herd stellen und vorsichtig erwärmen. Es ist ratsam, einen

Finger im Saft zu halten, damit der bloß nicht zu heiß wird! Nach nur einer Minute dürfte der äußere Schleim der Austern fest geworden sein: Mehr wird von ihnen nicht verlangt! Innen sollen sie noch fast roh sein, wie ein verlorenes Ei. Dabei wird ihr Geschmack – im Gegensatz zu den Behauptungen der Austernpuristen – noch intensiver.

Vorher habe ich ein Sabayon vorbereitet: Die Eigelb (sehr frisch!) mit dem Schneebesen in Wasser und Zitronensaft zusammen mit Curry 5 Minuten im Wasserbad schlagen. 80°, nicht mehr! Dabei verdreifacht sich die Menge, wird sehr schaumig und schließlich fest wie geschlagene Sahne. Stetig schlagen. Die Hitze darf auf keinen Fall größer werden, sonst gibt's Rührei. Aber auch plötzliche Abkühlung ist zu vermeiden; die Masse könnte wieder flüssig werden. Auch das lässt sich mit dem Finger messen, mit dem Kochthermometer allerdings geht's genauer und schmerzlos.

Die Austern auf dem warmen Spinat anrichten und mit dem Sabayon übergießen. Zusätzlich kann man diese delikate Vorspeise gratinieren, das Sabayon muss dann allerdings so kompakt sein, dass es nicht im Spinat versickert. Zum Gratinieren braucht man einen vorgeheizten Grill, sodass das Sabayon in null Komma nix leicht braun wird, die darunterliegenden Austern aber nicht noch zusätzliche Hitze abkriegen. Das würde sie verfestigen, und damit wäre es um ihre Delikatesse geschehen. Ist alles gelungen, wird man diese warmen Austern zu den feinsten Delikatessen zählen müssen, die es gibt.

Hauptgericht
Ausgelöste Haxe mit Salbei

Meine Weihnachtshaxe hat nichts mit dem italienischen Ossobuco zu tun. Das ist ein rustikales Sommergericht, das ich mir in der Nachbarschaft von Lebkuchen und Christstollen schlecht vorstellen kann. Auch das bayerische Brandopfer, die dunkelbraun glacierte Haxe, hat hier nicht Pate gestanden. Überhaupt ist das Spezifische der Kalbswade nicht mehr zu erkennen, wenn sie serviert wird. Sie sieht aus wie jedes beliebige Stück Fleisch, das mal eben fix gebraten wurde. Doch meine Haxe wurde lange geschmort, sehr lange sogar: 5 Stunden bei 90°! Dass man ihr die üblichen Verwüstungen nicht ansieht, liegt an der niedrigen Temperatur; sie ist sogar noch ein wenig saftig!

Eine durchschnittliche Kalbshaxe wiegt circa 1200 Gramm mit Knochen und reicht für vier bis fünf Personen. Der Metzger muss sie längs aufschneiden und den Knochen herausnehmen. Häute, Sehnen und dickere Fettstellen schneidet er ab. Danach bleibt ein flaches, längliches Stück Fleisch von circa 900 Gramm übrig. Das reibe ich leicht mit Öl, 5 zermörserten Wacholderbeeren und schwarzem Pfeffer ein und salze es gründlich.

Weiter bereite ich vor: Schalotten schälen und in dünne Scheiben schneiden. Eine Handvoll Salbeiblätter von den Stielen befreien und waschen. Den in Streifen geschnittenen Frühstücksspeck bereitlegen.

Zunächst lasse ich den gewürfelten, fetten Rauchspeck in einem länglichen Bräter aus, der nur wenig größer ist als das Stück Fleisch. Dieses wird in dem heißen Speckfett von allen Seiten gründlich angebraten, bis es rundum hellbraun ist. Ich nehme das Fleisch heraus und gebe die Schalotten in den Bräter. Sie sollen fast gar werden, weil sie das später bei der niedrigen Temperatur trotz der langen Schmorzeit nicht schaffen. Knoblauchfreunde können ihr geliebtes Gewürz zusätzlich in den Bräter werfen, muss aber nicht sein.

Danach lege ich die Bratform mit einer Schicht Frühstücksspeck aus. Diese belege ich dicht mit gewaschenen Salbeiblättern. Darauf platziere ich das Fleisch. Dessen Oberseite wird nun ebenfalls mit Salbei belegt, und darüber kommt eine weitere Lage Frühstücksspeck. Mit je einem EL Olivenöl und Sherry begießen und ohne Deckel in den auf 90° vorgeheizten Backofen schieben.

Nach 5 Stunden ist das Fleisch durch und durch rosa, der Speck der oberen Lage kross; Sauce hat sich nicht gebildet. Deshalb habe ich inzwischen Folgendes gemacht: die frischen Champignons putzen und in kleine Würfel schneiden. In einer großen Deckelpfanne in Butter heiß anbraten. Salzen, pfeffern und Zitronensaft angießen. Deckel drauf und bei großer Hitze schütteln und gleichzeitig Saft ziehen lassen. Das geht sehr schnell. Ich nehme die Pfanne vom Feuer.

Die fertig geschmorte Haxe lege ich auf eine Platte und erkundige mich, ob jemand Wert auf die Speckstreifen legt. Den Bräter stelle ich auf den Herd und schütte die Champignons mit ihrem Saft hinein. Kurz erhitzen und zusammen mit dem aufgeschnittenen Fleisch servieren. Vom Salbei möchte jeder mehr haben, als überhaupt da ist. Dazu Kartoffelpüree mit viel Butter. [Anm. d. Red.: Mehr über die Zubereitung von Kartoffelpüree erfahren Sie im Menü von 1987.]

Für 4 Personen

Für die Kalbshaxe:
1 Kalbshaxe (ca. 1200 g)
Öl
5 Wacholderbeeren
schwarzer Pfeffer
Salz
4 Schalotten
eineHandvoll Salbeiblätter
2 Pakete Frühstücksspeck
120 g Rauchspeck
evtl. Knoblauch
1 EL Olivenöl
1 EL Sherry

Für die Sauce:
500 g frische Champignons
Butter
Salz
Pfeffer
2 EL Zitronensaft

Für das Kartoffelpüree:
500 g mehlige Kartoffeln
Sahne
Salz
Cayennepfeffer
Muskatnuss
Butter

Dessert
Ananasparfait »Waldemar«

Für 4 Personen

1 ausgewachsene, reife Ananas
120–150 g Zucker (je nach Geschmack)
2 EL Rum
5 Eigelb
500 ml Schlagsahne

Parfaits sind mit Recht beliebt, weil sie am Vortag zubereitet werden müssen. Außerdem wirken sie leicht, trotz Eiern und Sahne.

Die Ananas längs vierteln. Zwei Viertel getrennt verarbeiten. Die holzige Achse heraus- und die stachelige Rinde wegschneiden. Das Fleisch in kleine Würfel schneiden, dabei den Saft auffangen. Die Würfel der einen Hälfte mit dem Saft und der Hälfte des Zuckers 10 Minuten köcheln lassen. (Rohe Ananas und Eier vertragen sich nicht.) Dann pürieren, abkühlen lassen und den Rum unterrühren.

Die Eigelbe hell und schaumig aufschlagen, den restlichen Zucker zugeben und weiterrühren, bis er sich aufgelöst hat. Das Ananaspüree mit den Eigelben verrühren, die Sahne sehr steif schlagen und ebenfalls unterziehen.

In eine Schüssel umfüllen und über Nacht ins Gefrierfach stellen. Die zweite Ananashälfte wird für die Sauce gebraucht und ebenso gewürfelt wie die erste. Mit 2 EL Zucker 30 Minuten köcheln, ohne dass die Obstwürfel sich auflösen. Diese Sauce soll deutlich weniger süß sein als das Parfait und Zimmertemperatur haben. Kontraste sind auch beim Dessert wichtig.

Was die passenden Weine angeht, so kann ich zur Haxe sowohl einen schweren Weißwein (Grauburgunder) als auch einen leichten Rotwein (Merlot) trinken. Die Austern sind penibler. Ihretwegen öffne ich einen Sauvignon blanc (Loire, Friaul, amerikanische Westküste) oder einen Chardonnay.

WILDENTENTERRINE

KÜRBISSUPPE

STEINBUTT MIT KARTOFFELPÜREE

MOHR IM HEMD

Ich gestehe, meine Leser jahrelang vor Terrinen gewarnt zu haben. Zu umständlich, zu lästig. Stimmt ja auch; aber da vorgefertigte Nahrung eine immer größere Rolle in unserem Leben spielt, halte ich es für an der Zeit, mal wieder zu erleben, wie das überhaupt ist: selber machen, selber entscheiden. Deshalb beginnt das Menü mit einem extremen Beispiel der Kochkunst, mit einer Wildterrine. Extrem, weil die Verwandlung des Rohen zum Essbaren so umständlich ist wie bei wenigen anderen Produkten. Zur Beruhigung: Die Terrine wird drei Tage im Voraus hergestellt. Der zweite und der Hauptgang sind dafür mehr als einfach. So richtig was für den faulen Anfänger: Kürbissuppe und danach Steinbutt – der edelste unter den Plattfischen, ohne Fisimatenten pochiert, mit Olivenöl und einem Kartoffelpüree der Luxusklasse. Beim Dessert nähern wir uns Österreich und wünschen Ihnen einen guten Schluck …

Entrée
Wildententerrine

Für 10 Personen

Für die Farce:
280 g sauber parierte Brust
von einer Zuchtente
220 g fetten Speck
220 g Geflügelleber
100 g Schweineleber
1 Ei
Salz
schwarzer Pfeffer
2 TL gemörserte Wacholderbeeren

Für die Einlage:
3 große, intakte Geflügellebern
2 ausgelöste und parierte
Brusthälften von der Wildente
1 EL gehackte Schalotten
1 Glas Cognac
Salz
Szechuan-Pfeffer

Die Farce einer Terrine besteht immer aus durchgedrehtem Fleisch und Speck; in ihrer Mitte liegen intakte Stücke, und das Ganze wird im Wasserbad gegart. Sollte jemand bei der Ente danebengeschossen haben, lässt sich nach dem gleichen Prinzip auch eine Wildhasenterrine herstellen. Die Brust der Ente wird dann durch den Rücken des Hasens ersetzt. Als Gefäß brauche ich entweder eine längliche, emaillierte Gusseisenform oder eine ovale Form aus Steingut, immer mit Deckel. Letztere kann auch rechteckig sein. Ihr Inhalt reicht für circa zehn Portionen. Sie wird mit breiten, dünnen Speckscheiben ausgelegt.

Von den Brusthälften werden die Häutchen und Sehnen sorgfältig entfernt. Auch die Lebern werden sehr gründlich von Sehnen gesäubert. (Normalerweise Hühnerleber, aber Enten- oder Gänseleber sind natürlich besser.) Für die Einlage werden 3 schöne, möglichst intakte Lebern aufgehoben. Diese und die Wildentenbrust mit dem Cognac beträufeln, die fein gehackte Schalotte dazugeben, salzen und mit dem groben Szechuan-Pfeffer über Nacht luftdicht verschlossen durchziehen lassen. (Die restliche Wildente zerhacke ich und brate sie ohne Haut scharf in der Pfanne an. Mit Wasser auffüllen. 3 Stunden langsam köcheln lassen, um den Fond herzustellen. Diesen stark reduzieren und für spätere Gelegenheiten aufheben.)

Am nächsten Tag alle Zutaten für die Farce in Stücke schneiden und durch den Fleischwolf drehen (feine Scheiben). Das ganze Ei und den Wacholder unterrühren, salzen und pfeffern. Um die Würzung zu überprüfen, mache ich von der Farce einen kleinen Klops und lasse ihn in kochendem Wasser gar ziehen; dann probieren. Achtung: In kaltem Zustand schmeckt Fleisch weniger würzig als heiß! Also kräftig salzen und pfeffern! Die Hälfte der Farce in die ausgelegte Form füllen. Die Speckscheiben sollten überlappen. Auf der Farce die Bestandteile der Füllung verteilen und mit der restlichen Farce bedecken. Zwei Lorbeerblätter und einen Thymianzweig drauflegen und die Speckscheiben darüber zusammenschlagen. Ein kleines Luftloch in den Speck schneiden.

Die Form nicht bis zum Rand füllen, da für den sich verflüssigenden und nach oben steigenden Speck Platz gebraucht wird. In den auf 160° vorgeheizten Backofen eine flache Form mit heißem Wasser stellen. Da hinein die Terrinenform, welche zu zwei Dritteln im Wasser stehen muss. 2 Stunden garen (bei einer schmalen Form circa

90 Minuten). Herausnehmen, Deckel entfernen und ein passendes Holzbrett auf die Masse legen und mit einem Gewicht beschweren, damit sie eine gewisse Festigkeit bekommt.

Brettchen und Gewicht dürfen nicht mehr als 500 g wiegen, da die Terrine sonst zu sehr gepresst und dadurch trocken würde. Im Kühlschrank drei Tage durchziehen lassen. (Bei einem Wildhasen wird genauso verfahren. Nur wird sein Keulenfleisch für die Farce verwendet, welche ich darüber hinaus mit durchgedrehtem Rehfleisch anreichere anstatt mit Entenbrust.)

Bei der Würzung halte ich mich ausnahmsweise zurück. Tatsächlich sind bei einer Wildterrine viele Experimente möglich: Piment, Kardamom, Kümmelpulver, Muskat und andere Gewürze. Nur Trüffeln, in hellen Terrinen durchaus willkommen, können hier ihr Aroma nicht entfalten. Denn, das darf man nicht vergessen, eine Wildterrine ist keine Leberwurst. Wild bedeutet im Idealfall, dass das Brustfleisch der Wildente einen leichten Hautgout hat und damit der Terrine das authentische Aroma mitgibt! Dazu esse ich gern ein pfefferiges, süßsaures Chutney, zum Beispiel aus Kürbis, Zwiebeln, Auberginen und Rosinen. Das erschwert die Wahl des Weins, der ohne Chutney sowohl rot als auch weiß sein kann, aber nicht zu leicht sein sollte.

Zwischengericht
Kürbissuppe

Für 4 Personen

1 kg Kürbis
Evtl. 1 l entfettete, klare Hühnerbrühe
Salz
1 EL Ingwerwurzel (oder mehr)
evtl. Prise Curry/Kümmelpulver/ Anisschnaps
Fetakäse
grünes Olivenöl

Ein Kinderspiel: Kürbis schälen und die inneren Weichteile rauskratzen. Das Kürbisfleisch würfeln und mit Wasser (besser ist wie immer eine entfettete, klare Hühnerbrühe) zum Kochen bringen. Dabei mit wenig Salz und viel frisch geriebener Ingwerwurzel würzen. Ist der Kürbis gar, wird er mit dem Schnetzelstab zur Suppe püriert. Je nach Mut mit einer Prise Curry, Kümmelpulver oder etwas Anisschnaps würzen. In Teller füllen, zerkrümelten Fetakäse und einen Schluss dickes, grünes Olivenöl darüber.

Hauptgericht
Steinbutt mit Kartoffelpüree

Für 4 Personen

1 kg Steinbutt

Für den Fond:
Lauch
Champignons
½ Karotte
Weißweinessig
Salz

Für das Tomatenconcassée:
2 Tomaten
Butter
Salz
fruchtiges Olivenöl

Für das Kartoffelpüree:
500 g Kartoffeln
250 g Süßrahmbutter

Nein, kein Gemüse. Im Sommer würde ich ganz junge, enthäutete dicke Bohnen vorschlagen. Das sich im Winter anbietende Sauerkraut ist nur sinnvoll, wenn es vorher nichts zu essen gibt.

Ein Steinbutt von 1 kg reicht knapp für 4 Personen. Sollte der Händler nur einen viel größeren haben, verlange ich 4 quer geschnittene Filets mit der Haut. Finde ich einen genau passenden, nehme ich ihn – bereits ausgenommen – im Ganzen mit nach Hause. Dort schneide ich rundherum alle Flossen und den Kopf ab und ziehe daraus mit Wasser, etwas Lauch, einigen Champignons, Karotte und Weißweinessig einen leichten Fischfond. Den Fisch zerteile ich sodann mit dem großen Kochmesser in 4 gleichmäßig breite Scheiben. Die lege ich in den nur schwach gesalzenen Fond und lasse sie unterhalb des Siedepunkts 8 bis 10 Minuten ziehen – je nach Dicke der Scheiben. Inzwischen habe ich Tomatenconcassée vorbereitet und warm gehalten – jene kleinen Würfel aus schierem Tomatenfleisch, die leicht gesalzen und in wenig Butter gedünstet werden, so dass sie gar sind, aber noch nicht zerfallen.

Beim Kartoffelpüree berücksichtige ich, dass es sich um eine weihnachtlich-luxuriöse Version handelt, die dreimal so viel Butter enthält wie das Alltagsmodell. Um es konkret zu sagen: Bei 500 g Kartoffeln verbrauche ich 250 g Butter! Und zwar beste Süßrahmbutter, die es nicht an jeder Straßenecke zu kaufen gibt. Das widerspricht natürlich allen Ermahnungen der Diätapostel, aber es schmeckt teuflisch gut. Vernünftigerweise gibt es davon nur eine kleine Menge pro Person.

Vor dem Servieren werden die Fischstücke zunächst enthäutet. Ich lege sie auf die Teller zum Kartoffelpüree, drapiere die Tomatenwürfel daneben und übergieße sie mit leicht angewärmtem, fruchtigem Olivenöl. Die Reinheit der Zutaten und die Qualität des Steinbutts verwandeln dieses Gericht in ein wahres Festessen. Sollte jemand zu vorsichtig mit dem Salz umgegangen sein, kann sogar noch am Tisch nachgesalzen werden – aber dann bitte mit grobem Meersalz!

Dessert
Mohr im Hemd*

Hier kommt alles zusammen, was ein Weihnachtsessen so schön macht: Mandeln, Nüsse, Schokolade und die österreichische Küche, der das Rezept entstammt. Ich brauche pro Person eine kleine Puddingform, entweder aus Porzellan oder Metall. Diese Förmchen werden ausgebuttert und mit Kristallzucker ausgestreut.

Die Butter mit dem Zucker schaumig rühren und zusammen mit der geschmolzenen Schokolade verrühren, dabei nach und nach die Eigelb dazugeben. Die Eiweiß mit einer Prise Salz und, wenn es fest wird, mit 1 TL Zucker sehr steif schlagen. Davon etwas unter die Schokomasse rühren, dann die geriebenen Nüsse und Mandeln und dann den Rest des Eischnees vorsichtig unterheben. In die Förmchen füllen und im Wasserbad circa 30 Minuten garen lassen. Das Wasser sollte nicht kochen. Das kann zugedeckt auf dem Herd oder ohne Deckel im Ofen geschehen. Wichtig ist lediglich die geringe Temperatur (nicht über 90°!), da sonst das Eigelb stockt. Es versteht sich von selbst, keine bereits geriebenen Mandeln und Nüsse zu verwenden und bei der Schokolade auf einen hohen Kakaoanteil zu achten.

Den richtigen Garzustand kontrolliere ich vorsichtshalber mit einer Nadel: Nach dem Einstechen sollte sie sauber bleiben. Sodann werden die Förmchen auf Teller gestürzt und der Mohr mit Schokoladensauce übergossen. Die kann, muss aber nicht, mit einem Klacks Schlagsahne gekrönt werden.

Die Sauce ist einfach herzustellen: Sahne aufkochen und darin Bitter- sowie Milchschokolade schmelzen. Der besondere Kniff: 1 TL kandierten Ingwer sehr fein hacken und untermischen.

Was die Getränke zu diesem Menü angeht, so bleibt es beim Weißwein. Spätestens beim Steinbutt aber sollte der von bester Qualität sein. Das Dessert verlangt nach einem Süßwein, und da hier die Schokolade den Ton angibt, würde ich einen Portwein dazu trinken oder, noch lieber, einen Banyuls von der Domaine de la Rectorie.

Für 6 Personen

60 g Butter
60 g Bitterschokolade
50 g Zucker
40 g Walnüsse
20 g Mandeln
4 Eier
Salz

Für die Sauce:
250 ml Sahne
150 g Bitter- sowie
100 g Milchschokolade
1 TL kandierten Ingwer

evtl. Schlagsahne

**Heute würde man diese berühmte österreichische Nachspeise nicht mehr so benennen, doch Wolfram Siebeck und zahllose weitere Genießer kannten sie nur unter diesem Namen und würden sie unter einer präziseren Bezeichnung wie zum Beispiel »Schokohupf mit Schlag« nicht wiedererkennen. Daher lassen wir den Namen hier so stehen.*

Menü 1996

AVOCADO-SELLERIE-SALAT

THYMIANSUPPE

LANGUSTE MIT KÜMMEL

KAISERSCHMARREN MIT ZWETSCHGENRÖSTER

Auf den Wunschzetteln für Weihnachten 1996 fehlt das Wort Fleisch so oft, dass es denn auch im heutigen Weihnachtsmenü keine Rolle spielen soll. Als Hauptgang habe ich eine Languste engagiert. Davor hat eine Hühnersuppe mit Thymian ihren Auftritt, und den Prolog bestreitet ein Avocado-Salat mit Zubehör. Das sind drei ziemlich einfache Sachen, deshalb kann's beim Dessert dann kompliziert werden: Kaiserschmarren, wie ihn Sisis Gatte liebte.

Am einfachsten ist der erste Gang, weil man ihn tellerfertig vorbereiten kann. Die darauffolgende Suppe muss nur aufgewärmt werden, mit der Languste haben Sie etwas Arbeit, aber damit können Sie etappenweise zwischen den Gängen beginnen, wenn Sie die leeren Teller in die Küche bringen.

Anstelle einer Languste können Sie auch Hummer nehmen. Hummer gibt es nämlich zur Weihnachtszeit fast so viele wie Gänse, während Langusten sich rar machen. Der Vorteil der Languste: Sie hat keine Scheren, mit denen man sich rumschlagen muss. Ihr Nachteil: Die Scheren würden besonders zartes Fleisch enthalten. Aber mit geschlossenen Augen zu unterscheiden, ob man nun das eine oder das andere Ungeheuer im Mund hat, ist schwierig. Deshalb meine ich: Beide sind gut. Sehen ja auch fast gleich aus. Im Übrigen eignen sich alle Zubereitungen für Hummer auch für Langusten (und umgekehrt).

Den größten Respekt, was seine Zubereitung angeht, habe ich vor dem Kaiserschmarren. Weil man mir unter dieser Bezeichnung so viele uninteressante, primitive Magenfüller vorgesetzt hat, von denen nicht wenige schlichtweg missraten waren, meistens verbrannt. Oder nicht locker genug oder zu süß, zu fett – mein Gott, dieser kaiserliche Schmarren kann ganz schön in die Hosen gehen! Kein Wunder, dass die Kaiserin an Anorexie litt. Auch in diesem Menü ist der Kaiserschmarren das Problemkind.

Entrée
Avocado-Sellerie-Salat

Unser Salat macht nur dem Schwierigkeiten, der es nicht versteht, ihn schön dekorativ auf den Portionstellern anzurichten. Und abschmecken muss man können, das fällt sogar manchem Küchenchef schwer.

Zunächst koche ich eine Sellerieknolle im Ganzen, lasse sie abkühlen, schäle und schneide sie in kleine Würfel. Die werden sofort mit reichlich Zitronensaft begossen. Zum einen, weil Sellerie erst durch die Säure delikat schmeckt, zum andern, weil er dadurch nicht braun wird. Diese Würfel werden zusätzlich leicht gesalzen und schwer gepfeffert. Nämlich mit grob geschrotetem schwarzem. Aber das kennen Sie ja schon!

Von den Selleriewürfeln 2 bis 3 EL in die Mitte des Tellers häufeln. Darauf 1 TL extrafein (!) gehackte Schalotten. Darauf wiederum 1 EL zerbröselten Fetakäse. Um den bleichen Haufen dekoriere ich in möglichst gleichmäßige Halbmonde geschnittene Avocados. Diese merkwürdigen Bollen werden halbiert, entkernt, mit einem Löffel aus der grünen oder schwarzen Schale gehoben und in die benötigten Scheiben geschnitten. Auch sie sofort mit Zitronensaft beträufeln und leicht salzen. 1 Avocado dürfte für 3 Teller reichen.

Dann viertele ich 1 Kirschtomate und dekoriere damit den angerichteten Haufen. Der sieht nun plötzlich nicht mehr blass aus, sondern appetitlich. Als Luxusausführung empfehle ich anstelle der Tomate 4 schwarze Trüffelscheiben (obwohl die Saison gerade erst beginnt).

Für 3 Personen

1 Sellerieknolle
Zitronensaft
Salz
schwarzer Pfeffer
2 Schalotten
100 g Fetakäse
1 Avocado
3 Kirschtomate oder
12 schwarze Trüffelscheiben
Walnuss- und Olivenöl

Leider gibt es für die Kirschtomaten keinen anderen Ersatz. Denn diese Neuzüchtung ist überraschend kräftig im echten Tomatenaroma; alle anderen Tomaten wären hier nur farblos, verwässernd. So, alles schön dekoriert?

Dann geben wir die Vinaigrette darüber. Ist eigentlich keine, weil die Säure in Form der Zitrone schon längst im Salat steckt. Also lediglich Walnussöl und Olivenöl im Verhältnis 1:2 verrühren, salzen und so viel davon über den Salat gießen, dass das Öl um den grün-weißroten Hügel herum einen gelben Ring bildet. Und wenn das Ganze nicht wirklich toll schmeckt, dann haben Sie nicht genug gewürzt.

Zwischengericht
Thymiansuppe

Für 3 Personen

750 ml Hühner- oder Rinderbouillon
Weißbrot
1 Eigelb
Handvoll Thymianzweige
Salz
Pfeffer

Die Basis dieser freundlichen Suppe bildet bei mir eine Hühnerbouillon. Sie stammt vom Vortag, weil ich einen Hühnerreis gegessen habe. Eine Rinderbrühe ist allerdings genauso geeignet. Die Brühe sollte jedenfalls völlig entfettet und stark reduziert sein, also kräftig schmecken. Gesalzen und gepfeffert wird aber erst die fertige Suppe! Die enthält noch pro Teller 1 EL frisches, zerkrümeltes, entrindetes Weißbrot und, bei 3 Portionen, 1 Eigelb. Und natürlich Thymian.

Wenn man bedenkt, wie verschieden Thymian schmecken kann, nämlich bitter, parfümiert, muffig, aufdringlich, zurückhaltend, grasig, zitronensäuerlich – je nachdem, ob er getrocknet oder frisch ist und woher er stammt –, dann wird klar, dass dieses Süppchen einen Risikofaktor darstellt: Wie leicht habe ich zu viel oder zu wenig davon im Topf! Auf jeden Fall darf das provenzalische Kraut nicht lange ausgekocht werden. Da würden sich die ätherischen Öle unangenehm bemerkbar machen. Also eine Handvoll Thymianzweige in die Suppe (das Brot köchelt darin bereits seit einigen Minuten) und einmal kurz durchkochen. Eigelb in einer Tasse mit etwas heißer Suppe verquirlen und zurück in den Topf gießen. Salzen und schwach pfeffern. Brot und Eigelb haben die Suppe leicht angedickt, sie wird durch ein Sieb in eine Terrine gegossen. Der Thymian duftet die Küche aus.

Hauptgericht

Languste mit Kümmel

Manchmal sieht man in der Zeitung einen Fischer, der hält triumphierend eine 3-Kilo-Languste in der Hand. Sollte er an Ihre Tür klopfen, um Ihnen die Riesin zu verkaufen, machen Sie nicht auf. So große Krustentiere sind alt und deshalb zäh. Das beste Gewicht für Hummer oder Languste liegt bei 600 bis 800 Gramm. Das reicht für 2 Personen, sofern es noch etwas zum Sattessen gibt.

(Man kann tiefgefrorene Langustenschwänze kaufen, habe ich mir sagen lassen, das ginge notfalls auch. Und ganz langsam auftauen lassen ... Aber es dürfe auf keinen Fall ein bereits gekochter Schwanz sein!)

Ich kaufe eine frische Languste und stecke sie kopfüber in einen Topf mit sprudelnd kochendem Wasser. Nach nur 1 Minute wieder herausnehmen und der Länge nach halbieren. Dazu braucht man ein sehr schweres Messer und Kraft. Die Languste flach auf den Bauch legen und das Messer hinter dem Kopfteil ansetzen. Eindrücken und zuerst zum Kopf, dann in die andere Richtung zum Schwanzende durchziehen. Die beiden Hälften auf die Seiten legen, damit der Saft nicht wegläuft. Das Fleisch ist noch sehr glasig, also keineswegs gar. Diesen Zustand erreicht es erst in der Pfanne.

Für 2 Personen

1 Languste/Hummer (600–800 g)
Sellerieknolle (Rest vom ersten Gang)
Zitronensaft
gemahlener Kümmel
walnussgroßes Stück Ingwerwurzel
Butter
Olivenöl
Salz
Cayennepfeffer
100 g Süßrahmbutter

In dieser – sie sollte aus schwerem, emailliertem Gusseisen sein – bereite ich Folgendes: Vom gekochten Sellerie (erster Gang) habe ich ein eigroßes Stück zurückbehalten und sehr klein gewürfelt, mit reichlich Zitronensaft beträufelt und mit gemahlenem Kümmel bestreut. Und niemand wundert sich, wenn ich als Nächstes ein walnussgroßes Stück Ingwerwurzel reibe und mit dem Sellerie vermenge. Das alles lasse ich in einer Mischung aus Butter und Olivenöl in der Pfanne heiß werden (gar ist er ja schon, der Sellerie!). Dahinein gieße ich den Saft aus den beiden Langustenhälften und würze mit Salz und Cayennepulver. Achtung, dass der Saft nicht verdampft!

Nun löse ich den Schwanz aus der Schale. Den Darm – ein dünner, schwarzer Faden – ziehe ich heraus. Das Fleisch schneide ich in fingerdicke Scheiben und brate sie in einer zweiten Pfanne kurz und heftig an. Die Betonung liegt auf kurz! Innen sollen die Scheiben noch saftig sein. Dabei noch einmal salzen. Nach 5 bis 8 Minuten ist alles vorbei. Die Schwanzstücke zusammen mit der Süßrahmbutter in den Bratsaft einschwenken. Abschmecken.

Oder – wenn es sich um 2 Langusten oder mehr handelt – die gebratenen Stücke in eine angewärmte Schüssel legen und den Saft, der eine Buttersauce geworden ist, in eine Sauciere abfüllen. War es Hummer und keine Languste, so werden seine Scheren geknackt, das Fleisch herausgezogen und zusammen mit den Schwanzstücken gegart. Alle anderen Teile finden keine Verwendung. Nur ausgepichte Leckermäuler kratzen die breiigen Bestandteile (grün, rot, körnig) aus dem Krustentier und passieren sie durch ein Sieb in die Sauce, welche dann aber nicht mehr kochen darf.

Nachwürzen kann ich aber immer: Zitrone, Salz, Kümmel, Cayenne.

Dessert

Kaiserschmarren mit Zwetschgenröster

Theoretisch ist dieses wunderbare Dessert nichts anderes als ein zerfetzter Pfannkuchen. Jeder Bär müsste ihn backen können. Aber sogar Pfannkuchen haben oft eine verbrannte Unterseite (was meistens großzügig übersehen und mit zusätzlichem Zucker ausgeglichen wird). Das darf bei einem perfekten Kaiserschmarren nicht geschehen. Braun muss er werden, aber auf keinen Fall schwarz verbrennen. Verbranntes Mehl schmeckt immer bitter, weshalb auch Brote mit schwarzer Unterseite keineswegs als »urig und ländlich« zu bezeichnen sind, sondern als misslungen.

Die Rosinen mehrere Stunden in Rum einlegen. Aus Eigelb, dem Zucker, Mehl, der Zitronenschale, 1 Prise Salz und der Sahne einen glatten Teig rühren. Die Eiweiß mit je einer Prise Zucker und Salz zu einem festen Schnee schlagen und vorsichtig mit dem Teig vermischen. Jetzt brauche ich entweder eine sehr große oder zwei normale Pfannen, welche zusammen in den Backofen passen!

Zunächst lasse ich auf dem Herd die Butter in der Pfanne schmelzen und fülle den Teig ein. Darüber verteile ich gleichmäßig die eingeweichten Rosinen. Backen lassen, bis die Masse von unten braun wird, dann im auf 200° vorgeheizten Ofen unter der Oberhitze weiterbacken, bis auch die Oberseite die richtige Farbe hat. Herausnehmen und den Pfannkuchen mit zwei Gabeln zerreißen. Es kann sein, dass der Schmarren innen noch nicht ganz gar ist. Das ist weniger tragisch als das Gegenteil, denn er kann gefahrlos auch im zerrissenen Zustand noch einmal in den Backofen gestellt werden. Dafür mit etwas Kristallzucker bestreuen, der dabei karamellisieren kann. Der fertige Kaiserschmarren wird mit Puderzucker durch ein Sieb bestreut. Routinierte Schmarrenbäcker benutzen den Backofen erst gar nicht und backen auf dem Herd. Doch das ist mir zu riskant.

Wie bei jeglicher Pfannkuchenbackerei spielt die Pfanne eine entscheidende Rolle. Im Idealfall ist es eine Pfanne, in der ausschließlich Pfannkuchen gebacken werden. Der zweite Knackpunkt ist die Temperatur. Bloß nicht zu heiß anbraten! Auch zu wenig Butter kann das Ganze gefährden. Eigentlich gehört noch Vanille in den Teig. Aber echte Vanille lässt sich hier schwer einsetzen, und auf Vanillezucker verzichte ich lieber.

Traditionell wird der Kaiserschmarren von Zwetschgenröster begleitet: halbierte Pflaumen mit Zucker, Zimtstange, Gewürznelken, in Scheiben geschnittener Zitrone und einem Gus Wasser aufkochen und bei schwacher Temperatur weich kochen lassen. Ab und zu umrühren. Erkalten lassen. Zitrone und Zimt entfernen. (Notfalls können Sie auch eingemachte Pflaumen nehmen, dann brauchen Sie weniger Zucker.) Dazu würde ich keinen Süßwein trinken, sondern einen halbtrockenen Riesling. Während der Weißwein zur Languste (Weißburgunder, Chardonnay) trocken sein sollte.

Für 4 Personen

Für den Kaiserschmarren:

6 Eier
3 EL helle Rosinen
3 gehäufte EL Mehl
4 EL Zucker
1 EL geriebene Zitronenschale
75 g Butter
2 EL Sahne
Salz
Rum
Puderzucker

Für den Zwetschgenröster:

500 g halbierte Pflaumen
100 g Zucker
½ Zimtstange
3 Gewürznelken
1 Zitrone

Menü 1997

JUNGER GRANA AUF RUCOLA

WEISSE BOHNENCREME

KÖNIGLICHES HUHN

ZITRONENCREME

Huhn als Hauptgericht, darauf haben viele gewettet. Aber ein gefülltes Huhn? Sonst habe ich immer gegen Füllungen gestänkert. Und jetzt schon wieder ein Meinungswechsel?

Nicht ganz. Denn diese Füllung hat nichts mit der Reis- und Rosinenpaarung der Werkkantinen zu tun. Es ist eine königliche Füllung; deshalb nenne ich es auch »Das königliche Huhn«. Als braver Republikaner habe ich es allerdings abgespeckt, indem die teuersten Bestandteile durch solche ersetzt werden, die sich auch eine Akademikerfamilie leisten kann.

Dennoch ist es ein aufwendiges Hauptgericht, was dadurch relativiert wird, dass es ein großes Huhn ist und für sechs Personen reicht. Zunächst aber gibt es eine populistische Leckerei, und der Zwischengang ist auch nicht ohne.

Entrée
Junger Grana auf Rucola

Nichts ist auf deutschen Tellern so willkommen wie die Begleiterscheinungen italienischer Hausmannskost sowie Salat. Hier ist beides vereint. Der Grana darf auch ein Parmesan sein, nur nicht alt und hart, wie er normalerweise zum Reiben verwendet wird. Er muss sich leicht in dünne Scheiben schneiden lassen, welche nicht größer als ein Fünfmarkstück sind.

Auch den beliebten Rucola *(roquette,* Rauke) zerpflücke ich in ähnlich kleine Blätter. Er bildet die Unterschicht auf dem Teller, auf ihn lege ich die Käsescheiben. Und beträufelt wird das bescheidene Häufchen mit wirklich altem Balsamico! Wo das dreizehnte Monatsgehalt wegrationalisiert wurde, genügen auch ein paar gehobelte weiße Trüffelspäne und feinstes Olivenöl, um diesem frugalen Anfang eine festliche Note zu geben.

Da Salate – und dies ist ja einer – immer erst in der letzten Minute hergestellt werden sollten, ist für den zweiten Gang jetzt keine Zeit mehr. Also ist er längst vorbereitet und muss nur noch aufgewärmt werden:

Für 4 Personen

300–350 g Rucola
150 g Grana/Parmesan (jung)
alter Balsamico
gehobelte, weiße Trüffelspäne
Olivenöl

Zwischengericht
Weiße Bohnencreme

Von diesem Zwischengang bitte nur so wenig servieren, wie in eine Teetasse passt. Denn die Creme sättigt, ist aber gleichzeitig so lecker, dass der Herr Doktor und seine Familie jegliche Beherrschung verlieren und bis Silvester weiteressen würden.

Weil man die Creme am nächsten Tag aufwärmen kann, nehme ich 300 g getrocknete weiße Bohnen, möglichst kleine, die man auch ohne Einweichen in 1½ Stunden weich kochen kann (das steht auf der Packung, andernfalls vorher einweichen). Sie werden mit einem fingerlangen, zerhackten Stück Lauch, einer Karotte und einem walnussgroßen Stück Ingwerwurzel, beides ebenfalls gewürfelt, weich gekocht. Dann das Kochwasser bis auf einen Rest abschütten, etwas Sahne dazugießen und alles pürieren. So viel weitere Sahne angießen, dass die Suppe cremig, aber nicht dünnflüssig wird.

Für 4 Personen

300 g getrocknete, möglichst kleine und weiße Bohnen
fingerlanges Stück Lauch
1 Karotte
walnussgroßes Stück Ingwerwurzel
Sahne
Salz
1–2 TL Currypulver
Olivenöl

dazu geröstete Brot- und Speckwürfel

Jetzt erst salzen und 1 TL Currypulver einrühren. Vielleicht auch 2 TL, aber das hängt von der Schärfe des Currypulvers ab; das müssen Sie abschmecken. Jedenfalls darf es keine fade Pampe sein, sondern ein herzhaftes, dickes Süppchen. In Tassen gießen und nach dem Servieren noch »einen Faden« Olivenöl einlaufen lassen. (Am nächsten Tag aufgewärmt mit gerösteten Brot- und Speckwürfeln.)

Hauptgericht
Königliches Huhn

Für 4 Personen

Für das Huhn:
2 kg schweres Huhn
Butter
Salz
Nadel und Garn

Für die Füllung:
2 Brioche-Brötchen
(gern auch altbacken)
Butter
20–30 g Morcheln
120 g Kochschinken
4–5 Hühnerlebern
1 Bund Blattpetersilie
1 EL gehackte Pistazienkerne
Evtl. Cognac oder Armagnac
Salz
1 TL Zitronensaft

dazu kleine festkochende
Pellkartoffeln

2 Kilo muss es wiegen, mindestens. Das ist kein halbstarkes Brathähnchen, sondern eine ausgewachsene Poularde. Auf dem Markt beim Biobauern kann man sie finden und als Bressehuhn in Kaufhäusern. Ich rate, vorzubestellen. Der Frachtraum eines solchen Huhns ist überraschend groß. Es passen hinein: altbackene Briochewürfel, ohne Rinde, in der Pfanne mit wenig Butter goldbraun geröstet, eingeweichte, gewaschene, ausgepresste und ohne Fett trocken gebratene Morcheln, größere Exemplare zerschneiden (in feudalen Zeiten: frische schwarze Trüffeln), gewürfelter Kochschinken, parierte Hühnerlebern (in feudalen Zeiten: gewürfelte, frische Foie gras), fein gehackte Blattpetersilie, 1 EL gehackte Pistazienkerne.

Das sind die Zutaten für die Füllung. Sie werden vorbereitet und vermischt. Vorbereiten heißt würzen, und das ist der diffizile Teil des Rezepts. Natürlich spielt es eine Rolle, wie der Schinken beschaffen ist (feucht, trocken, salzig, fad), an dem durchaus etwas vom Fett dranbleiben darf. Auch der Zustand der Lebern wirkt sich aufs Ergebnis aus. Bitte alle Sehnen und dergleichen sorgfältig rausschneiden; möglichst nur kompakte Stücke nehmen. Je heller sie sind, umso besser; in Cognac oder Armagnac einlegen (circa 10 Minuten) kann man sie auch, aber das ist kein Muss. Schließlich ist beim Einkauf auch die Qualität der Morcheln zu beachten. Sie sollten nicht groß und zerfleddert sein und keine Stiele haben; das Angebot ist sehr unterschiedlich. Während sie in der Pfanne ihr Waschwasser ausschwitzen, salze ich sie leicht und gebe 1 TL Zitronensaft dazu.

Am größten sind die Briochewürfel: wie richtige Spielwürfel. Die Leberstücke nur wenig kleiner, Schinken und Morcheln halb so groß. Dies alles sowie die grob gehackten Pistazienkerne und die Petersilie wird vorsichtig vermischen. Die Wahrscheinlichkeit, dass ich die Füllung auf Anhieb richtig gewürzt habe, ist gering. Also nehme ich davon 1 gehäuften EL und erhitze die Masse in der Pfanne. Nur so lässt sich kontrollieren, wie sie später schmecken wird. Nachwürzen ist fast immer nötig.

Das gefüllte Huhn muss auf irgendeine Weise zugenäht oder -gebunden werden. Chirurgen können auf die praktischen Klammern zurückgreifen, mit denen sie Patienten zusammenflicken. Ich engagiere jemanden, der mit Nadel und Garn umgehen kann. Danach lege ich das Huhn in einen heißen Bräter auf die Seite, begieße es mit heißer Butter und salze gründlich.

Im 180° heißen Backofen darf es nun ohne Deckel 20 Minuten braten. Dabei wird es mehrfach mit der Butter bepinselt. Dann auf die andere Seite legen und weitere 20 Minuten später auf den Rücken. Gegen Ende der Bratzeit häufiger bepinseln. Bei jedem Seitenwechsel ist es ratsam, mit dem feuchten Finger seine Oberfläche zu prüfen: Ist genug Salz dran? Nach 50 bis 60 Minuten sollte das Huhn gar sein. Wenn Sie aber einen deutlich über 2 Kilo schweren Vogel im Topf haben, geben Sie ruhig noch einmal 20 Minuten dazu.

Ein Probeschnitt zwischen Keule und Brust gibt Ihnen Auskunft über den Stand der Dinge. Ist der auslaufende Saft noch rosa – weiterbraten. Ist er jedoch farblos: raus aus dem Ofen, auf eine Platte legen und warmstellen. Die Bratbutter – durch ausgelassenes Hühnerfett erheblich vermehrt – genügt völlig, wenn Sie noch Kartoffeln dazu essen wollen. Kleine festkochende Pellkartoffeln selbstverständlich! Das Dessert kann nur kalt und säuerlich sein. Da eine Quarkspeise zu mächtig wäre, ist es eine Zitronencreme*.

Dessert

Zitronencreme*

Für 4 Personen

Saft von 6 Limonen (210 ml)
Saft von 2 Zitronen (90 ml)
3 große Eier
30 g Speisestärke
120 g Zucker

Sie stammt von Alain Chapel und ist eigentlich eine Mousse. Die Eigelbe und der Zucker werden geduldig mit einem Schneebesen bearbeitet, bis sie schön cremig sind. In diese Masse siebe ich das Stärkemehl und schlage es ebenfalls sorgfältig unter. Dann den Zitrussaft erwärmen, mit dem Ganzen verrühren und unter Rühren aufkochen lassen. Inzwischen hat ein willfähriger Helfer das Eiweiß zu Schnee geschlagen, welchen ich abseits vom Feuer unter die heiße Masse ziehe. Diese Mousse fülle ich in Portionsschalen und lasse sie vor dem Servieren erkalten. Also kann ich sie bereits am Vorabend machen. Die Zitronen-Mousse hat nichts dagegen, mit Weihnachtsgebäck zusammen gegessen zu werden.

**Die hier angegebenen Mengen entsprechen nicht Siebecks Angaben im ZEITmagazin von 1997. Damals hatte er deutlich weniger (viel zu wenig!) Zucker und nur zwei Eier verlangt und damit vielen seiner Fans das Weihnachtsfest versauert. In einer späteren Ausgabe des ZEITmagazins hat er sich dafür entschuldigt und das Rezept korrigiert.*

BLUMENKOHLCREME
LACHS MIT VERMICELLI
GEFÜLLTE ENTE
CREMA CATALANA

Wir nähern uns Weihnachten und werden gebeten, das Rauchen einzustellen. Zur Belohnung gibt es eine Gans. Nicht schon in diesem Jahr, aber vielleicht im nächsten, vielleicht im nächsten Jahrtausend.

Diesmal schrammen wir haarscharf dran vorbei und braten eine Ente. Eine Ente ist freundlicher als ein Adler und weniger majestätisch als ein Schwan, also ein durchaus demokratischer Vogel.

Die Vorspeise ist eine Blumenkohlcreme. Damit sie nicht an Kohl erinnert, wird sie ungewöhnlich gewürzt. Der Zwischengang kombiniert Zuchterfolg mit Urlaubsglück: Lachs mit Vermicelli. Bei der Ente halten wir uns nicht zurück, da bringen wir alles ein, was wir gelernt haben an multiaromatischer Toleranz. Die Süßspeise könnte man für eine Schwester der Karamellcreme halten, was sie keineswegs ist.

Die Weihnachtsüberraschung aber heißt Trüffelöl. Das ist mit Trüffelessenz aromatisiertes Olivenöl und stammt entweder aus Italien oder Frankreich. Dieses Öl also kann Trüffel ersetzen, bleibt jedoch Ersatz. Es lässt sich wirkungsvoll verwenden im Kartoffelpüree, im Rührei, im Kartoffelsalat, zu gekochtem Gemüse, gekochtem Hummer und im Risotto. Man gießt davon nur »einen Faden« über das dampfende Gericht oder mischt mal gerade 1 TL ins Püree. In diesem Menü verhilft es der Vorspeise zu jener Extravaganz, die uns zu Weihnachten willkommen ist.

Entrée

Blumenkohlcreme

Für 4 Personen

1 mittelgroßer Blumenkohl
1 EL Butter
Salz
Pfeffer
Zitronensaft
200 g Sahne
4 TL Trüffelöl

Der Kohl wird in große Stücke zerlegt, wüste Strünke werden entfernt. In kaltem Wasser aufsetzen, zum Kochen bringen und nach 3 Minuten abgießen. Im noch heißen Topf 1 EL Butter schmelzen lassen und darin den Kohl andünsten (nicht anbräunen!). Dann mit Wasser aufgießen, salzen, leicht pfeffern und den Zitronensaft dazugießen. Kochen lassen, bis der Kohl sehr weich und das Wasser fast verkocht ist (circa 20 Minuten). Im Mixer oder sonst wie pürieren und die Sahne angießen. Erneut erhitzen und abschmecken. Schmeckt blöde, ich weiß. Nicht blumig, nicht kohlig, nicht pfeffrig noch sonst was. Krankenkost. Doch nicht irremachen lassen! Die Pampe so weit einkochen, dass sie breiig wird. Letztmalig vorsichtig abschmecken, noch mal Zitrone, dann kommt das kostbare Trüffelöl, um das Ganze vor der Banalität zu retten.

Ich serviere den Brei nicht in Tellern, sondern in Suppentassen oder kleinen Schälchen. Erst wenn aufgetragen ist, gebe ich in jede Portion 1 TL von dem Trüffelöl. Das macht Eindruck und schmeckt vom Himmel hoch. (Auch ohne Trüffelöl lässt sich so eine Blumenkohlcreme herausputzen, etwa durch eine großzügige Zugabe von Curry, durch Harissa, durch Lachskaviar, durch Safran.)

Zwischengericht
Lachs mit Vermicelli

Der einstmals edle Lachs ist zum Prolo verkommen, ein Fisch, der in Massen gezüchtet und überall feilgeboten wird. Doch, o Wunder, er schmeckt immer noch besser als ein Karpfen! Deshalb hat er im zweiten Akt seinen Auftritt, unterstützt vom Chor der Ringelnudeln. Und gekrönt von einer Buttersauce, Beurre blanc genannt. Da es sich um ein Zwischengericht handelt, wird pro Person nur eine kleine Menge gebraucht, zwei Bissen, mehr nicht.

Also genügt pro Esser nur ein fingerdünner, makelloser Streifen ohne Haut und Gräten von höchstens 110 Gramm. Den soll der Fischhändler zurechtschneiden. Diese Lachsstreifen werden in stark gesalzenes, köchelndes Essigwasser gelegt. Sofort von der Herdplatte ziehen und nach 3 Minuten mit dem Schaumlöffel herausheben; der Lachs ist gar. Nur ein wenig zu lange (oder zu heiß) gegart, und dieser empfindliche Fisch verliert Saft, Charme und Geschmack. In Restaurants werden dünne Lachsscheiben oft roh auf den sehr heißen Teller gelegt, das genügt.

Die Nudeln sollen Eiernudeln sein, aus der Familie der Vermicelli; die Nester der Capelli d'angelo sind ideal. Davon nur eins pro Person.

Die weiße Buttersauce habe ich vorbereitet: Die Schalotte wird mit dem scharfen Kochmesser in winzige Partikel gehackt und in einer Kasserolle ungefähr 20 Minuten langsam in Estragonessig und trockenem Weißwein geköchelt, bis die Menge zu einem suppigen Brei geworden ist. Durch ein Sieb pressen und das Flüssige reduzieren, bis maximal 2 EL Flüssigkeit übrig bleiben. Salzen und mit weißem Pfeffer aus der Mühle würzen.

Dahinein montiere ich mit dem Schneebesen die in Stücke geschnittene eiskalte und gesalzene Butter. Die entstehende Buttersauce darf auf keinen Fall kochen und kann folgerichtig nicht sehr heiß serviert werden, zumal ich sie in eine Sauciere umfülle. Sie hat die Konsistenz einer Hollandaise und wird an der Loire, wo sie erfunden wurde, traditionellerweise zum Hecht serviert. Die Mengenangaben (Schalotten, Essig, Butter) variieren von Rezept zu Rezept, was ein gutes Zeichen ist: Die Beurre blanc gelingt auf jeden Fall.

Diese drei Dinge – die dünnen Lachsstreifen, die heißen Nudeln und die weiße Buttersauce – werden anmutig auf vorgewärmte Teller platziert und feierlich serviert. Dass mir bloß jetzt noch niemand satt wird!

Für 4 Personen

Für den Lachs:
400–450 g Lachs
Salz
Essigwasser
4 Nester Vermicelli, z. B. Capelli d'angelo

Weiße Buttersauce:
1 große Schalotte
50 ml Estragonessig
100 ml trockener Weißwein
Salz
weißer Pfeffer
200 g gesalzene Butter

Hauptgericht
Gefüllte Ente

Für 4 Personen

zwei kleine Enten, pro Ente etwa 1800 g

Für die Füllung:
500 g Champignons
500 g Fetakäse
Salz
Pfeffer
Zitronensaft
1 EL Szechuanpfeffer
Öl
Glas Wein/Boullion/Bier

Es gibt kleine und große Enten, Barbarieenten, sogenannte Flugenten und anonyme vom Bauern. Wenn sie nackt vor einem liegen, nützt die Vielfalt wenig: Sie sehen alle gleich aus. Darin liegt ein Risiko, denn die Qualitäten sind sehr unterschiedlich. Eine trocken gebratene Entenbrust ist nicht immer Schuld der Köchin. Die kleinsten wiegen knapp 2 Kilo, das ist die Ente für den nicht so großen Hunger. Über 3 Kilo schwere Vögel erfüllen die Bedingungen für einen Weihnachtsbraten schon eher. Sie sind allerdings fett wie Botero-Damen. Aber da zwei kleine Enten bequem nebeneinander in den Ofen passen, ist das die bessere Lösung. Ich beschreibe ihr Schicksal am Fall einer von 1800 g:

Ob groß oder klein, fürs Entenbraten gibt es nur ein Verfahren. Zuerst rundherum auf dem Herd anbraten, dann 3 Stunden im Bräter ohne Deckel bei 180° im Ofen garen lassen. Ihre Fettschicht und die relativ niedrige Temperatur schützen sie vor dem Austrocknen, sicherheitshalber drehe ich sie alle halbe Stunde um. Was ich ihr als Bratbeigabe in den Bräter lege, ist Geschmackssache. Den Garvorgang beeinflusst es nicht.

Diesmal wird sie gefüllt. Und zwar mit Champignons und Fetakäse. Das ist der salzige Hochstapler, der als bulgarischer Schafskäse ausgegeben wird, obwohl er meistens von deutschen Kühen stammt. Ich wasche und hacke einen großen Haufen Champignons ohne Stiele in große Würfel. Die werden leicht gesalzen und schwer gepfeffert sowie hemmungslos mit Zitronensaft befeuchtet. Daneben liegt ein ähnlicher Haufen zerkrümelter und gepfefferter Fetakäse.

Beide werden miteinander vermischt und in die Ente gestopft. Sollte Ihr Geflügelhändler sich überwunden und Ihnen die Leber des Vogels mitgegeben haben, wird auch die zerhackt und untergemischt, obwohl es dem Braten nicht schadet, wenn Sie sie in Butter braten und in der Küche essen oder der Katze geben.

Die vollgestopfte, zugenähte und mit Salz eingeriebene Ente wird auf dem Herd zusammen mit 1 EL Szechuanpfeffer in Öl angebraten. Die Garzeit beträgt 3 Stunden im Ofen, wenn Sie es eilig haben. Wer viel Zeit hat, brät den Vogel bei 120° 4 Stunden lang, das ist sicherer. Obwohl das Fett reichlich austritt, gieße ich etwas Flüssigkeit an, ein Glas Wein oder Bouillon oder Bier; die Unterschiede sind minimal. Was von der Füllung nicht in den hohlen Vogel passte, lege ich in den

Bratentopf. Eine Sauce kommt trotzdem nicht zustande. Wer darauf Wert legt, hat ein Problem.

Erbsen schmecken dazu besser als alle anderen Gemüse. Weil jetzt Weihnachten ist, empfiehlt es sich, auf Tiefkühlerbsen zurückzugreifen. Dazu passt ein Premier Cru von der Côte de Nuits.

Dessert
Crema Catalana

Für 6 Personen

5 Eigelbe
abgeriebene Schale von 1 Zitrone
1 Vanillestange
1 Prise Zimt
120 g Zucker
500 ml Doppelrahm
2 EL brauner Zucker

Klingt sehr spanisch, ist aber nichts anderes als eine gebrannte Creme mit Zitronenschale. Man muss sie einen Tag im Voraus herstellen, worüber sich die Küchenmannschaft freut. Oder sollte ich Küchenfrauschaft sagen? Die Eigelbe zusammen mit der Zitronenschale, dem Mark aus der Vanillestange, dem Zimt und dem Zucker mit einem Schneebesen verrühren, bis die Masse weißlich wird. Den Doppelrahm (keine normale Sahne!) mit der ausgekratzten Vanillestange aufkochen und 15 Minuten auf dem Herd ziehen lassen. Noch heiß durch ein Sieb in die Eiermasse gießen und rühren. Die Masse in Portionsförmchen füllen und abkühlen lassen. Danach über Nacht in den Kühlschrank stellen.

Kurz vor dem Servieren mit braunem Zucker bestreuen und dicht unter dem heißen Grill karamellisieren lassen. Statt Crème double, Doppelrahm, kann man auch Crème fraîche nehmen, aber nicht die fettarme Variante. Übersteigt die Zahl der Weihnachtsgäste die der Förmchen, lässt sich die Crema Catalana auch in einer großen, flachen Form herstellen, was allerdings ziemlich rustikal aussieht. Einen Nachteil hat diese leckere Nachspeise allerdings: Man kann nichts Vernünftiges dazu trinken.

Menü 1999

BORSCHTSCH

LACHS IM BLÄTTERTEIG

OMELETT MIT WALNUSS UND INGWER

Im Mittelpunkt des Weihnachtsmenüs, nehme ich mir vor, soll eine deutsche Spezialität stehen. Da werde ich gefragt, »wie sich trotz der zunehmenden Internationalität in deutschen Küchen die traditionellen Gerichte aus den verschiedenen Regionen behaupten können«. Die Frage stellt – das geht aus dem Briefkopf hervor – ein deutscher Fernsehsender. Da ich keine Zeit habe, vor seinen Kameras Rede und Antwort zu stehen, möchte ich sie hier kommentieren.

Zunächst einmal: Wer sagt denn, dass sich in deutschen Küchen die traditionellen Gerichte aus verschiedenen Regionen behaupten? Nach meinen Beobachtungen geschieht das bestenfalls in Privathaushaltungen. Aber in der Öffentlichkeit – das heißt in der Gastronomie – ist davon nichts zu sehen und zu essen.

Welche Gerichte in unserer Küche kann man überhaupt als traditionell bezeichnen, und aus welchen Regionen kommen sie? Ist der Rheinische Sauerbraten ein traditionelles Gericht, und stammt es aus dem Rheinland? Wahrscheinlich. Aber schon die bayerische Kalbshaxe ist kein traditionelles Gericht der deutschen Küche, sondern allenfalls ein Immigrant, der sich in Italien Ossobuco nennt. Königsberger Klopse wären ein traditionelles Gericht. Aber sie existieren nur in degenerierter Form als Tiefkühlgericht. Aal grün existiert überhaupt nicht mehr, weil es in unseren verseuchten Flüssen keine Aale mehr gibt und weil deutsche Hausfrauen sich vor Aalen ekeln. Sauerkraut kann alles sein, nur kein deutsches Essen; die dazugehörende Tradition ist fest in elsässischem Besitz.

Es bleiben also, wenn man von der Brat- und der Currywurst absieht, nur zwei ebenso urdeutsche Schöpfungen übrig: Grünkohl mit Pinkel, den kein anderes Volk für sich reklamieren mag, und die Rindsroulade. Letztere ist sogar das Lieblingsessen der Deutschen, noch vor der Banane und Bratkartoffeln. Es wäre also naheliegend, eine Rindsroulade mit Banane zu füllen und auf Bratkartoffeln zu servieren, um unser Volk in den Zustand vollkommenen Glücks zu versetzen. Doch wir wollen nicht übertreiben!

Hauptgericht: erster Teil
Lachs im Blätterteig

Sicher ist jedenfalls, dass vor noch gar nicht langer Zeit bei uns so viele Lachse gegessen wurden, dass sie den Leuten zum Hals heraushingen. Lachs, auch Rheinsalm genannt, ist eine deutsche Spezialität!

Natürlich stammt er heute nicht mehr aus dem Rhein, sondern aus Züchtereien vor der norwegischen und schottischen Küste. Aber bei allen Einwänden gegen die Massenproduktion muss gesagt werden, dass auch der Zuchtlachs sehr gut schmeckt. Deshalb ersetzt er uns die Weihnachtsgans. Und damit es ein mindestens ebenso festliches Essen wird wie der Fettvogel, backen wir ihn in Blätterteig, und vorher wird er gefüllt. Seine wichtigste Zutat ist ein kompetenter Fischhändler. Der muss den Lachs nämlich filetieren und enthäuten, sodass wir zwei dicke, rosa Filets mit nach Hause nehmen, schieres Fleisch ohne Gräten. Trotzdem empfiehlt es sich, wie ein Briefmarkensammler mit Lupe und Pinzette die Innenseiten der beiden Filets zu untersuchen. Denn die eine vergessene Gräte landet garantiert im Hals des gütigen Vaters, der sowieso lieber einen Rehrücken gegessen hätte.

Für 4 Personen dürfen es gut 600 g Lachsfilet sein. Die beiden Filets werden mit einer Füllung bestrichen, zusammengeklappt und in Blätterteig eingewickelt. Dass man Blätterteig vorgefertigt kaufen kann und sollte, habe ich bei anderer Gelegenheit schon dargelegt; seine Herstellung ist für Amateure zu schwierig. Und: Zu Weihnachten ist das Fluchen in der Küche untersagt.

Für 4 Personen

Für den Lachs:
2 dicke Lachsfilets
etwa 600 g Blätterteig (fertig kaufen)
Fleur de Sel
Eigelb

Für die Beurre blanc:
1 EL sehr fein gehackte Schalotten
200 g Butter
100 ml trockener Weißwein
50 ml Estragonessig
Salz
weißer Pfeffer
Blattspinat

Für die Füllung Duxelles:
300 g Champignons
Butter
Salz
Schwarzer Pfeffer
2 TL Tomatenmark
Zitronensaft

Entrée
Borschtsch

Für 4 Personen

400 g/2 Knollen Rote Beete
1 l Fleischbrühe (Bouillon)
Butter
2 Zwiebeln
300 g Weißkohl
Essigwasser
2 Karotten
1 Stange Stangensellerie
Bündchen Petersilie
2 Tomaten
Salz
Pfeffer

evtl. Knoblauchzehen, Fenchel, Ingwer, Meerrettich, Chili
4 EL Crème fraîche

Die Vorspeise soll uns im Winter wärmen und gleichzeitig die Osterweiterung unseres Küchenzettels vorantreiben: Wir kochen Borschtsch (russisch) oder Barszcz (polnisch), wobei es sich jedes Mal um eine Rote-Bete-Suppe handelt, für die es unzählige Rezepte gibt; deshalb sind der Experimentierlust keine Grenzen gesetzt. Nur braucht man dazu (neben der Roten Bete) unbedingt eine kräftige Fleischbrühe.

Das obligate Schweineschmalz ersetze ich durch Butter, in der ich die gehackten Zwiebeln und die geschälte und gewürfelte Rote Bete anschwitze. Sodann wird der Weißkohl in feine, schmale Streifen geschnitten und diese werden in Essigwasser so lange blanchiert, bis sie fast gar sind. Zusammen mit den Karotten, dem entfaserten Stangensellerie (beide zerschnitten) und der Petersilie in die köchelnde Bouillon gegeben. Dort hinein kommen jetzt auch die Rote Bete und die gehackten Zwiebeln. Zusätzlich werden in die Suppe die Tomaten passiert, die ich vorher in wenig Wasser weich gekocht habe. Die Suppe salzen, kräftig pfeffern und kochen, bis die Gemüse gar sind. Gegen die Zugabe von zerdrückten Knoblauchzehen und fein gehacktem Fenchel ist nichts zu sagen.

Wäre dieser Borschtsch ein Hauptgericht, würde ich noch gewürfelte Kartoffeln mitkochen und das Kochfleisch der Bouillon einlegen. So aber genügt mutiges Abschmecken und – unbedingt! – säuerliche Crème fraîche. Davon 1 EL in jeden Teller. Die Lachsfilets, so sauber sie pariert sein mögen, haben immer einen dünnen Rand. Der kann in der Suppe gewinnbringend verwendet werden. Ich schneide ihn in dünne Streifen, vermische sie mit geriebenem Ingwer und lege davon in jeden Suppenteller 1 EL. Darüber wird die kochend heiße Suppe gefüllt und die Osterweiterung verliert schlagartig ihre Schrecken.

Es ist an dieser Stelle vor der Illusion zu warnen: dass die genaue Befolgung eines Rezeptes auch dessen Gelingen garantiere. Wie der Borschtsch letzten Endes schmeckt, hängt wie immer vom Würzen ab. Und von den einzelnen Zutaten. Rote Bete zum Beispiel kaufe ich auf dem Markt bereits gekocht. Das bedingt andere Garzeiten. Und die Qualität der Bouillon ist selten so wichtig wie bei dieser Suppe. Sodann ist die Wahl des Pfeffers am Resultat beteiligt: von Meerrettich über Ingwer bis zu Chili ist alles möglich. Wenn die Suppe nicht scharf ist, fehlt ihr was.

Hauptgericht: zweiter Teil
Lachs im Blätterteig

Nun zurück zum Lachs. Die beiden Filets mit ihrer Füllung wirken wie ein dickes Sandwich. Dessen Größe entscheidet über die Verpackung. Eingewickelt in Blätterteig ist das ein Trumm von einem Paket! Da zaudere ich dann doch. Sieht bestimmt beeindruckend aus, wenn es aus dem Ofen kommt. Aber wenn etwas schiefgeht, ist alles hin. Was kann schiefgehen? Der Teig kann nicht aufgehen, matschig sein oder reißen. Er kann verbrennen, während das Innere noch halb roh ist. Da reduziere ich das Risiko und entscheide mich für kleine Portionspakete.

Zunächst aber stelle ich die Füllung her; es ist eine Duxelles. Also wieder einmal Champignons putzen und ohne die Stiele sehr fein hacken. Sie werden in reichlich Butter angebraten, mit Salz und schwarzem Pfeffer sowie mit Tomatenmark und etwas Zitronensaft gewürzt. Dieses Pilzpüree kann man im Voraus herstellen, es sollte abgekühlt sein, bevor ein Lachsfilet damit bestrichen wird.

Der Blätterteig besteht meistens aus mehreren viereckigen Platten. Ich nehme sie auseinander, bestreiche sie mit Butter und klappe sie wieder zusammen. Nun werden sie mit dem Nudelholz dünn ausgerollt. Die Butter verbessert das Fertigprodukt geschmacklich. Praktischer sind wieder einmal die runden, gerollten Teigscheiben. Sie sind groß genug für einen 2-Personen-Lachs. Deshalb bestreiche ich ein Filet mit der Duxelles, platziere das andere Filet obenauf, bestreue es mit Fleur de Sel, was eine Art von grobem Meersalz ist, und unterteile das Ganze jetzt je nach Größe eventuell in Portionen. Dann wickele die ganze Herrlichkeit portionsweise in den Blätterteig ein. Überstehende Ränder abschneiden, die Kanten zusammenkneifen, dann mit einem leicht verquirlten Eigelb bepinseln. Den Dekorationssüchtigen sei noch verraten, dass sich mit dem Messer in die Teigoberfläche allerlei Ornamente einritzen lassen, die später in der Hitze groß rauskommen.

Die Hitze beträgt 130° und die Garzeit 25 bis 30 Minuten. Das oder die Teigpakete werden aufs Backblech gelegt und in der Mitte des Ofens mit Umluft (eine der wenigen Gelegenheiten, wo sie empfehlenswert ist) gebacken. Der Teig verfärbt sich appetitlich ins helle Braun. Vom Ofen auf eine Servierplatte und sofort auf den Tisch! Der Fisch in dem heißen Teigpanzer gart nämlich nach, das heißt er wird trocken, wenn er warten muss. Dazu passt am besten eine weiße Buttersauce, die klassische Beurre blanc: 1 EL sehr fein gehackte Schalotten in Butter anschwitzen und glasig werden lassen. Mit Wein und Essig aufgießen und so lange köcheln, bis sich die Schalottenwürfel in einen Brei verwandelt haben. Salzen und pfeffern. Auf kleinster Hitze mit dem Schneebesen so viele eiskalte Butterstückchen einmontieren, bis sich eine cremige, weiße Sauce bildet.

Erfahrungsgemäß wird Weihnachten viel genascht, sodass mancher Hoffnungsträger mit verringertem Appetit am Tisch sitzt. Dann wird wahrscheinlich auf die rote Gemüsesuppe verzichtet. In diesem Fall empfehle ich als Gemüse Blattspinat, der den Lachs wie immer wunderbar ergänzt. Der passende Wein ist ein fetter Chardonnay aus dem Napa Valley.

Dessert

Omelett mit Ingwer und Walnuss

Wo beim Dessert großer Hunger große Portionen erfordert und zusätzlich eine Beerenauslese auf ihren Auftritt wartet, ist folgender Schmackofatz aus der Pfanne am richtigen Platz: Eier mit Mehl verquirlen. Einige Prisen Salz und Zucker dazu sowie die fein gehackten Walnüsse. Ebenfalls gehackt wird kandierter Ingwer, das sind die scharfen und süßen Würfel aus der Backwarenabteilung. Das alles vermischen und in kleinen Pfannen in salziger Butter backen, bis die Ränder sich kräuseln und braun werden. Dann in der Pfanne wenden und sofort servieren.

Man könnte das leckere Backwerk für einen Pfannkuchen halten. Doch, so luftig und leicht, gehört es eher zur Familie der Omeletts. Auf jeden Fall sollte man der Versuchung widerstehen, es mit kühnem Schwung durch die Luft zu wirbeln. Für die Beerenauslese kommt nur ein Riesling oder eine Scheurebe infrage, denen man die Rebsorte trotz ihrer Süße noch anmerkt.

Für 4 Personen

4 Eier
4 gehäufte EL Mehl
Salz und Zucker
4 EL fein gehackte Walnüsse
8 Würfel kandierter Ingwer
salzige Butter

Menü 2000

GEBRATENER APFEL MIT HÜHNERLEBER

WEISSE BOHNEN MIT SAUCE HOLLANDAISE UND KAVIAR

REHKEULE IN DER SALZKRUSTE

MOKKAPARFAIT MIT SCHOKOLADENSAUCE

Zur Verblüffung unserer Lieben basteln wir dieses Jahr ein Gericht, von dem wir glaubten, es sei der Kunstküche erfahrener Profis vorbehalten. Die meisten werden es nicht einmal selbst gesehen haben; sie kennen das Verfahren nur vom Hörensagen. Zum Beispiel wenn von Paul Bocuse die Rede ist und seiner Spezialität Loup en croute de sel – Meerwolf in der Salzkruste.

Nun wollen wir uns aber nicht mit den leer gefischten Meeren und ihren grätenreichen Bewohnern befassen. Wie es sich in Zeiten deutscher Identitätssuche gehört, steht nicht der heidnische Neptun als Pate fürs Weihnachtsmenü zur Verfügung, sondern der gute alte Oberförster: Als Hauptgericht braten wir eine Rehkeule. Und die wird – hokus, pokus, malokus – in einer Hülle aus Salz gegart und auf den Tisch gebracht.

Ein bisschen tut es mir leid um den Nimbus der Gastronomie, wenn wir im Laufe dieses Rezepts entdecken, dass so eine Salzkruste keineswegs eine komplizierte und aufwendige Sache darstellt, sondern dem Prinzip des Römertopfs entspricht und von jedem Laien auf Anhieb nachgemacht werden kann. Er braucht nur eine Zutat, nämlich grobes Meersalz.

Nun ist die Beschaffung einer Rehkeule auch kein Kinderspiel. Ich meine nicht ein ganzes Hinterbein vom Reh mit Fell und Fuß, sondern ein 1,3 Kilo schweres Stück Fleisch ohne Knochen und säuberlich pariert, das heißt von Haut und Sehnen befreit. Das kauft man besser beim spezialisierten Wildhändler. Der wird auch die zweite, nicht alltägliche Zutat liefern können: eine große Scheibe weißen Speck, in die der Braten eingewickelt werden muss.

Doch wie ein großer Zaubertrick auf der Bühne verstärkt wird, wenn ihm ein scheinbar einfacher Hokuspokus vorausgeht, so beginnen wir das Weihnachtsmenü mit zwei kleinen Überraschungen.

Entrée
Gebratener Apfel mit Hühnerleber

Das ist zunächst der Appetithappen. Er bezieht sich deutlich auf die Jahreszeit und ist wirklich nur ein Häppchen. Nämlich pro Person 1 einzige Scheibe eines quer geteilten Apfels, knapp 1 cm dick. Sie wird (zusammen mit den anderen benötigten Apfelscheiben) in Butter und Zucker langsam gebraten. Den Zucker lasse ich zuerst etwas karamellisieren, bevor ich die Apfelscheiben in die Pfanne lege. Diese bestreue ich mit einer Prise gemahlenem Kümmel. Sie dürfen nicht zerfallen, also nicht zu heiß und nicht zu lange braten. Herausnehmen und auf Tellern anrichten. In der gleichen Pfanne brate ich sodann mit etwas frischer Butter sorgfältig parierte Hühnerlebern. Nicht mehr, als ich brauche, um die Apfelscheiben damit zu bedecken. Natürlich leicht salzen und einmal mit der Pfeffermühle drüber weg drehen. Das ist gewiss keine Hexerei, macht aber dennoch Eindruck bei der erwartungsvollen Familie.

Für 4 Personen

1 großer Apfel
Butter
Zucker
Prise gemahlener Kümmel
4–6 Hühnerlebern
Salz
Pfeffer

Zwischengericht
Weiße Bohnen mit Sauce hollandaise und Kaviar

Für 4 Personen

400 g weiße Bohnen
1 EL Kaviar
180 g Süßrahmbutter
Zitronensaft
Butter
3 Eigelb
Salz
Prise Pfeffer

Beim nächsten Gang staunen sie dann nicht schlecht. Er wird pro Person in einer runden Gratinform von nur 12 cm Durchmesser serviert und besteht aus weißen Bohnen, die mit einer Sauce hollandaise ganz leicht gratiniert und mit 1 EL Kaviar gekrönt werden: Süßrahmbutter in einem kleinen Pfännchen langsam schmelzen lassen. Daneben in einer schweren Kasserolle je 1 EL Wasser, Zitronensaft und Butter zusammen mit den Eigelb unter ständigem Schlagen mit dem Schneebesen warm werden lassen. Warm, aber nicht heiß, sonst stocken die Eigelbe, und alles ist verloren. Am sichersten gelingt die Emulsion, wenn man die Kasserolle in ein Wasserbad stellt. Auch die Butter im Pfännchen darf nicht heiß werden. Denn die gieße ich nun nach und nach in das Eierwasser, wobei die weißliche Molkeablagerung zurückbleiben muss.

Die Hollandaise wird zwischendurch gesalzen und mit einer Prise Pfeffer gewürzt. Dabei immer schlagen und ab und zu den Finger in die sich stabilisierende Sauce halten, um die Wärme zu kontrollieren. Nach ungefähr 15 Minuten ist die Buttersauce fertig, nämlich schön sämig. Ich gieße sie über die vorbereiteten Gratinförmchen. Darin liegen die weißen Bohnen, gar und abgegossen und noch warm. Die Förmchen unter den Grill schieben. Aufpassen, dass die Hitze nicht zum Schluss noch Unheil anrichtet. Also nur schwach gratinieren und Simsalabim in die Mitte jeder Form einen Klecks Kaviar setzen. Sevruga, wenn ich ihn mir leisten kann, ansonsten rosa Lachskaviar. Sofort servieren. An diesem Gericht lassen sich nur die weißen Bohnen vorbereiten. Denn eine Hollandaise kann man nur à la minute herstellen.

Hauptgericht
Rehkeule in der Salzkruste

Für 4 Personen

Für die Rehkeule:
1 Stück Rehkeule von 1,3 kg
2 kg grobes Meersalz
1 Scheibe fetten Speck von ca. 50 cm Länge
1,5 EL Wacholderbeeren
1,5 EL schwarzen Pfeffer
Öl
Butter
Zweig Thymian
Zweig Rosmarin
8 Eiweiß
evtl. Fond

Für die Beilage:
Gemüse mit Pilz und Wirsing
hellgrüne Wirsingblätter
Speck
Butter
Salz
Curry
süße Sahne
1 kleine Portion Pfifferlinge
Schalotten
Zitronensaft
Salz
Walnüsse

Nun kommen wir also zum großen Hokuspokus: Das Stück Rehkeule muss nämlich gut verschnürt werden, damit es beim Anbraten nicht aus der Form gerät. Viele Hausfrauen und -männer machen das selbst, weil sie auch Knöpfe annähen können und ähnliche Fertigkeiten beherrschen. In einer schlimmen Phase meiner Jugend konnte ich sogar Wollsocken stopfen – ohne Zauberstab. Heute würde ich eher barfuß laufen. Also den Metzger bitten.

Zu Hause wird das verschnürte Fleischstück gewürzt: Ich gebe vom groben Meersalz 1 EL in den Mörser, zusammen mit 1,5 EL Wacholderbeeren und ebenso vielen schwarzen Pfefferkörnern. Gut geschrotet, reibe ich damit das Fleisch ein und brate es in heißem Öl von allen Seiten gründlich an. Ist die Keule zugebraten, wird das Bratfett weggegossen (nicht aber die Pfeffer-Wacholder-Mischung), und in den Bräter kommen 2 EL Butter sowie je 1 Zweig Thymian und Rosmarin. Aufschäumen lassen und den Braten darin wenden. Vom Feuer nehmen und abkühlen.

Nun wird – Abrakadabra – die Salzkruste hergestellt. Dazu schlage ich die Eiweiß flüssig und vermische sie mit dem Meersalz. Jetzt lege ich eine Alufolie auf ein Backblech und darauf eine ungefähr fingerdicke Schicht vom Salzbrei. Darauf breite ich die Speckscheibe aus und lege auf diese das Fleisch, welches ich höchstpersönlich von seinen Bindfäden befreit habe. Den Rest des Specks klappe ich hoch und bedecke damit die Rehkeule. Der Speck verhindert das Versalzen. Sollte der Metzger keine so große Speckscheibe gehabt haben, sondern nur mehrere kleine, ist es auch nicht schlimm. Hauptsache, das Fleisch ist bedeckt. Im Übrigen ist eine Berührung von Fleisch und Meersalz kein Drama. Nun das restliche Meersalz auf und um die verspeckte Keule schmieren. Glatt streichen und rundherum auf halber Höhe mit dem Messerrücken eine Kerbe einritzen.

Den Ofen habe ich auf 250° vorgeheizt. Dahinein schiebe ich nun die Salzskulptur und lasse sie 30 Minuten garen; nicht länger. Danach noch einmal fast 20 Minuten ruhen lassen. Dann transportiere ich die Salzbombe vom Backblech auf ein Holzbrett und schneide den Klumpen an der Kerbe auf, sodass ich das Oberteil wie einen Deckel abnehmen kann. Das Publikum staunt und spendet Beifall.

Man kann diesen letzten Akt auch in der Küche vornehmen. Dann geht die notwendige Entsorgung der Salzbrocken diskret vor sich. Auch die Speckscheiben müssen abgenommen und weggeworfen werden, damit ich die Rehkeule in ihrer nackten Schönheit auf dem Brett tranchieren kann. Es ist erstaunlich, wie zart und saftig das Fleisch nach dieser Methode wird! Wer sich vor seiner roten Farbe fürchtet, hätte vielleicht doch besser einen Loup en croute machen sollen. Längere Garzeiten widersprechen jedenfalls den Vorstellungen von einer perfekten Rehkeule.

Beim ersten Mal fürchtete ich, das Salz würde meinen Braten versalzen. Doch nicht einmal ohne den Speck hat es großen Einfluss auf den Geschmack; es verbindet lediglich die Technik des Römertopfs mit der Langzeitgarmethode. Der fertige Braten ist von außen nach innen gleichmäßig gar und rosa!

Ein Problem bringt diese Technik allerdings mit sich: Es bildet sich keine Sauce. Die kann eine versierte Köchin nebenher herstellen. Entweder aus einem vorbereiteten Fond, den sie in der Kühltruhe hat, oder sie reduziert sie aus Fleischabfällen und Knochen heraus, wie ich das schon mehrfach beschrieben habe.

Aber eine Sauce ist nicht nötig, wenn man ein Kartoffelgratin und ein saftiges Gemüse als Beilage wählt. Zum Beispiel einen Pilz-Wirsing. Dazu werden hellgrüne Wirsingblätter von ihren dicken Rippen befreit und mehrere Minuten blanchiert, bis sie fast gar sind. Abgießen und abtropfen lassen. Mit dem großen Kochmesser in dünne Streifen schneiden. Geräucherte Speckwürfel mit Butter in einer Kasserolle angehen lassen und die Wirsingstreifen hinzugeben. Mit Salz und Curry würzen, süße Sahne angießen, damit das Gemüse feucht garen kann. Daneben 1 kleine Portion Pfifferlinge, gewaschen und wenn nötig klein gehackt, in Butter und sehr fein gehackten Schalotten anbraten. Mit Zitronensaft und Salz würzen und unter den Wirsing mischen. Beim Abschmecken muss sich die Zitrone deutlich, der Curry nur als Ahnung bemerkbar machen. Der Weihnachtszeit entsprechend, kann man auch noch 1 Handvoll gehackte Walnüsse dazugeben. Dieses Gemüse macht jedenfalls eine Sauce überflüssig.

Dessert

Mokkaparfait mit Schokoladensauce

Für 4 Personen

2–3 Meringues (Baiser)
4 Eigelb
180 g Zucker
2 EL Pulverkaffee
Cognac
½ l süße Sahne
Bittere Kuvertüre/
1 Tafel Bitterschokolade

Womit wir auch schon beim Dessert wären. Vom Hauptgericht sind so viele Eigelbe übrig geblieben, dass wir an einem Parfait gar nicht vorbeikommen. Meringues sind der Clou in einem Mokkaparfait mit Schokoladensauce. Also die Eigelb mit dem Zucker so lange rühren, bis eine helle, sämige Masse entsteht. Pulverkaffee in Cognac glatt rühren und unter die Eier-Zucker-Masse rühren. Die süße Sahne sehr steif schlagen und vorsichtig unter die süße Creme mischen.

Meringues mache ich nicht selbst, die kaufe ich beim Konditor. Sie werden in grobe Stücke gebrochen oder gehackt. Nun fülle ich eine Glasschüssel zur Hälfte mit der Parfaitmasse, streue die Meringues darüber und bedecke alles mit der restlichen Masse. Dann ab in die Kälte, wo die Masse in circa drei Stunden halbgefroren ist: Parfait.

Nun brauche ich noch eine Sauce. Eine Vanillesauce wäre zum Kaffeearoma logisch, aber eine Schokosauce ist raffinierter. Zudem in der Herstellung einfacher. Ich nutze dazu bittere Kuvertüre oder Bitterschokolade mit mindestens 60 Prozent Kakaoanteile.

Die Schokolade in kleine Stücke brechen und in einer Kasserolle oder in einem Pfännchen bei ganz schwacher Hitze schmelzen. Der Induktionsherd kann eine sehr niedrige Temperatur lange und gleichmäßig halten; bei allen anderen Herden ist ein Wasserbad erforderlich.

Schokolade schmelzen ist nämlich nicht so einfach. Nichts tut sie lieber als anzubrennen, außerdem wartet sie darauf, dass ich nicht aufpasse, und klumpt dann sofort zusammen. Und um mich besonders zu ärgern, verdreifacht sie ihre Süße in dem Moment, in dem sie flüssig wird. Das ist der Moment, in dem ich überlege, ob es nicht besser wäre, jetzt steif geschlagene Sahne unterzuziehen und so den süßen Seim in eine Schokoladenmousse zu verwandeln. Puh! Kochen ist manchmal der reine Wahnsinn, wenn es nicht um eine Lammschulter oder ein Kaninchen geht.

Also Geduld. Irgendwann ist sie zur zähen Sauce geworden wie das Nordmeer, nachdem ein Öltanker gesunken ist. Jetzt gilt es nur, die Temperatur zu halten und die Schokoladensauce teelöffelweise an, neben und über das Parfait zu träufeln. Schnell her mit dem Tawny Port oder dem Banyuls!

Und: Halleluja!

Menü 2001

KÜRBISSUPPE, BRUSCHETTA UND WEIHNACHTSFLADEN MIT INGWER

RAGOUT VOM WILDSCHWEIN

MARONEN-INGWER-PARFAIT

Überall stehen sie jetzt im Schaufenster, die Bücher mit der W-Frage im Titel: Wozu Ethik?, Wozu Kultur?, Wozu Religion?, Wozu Haareschneiden? Uns aber stellt sich heute mit Blick auf das Festtagsmenü eine andere Frage: Wozu Weihnachtsbraten?

Und der Altmeister aller W-Fragen, Wilhelm Busch, liefert die Antwort gleich mit:

»Warum sitzen, wozu nützen
an dem Frack die beiden Spitzen?

Hier ein Schnitt und da ein Schnitt
ritsche ratsche weg damit!«

Diese knappe Anweisung lässt sich durchaus auf unseren Braten übertragen: Mehrere Vorspeisen, mehrere Nachspeisen, und schon ist der Mittelteil überflüssig. Ich fürchte jedoch, damit wären unsere passionierten Köchinnen nicht zufrieden. Also brutzeln wir wie gewohnt.

Dennoch gefällt mir die Vorstellung der doppelten und dreifachen Vorspeise. Kleine Sächelchen, für jeden Geschmack etwas.

Kürbissuppe, Bruschetta und Weihnachtsfladen mit Ingwer

Bei der Suppe genügt die einfachste Version, man kann sie vorbereiten, Bruschetta ist ein Kinderspiel, und auch die Fladen muss man nicht üben.

Die Schalotten fein hacken und in 1 EL Butter sanft andünsten. Die Kürbiswürfel ohne Flüssigkeit dazugeben und zugedeckt bei schwacher Hitze garen, bis die Stücke weich sind. Die dem Kürbis innewohnende Feuchtigkeit macht die übliche Bouillon überflüssig. Mit dem Mixstab pürieren, Crème fraîche zugeben. Die Aromen untermischen. Es soll eine sämige Suppe entstehen. Die Crème lässt sich zur Hälfte durch Milch oder Bouillon ersetzen. Nun sehr sorgfältig abschmecken. Es schmeckt erstaunlich süß, fast wie eine Dessertcreme. Also etwas Zitronensaft, aber zusätzliche Gewürze bitte vermeiden, der Naturgeschmack reicht heute völlig.

Servieren würde ich diese Suppe in kleinen Suppentassen. Dann bleibt für den nächsten Tag noch genug übrig, um noch einmal vier Esser zu erfreuen.

Bruschetta ist bei den italienischen Vorspeisen, was in Frankreich die Baguette mit Rillette (Schweinemett) ist: schlicht und bäuerisch. Dazu wird getoastetes Graubrot mit Knoblauch eingerieben und mit lauwarmem Tomatenconcassée belegt. Über das Ganze drehe ich die Pfeffermühle, streue sehr fein gehacktes Basilikum und gieße etwas vom feinsten Olivenöl darüber. Die Perfektion erreiche ich nur durch die Brotsorte. Es muss ein Sauerteigbrot sein, eines mit harter Kruste und nicht dick geschnitten. Ausgestochene, kreisrunde Scheiben wirken festlicher. Natürlich habe ich auch das Concassée extra gewürzt: Tomaten brauchen immer Salz. Und warum nicht einen Tropfen Balsamico?

Achtung: Von der Bruschetta nicht zu viel auf den Tisch stellen, sonst ist die Familie schon vor dem Hauptgericht satt!

Denn es gibt ja noch eine dritte Vorspeise. Der erwähnte Weihnachtsfladen ist nichts anderes als eine Lauchtorte mit frischem Ingwer, in kleinen Portionsförmchen gebacken und serviert. Die gibt es in feuerfestem Porzellan oder in emailliertem Gusseisen.

Für 4 Personen

Für die Kürbissuppe:
1 kg Kürbis
150 g Crème fraîche
3 große Schalotten
Butter
Meersalz
1 Mokkalöffel Currypaste
Saft ½ Zitrone

Für die Bruschetta:
Graubrot
Knoblauch
Tomaten
Pfeffer
Basilikum
Olivenöl
Salz
Balsamico

Für den Weihnachtsfladen:
300 g Mehl
200 g Butter
100 g Zucker
2 Eigelb
geriebene Zitronenschale
Butter
Lauch
Crème fraîche
Salz
Cayenne
Zitronensaft
Ingwer
Gruyère

Am Vortag habe ich also einen Mürbeteig zubereitet, indem ich Mehl mit Zucker, Eigelb und etwas geriebener Zitronenschale auf der Arbeitsplatte vermischt und dann schnell kleine kalte Butterstückchen in diese Menge hineingeknetet habe. Die Teigkugel hat dann luftdicht verpackt im Kühlschrank auf den großen Tag gewartet und wird nun dünn ausgerollt. Die Förmchen werden ausgebuttert und mit dem Teig ausgelegt. So nackt und bloß kommen sie bei 200° in den Backofen, aber nur 20 Minuten lang. Danach dürfen sie wieder auskühlen.

Für den Belag habe ich fein gehackten Lauch (vom weißen Teil der Stange) in 2 EL Butter angeschwitzt und sodann mit Crème fraîche gedünstet, bis er weich war. Dann habe ich gesalzen und mit Cayenne gepfeffert. Einige Tropfen Zitronensaft durften auch nicht fehlen. Darunter habe ich dünn gestiftelte frische Ingwerwurzel gemischt und geriebenen Gruyère. Frisch gerieben, und keinen anderen Käse als Schweizer Gruyère, bitte!

Nun erhebt sich wieder die Frage nach den Mengen, und auch das ist eine typische W-Frage: Wozu soll ich wie ein Apotheker alle Zutaten abwiegen, wo doch das Augenmaß genügt?

Den gewürzten Lauch lege ich auf die Fladen und backe sie 20 Minuten lang bei 250°. Sie können heiß oder nur warm serviert werden, aber bitte gleichzeitig mit Kürbissuppe und Bruschetta! Soll ja nicht aussehen wie bei armen Leuten.

Hauptgericht
Ragout vom Wildschwein

Bauern und Gartenbesitzer hassen Wildschweine, Jäger übersehen sie, und Feinschmecker rümpfen bei ihrem Anblick die Nase. Tatsächlich kann man ganz fürchterlich reinfallen mit diesen ungehobelten Burschen. Hat man Ihnen einen alten Keiler angedreht, dann gehen Sie besser ins Gasthaus. Ein mürber Wildschweinbraten ist so selten wie ein Hecht ohne Gräten.

Deshalb muss es eine Keule vom Frischling sein.

Wie gewöhnlich rechne ich mit 300 Gramm pro Person, ohne Knochen, versteht sich. Aber auch ohne Häute und Sehnen! Da die aber unvermeidlich sind, stehe ich erst einmal in der Küche und pariere das Fleisch sorgfältig. Dazu wird es gewürfelt und alles abgeschnitten, was ich später nicht im Mund haben möchte. Danach beginnt der zweite Akt, das Marinieren.

In einen passenden Topf gieße ich eine Flasche kräftigen Rotwein (keinen Spätburgunder, sondern etwas ruppiges italienisches oder einen Gigondas aus der Provence) sowie eine Tasse Balsamicoessig. Die werden zusammen aufgekocht. Dazu gesellen sich folgende Zutaten: klein gehackter Staudensellerie, Karotte in Scheiben, geviertelte Zwiebel, Lorbeerblätter, Thymian, Wacholderbeeren, Gewürznelken, Zimtstange, schwarze Pfefferkörner, Zucker und Salz. Alles zusammen zugedeckt 5 Minuten kochen, vom Feuer nehmen und abkühlen lassen. Auf diese Weise entfalten sich die Aromen stärker, als wenn die Marinade wie üblich kalt angesetzt wird.

Die gesäuberten Fleischstücke lege ich in eine passende Porzellanschüssel und gieße die Marinade darüber. Während der Ruhezeit (gerne auch über Nacht!) mehrmals durchmischen. Am Brattag mit dem Schaumlöffel herausnehmen und auf Küchenkrepp (oder -tuch) trocknen lassen. Die Würfel müssen absolut trocken sein, wenn sie ins heiße Fett kommen. (Trotzdem spritzt es!)

Vor allem brauchen die Fleischwürfel viel Platz. Deshalb brate ich nicht alle auf einmal an. Also eine kleine Pfanne nehmen, Butterschmalz und/oder Öl darin heiß werden lassen. Der Trick besteht darin, die Würfel nicht stark anzubraten, sondern saaanft! Nervenstarke Hausfrauen nehmen sogar nur Butter dazu, dann verbieten sich hohe Temperaturen von selbst. Trotz aller Vorsicht wird man die Butter ein- oder zweimal erneuern müssen. Das alles, wie gesagt, in einer kleinen Pfanne, in der gleichzeitig nur fünf oder sechs Fleischwürfel Platz haben, ohne sich zu berühren.

Diese Vorsicht macht es möglich, dass das Fleisch zwar zugebraten und auch braun wird, aber nicht durch Saftverlust austrocknet oder durch große Hitze verkrustet.

Während des Bratens salzen und wie immer mit geschrotetem schwarzen Pfeffer würzen. 15 Minuten wird es dauern, bis alle Fleischwürfel schön braun sind. Dann kommt der Schock. Ich spieße ein Stückchen auf die Gabel und weiß sofort: Es ist bereits gar! Nämlich innen rosa und saftig. Das bewirkt die Jugend des Frischlings. Handelt es sich jedoch um dessen Onkel, braucht das Fleisch noch mindestens eine Stunde. Ein Ragout aus der Frischlingskeule kann sich mit der Zartheit einer Lammkeule messen, während die Konsistenz eines ausgewachsenen Wildschweins an die eines Autoreifens erinnert.

Für 4 Personen

1200 g Keule vom Frischling

Für die Marinade:
1 Flasche Rotwein
1 Tasse Balsamicoessig
1 klein gehackte Stange Staudensellerie
1 große Karotte
1 große Zwiebel
2 Lorbeerblätter
1 Sträußchen Thymian
12 Wacholderbeeren
2 Gewürznelken
5 cm Zimtstange
1 TL schwarze Pfefferkörner
1 Prise Zucker
1 Prise Salz
12 Trockenpflaumen
3 EL Rosinen
2 EL Orangeat
1 große Schalotte
Butter
Zweig Rosmarin

dazu breite Nudeln, Spätzle oder Kartoffelpüree

Steht mir und dem Ragout noch eine längere Garzeit bevor, gieße ich von der Marinade etwas durch ein Sieb zum Fleisch. Zugedeckt darf es nun auf dem Herd ruhig vor sich hin schmurgeln. In jedem Fall habe ich etwas vorbereitet, was dieser Frischlingskeule einen Platz in den kulinarischen Erinnerungen aller beteiligten Esser sichern wird: Die Trockenpflaumen ohne Kern habe ich in der durchgesiebten Marinade eingelegt und gleichzeitig die Rosinen in Wasser eingeweicht. Sodann habe ich das Orangeat (kandierte Orangenschale) bereitgestellt. In einer Pfanne erhitze ich 2 TL Butter, lasse darin eine fein gehackte, große Schalotte glasig werden. Die Pflaumen schneide ich in dünne Streifen und gebe sie mit den Rosinen und dem Orangeat plus einem Zweig Rosmarin ebenfalls in die Pfanne. Groben schwarzen Pfeffer anstreuen, salzen und kurz durchbraten. Dann die Pflaumenmarinade angießen, durchkochen und den Pfanneninhalt zum Ragout in den Schmortopf gießen.

Dass ich mit dieser Aromabombe das 21. Jahrhundert verlasse und im Mittelalter lande, dürfte jedem klar sein. Deshalb ist die Wahl der Beilage so einfach, die des Weins jedoch nicht.

Als Begleitung zum mediävalen Frischling bieten sich breite Nudeln, Spätzle und ähnliche teutonische Mehlprodukte an, ein Kartoffelpüree wäre sogar besser. Und der Wein? Weil das Fleisch schön dunkel gebraten und geschmort wurde, müsse ein Rotwein ideal sein, vermutet die naive Seele. Und überhaupt Wild – da fällt die Wahl ganz automatisch auf einen Rotspon. Ist aber falsch. Weil die gepfefferten Früchte durstig machen, ist ein kräftiger Weißwein befriedigender, sofern es kein Riesling ist.

Nach diesem kräftig-aromatischen Essen wäre ein leichter Grießpudding eine Flucht ins Harmlose. Deshalb schlage ich ein Maronen-Ingwer-Parfait vor.

Dessert

Maronen-Ingwer-Parfait

Für 4 Personen

400 g Maronen
Milch
200 g Zucker
2 Vanilleschoten
3–4 EL Kirschwasser
½ Zitrone
250 g Sahne
3 EL kandierter Ingwer
5 Eigelb

Das lässt sich am Tag vorher zubereiten. Maronen entsprechen der Jahreszeit, das beruhigt die Naturapostel. Dass es die Lieblingsspeise der Eichhörnchen auch in Dosen oder tiefgefroren gibt, wollen wir hier nicht näher erörtern. Schon der Hinweis auf die vorgegarten und vakuumierten Maronen fällt mir schwer. Ich lege sie in einen Topf, bedecke sie mit normaler Frischmilch und bringe sie mit Zucker zum Köcheln. Vanilleschoten mit dem Messer aufschlitzen und dazu geben. Nur ganz schwach zugedeckt köcheln lassen.

Nach ungefähr 45 Minuten sollte die Maronenmilch eine hellbraune Farbe annehmen und dicklich werden. Dann nehme ich den Topf vom Feuer, fische die Vanilleschoten heraus und püriere die Maronen mit dem Mixstab. Die entstehende cremige Masse streiche ich durch ein Haarsieb und verdünne sie zunächst mit Kirschwasser und Zitronensaft, und wenn das nicht genügt, kommt auch etwas Sahne dazu.

In der Zwischenzeit habe ich den kandierten Ingwer gewürfelt und ein Wasserbad vorbereitet. Darin schlage ich die Eigelb cremig, mische die Maronenmilch darunter und schlage weiter, bis die Masse sich abkühlt. Dahinein kommen der Ingwer und die steif geschlagene Sahne. Vorsichtig unterheben. In eine Glas- oder Porzellanform füllen und ins Eisfach stellen. Eine halbe Stunde vor dem Servieren in den Kühlschrank stellen.

Dazu empfehle ich karamellisierte Birnen (oder ein Kirschkompott).

Menü 2002

CHICORÉESUPPE

TAFELSPITZ UND KARTOFFEL-ZWIEBEL-GRATIN

MANDEL-HALBGEFRORENES

Der Chronist sitzt am Fenster und sieht in den Winter hinaus. Was sieht er außerdem? Passanten mit Wollschals um den Hals und Brötchen in der Hand. Wurstbrötchen, Fischbrötchen, Käsebrötchen, mit Schinken belegte Brötchen und Brötchen, aus denen Salatblätter quellen und Mayonnäse tropft. Die Menschheit bereitet sich auf die kältesten, dunkelsten Tage des Jahres vor. Um die zu überstehen, braucht sie Fettreserven. Wie die Igel, die Eichhörnchen und die Bären. Nur dass sie, die Menschheit, keinen Winterschlaf hält, sondern in den dunklen, kalten Tagen aktiv bleibt. Und womit beschäftigt sie sich in den dunklen, kalten Tagen? Mit Essen und Trinken.

Die rastlose Fresserei erreicht ihren Höhepunkt am Freudentag der christlichen Menschheit, an Weihnachten. Dann werden die Brötchen doppelt belegt mit Schinken, Wurst und Käse, und die Mayonnäse tropft mit dem Wachs der Kerzen um die Wette. Gut die Hälfte der christlichen Menschheit, also alle, welche nicht in warme und helle Länder verreisen, schmückt den Christbaum und bereitet den kulinarischen Höhepunkt des Jahres vor, das Weihnachtsmenü. Das ist der Ausbruch einer großen Ratlosigkeit. Abgesehen von der Gänsebratenfraktion, die seit Jahrzehnten immer nur Gänsebraten macht, fragen sie sich verzweifelt: »Was sollen wir in diesem Jahr bloß kochen?«

Ich gehöre zu euch, Freunde! Auch ich weiß nicht, was ich an dieser Stelle vorschlagen soll, damit ihr euch am ersten Weihnachtstag erwartungsvoll schnuppernd an den gedeckten Tisch setzen könnt: »Ist das etwa ein Rezept von Siebeck? Mit Ingwer?« Und schon ist die Weihnachtsstimmung im Eimer, die G.-Fraktion verlässt unter Protest das Esszimmer.

Nein, so soll es nicht sein am Geburtstag des Erlösers. Kein Unfriede soll über die Familien kommen, weil ich das Menü mit glibberigen Austern beginne, darauf Kutteln in Ingwer folgen lasse und die Süßspeise durch Schimmelkäse ersetze. Nein und dreimal nein! (Obwohl es ein Menü nach meinem Herzen wäre.) Gehen wir also auf den Markt, und sehen wir, was der Winter uns zu bieten hat.

Äpfel bietet er und Nüsse und Gänse. Kann es Schöneres geben? Natürlich kann es. Da winken verführerisch Austern, Kutteln und Schimmelkäse, die wir jedoch keines Blickes würdigen. Stattdessen halten wir Ausschau nach Steinpilzen, nach Wildenten und frischen Feigen, bis uns einfällt, dass wir ja nicht in der Großstadt wohnen, sondern auf dem Land im Naturschutzgebiet der Handelsklasse A, und hier werden Steinpilze höchstens als Wurmfortsatz gehandelt. Andere Leckereien sind in unserer Provinz unbekannt. Insofern sind wir immer noch eine geteilte Nation. Die einen finden den Überfluss an Viktualien in Markthallen vor der Haustür, die anderen haben noch nie ein Bressehuhn gesehen. Um Letztere nicht unnötig zu frustrieren, gibt es im Weihnachtsmenü keine Tauben, keinen Steinbutt und keinen Ingwer im Parfait.

Aber was? Gibt es ein erreichbares Produkt, das ich noch nie in ein Weihnachtsmenü verwurstet habe? Gibt es wenigstens neue Rezepte für alte Hühner? Natürlich gibt es sie. Und zwar in Massen! Ich schlage eine Chicoréesuppe mit Mousse vom Räucheraal vor; beim Hauptgericht wird es klassisch zugehen, und zwar mit einem Tafelspitz, dazu ein interessantes Kartoffel-Zwiebel-Gratin.

Als Nachspeise gibt es ein Halbgefrorenes von der Mandel: Dazu gehören laut Rezept mit Honig pürierte sowie halbierte Erdbeeren, was jetzt, zur Weihnachtszeit, nicht nach jedermanns Geschmack sein mag. Doch der Herbst ist nicht umsonst berühmt für seine roten und schwarzen Beeren, von Apfel, Quitte und Dattel ganz zu schweigen. Da kann also jeder seine Erfindungsgabe strapazieren.

Entrée
Chicoréesuppe

Für 2 Personen

---

500 g Chicorée
1 Schalotte
30 g braunen Zucker
30 g Butter
100 ml Hühnerbrühe
50 ml Gemüsefond
50 ml Weißwein
100 ml Sahne
Räucheraal
Zitrone

Beim Chicorée ist darauf zu achten, dass er weiß und fest ist. Vorsichtshalber entferne ich die äußeren Blätter. Dann waschen, längs halbieren und in Stücke schneiden. In einem Topf mit schwerem Boden wird der Zucker ohne Fett angeröstet. Dahinein kommt die Butter, und was dabei entsteht, nennt man einen Karamell. Die vorher schon sehr fein gehackte Schalotte wird hinzugefügt. Kurz durchrühren und mit der Hühnerbrühe ablöschen. Einmal aufkochen lassen und den Gemüsefond und den Weißwein dazugießen. Jetzt auch den klein geschnittenen Chicorée in den Topf geben und mindestens 30 Minuten leicht kochen lassen, bis das Gemüse richtig weich ist. Dann mit dem Mixstab im Topf die Suppe pürieren. Die Sahne dazugießen und mit Pfeffer und Salz abschmecken.

Fehlt da nicht etwas? Klar, der Ingwer. Und natürlich der Räucheraal. Auf ihn will ich aber auf keinen Fall verzichten, denn er gibt dieser Suppe den Pfiff. Ich schneide die Filets des Aals in kleine Stücke und gebe sie ohne weitere Sperenzchen in die Suppe. Es sollten so viele sein, dass für jeden Löffel voll Suppe ein Stück zur Verfügung steht.

Was die Brühe angeht, so genügt eine Art von Bouillon. Also viel Gemüse mit dem Huhn zusammen kochen. Das Huhn kann auch aus Hühnerflügeln bestehen, die es für diesen Zweck zu kaufen gibt. Der Wein muss Säure haben; sicherheitshalber eine Zitrone bereitlegen.

Hauptgericht
Tafelspitz und Kartoffel-Zwiebel-Gratin

Für 4 Personen

---

pro Person 250 g Tafelspitz
Knoblauch
Butter
4 große Kartoffeln
8–10 Jungzwiebeln
2 Birnen
Salz
Pfeffer
400 ml Sahne
Milch

Zu unserem Hauptgericht ist wenig zu sagen. Ein sanft gekochtes Stück Rindfleisch ist schließlich kein Kunstwerk. Damit es aber nicht das Gegenteil wird, gilt es wieder einmal, beim Einkauf pingelig auf die Qualität zu achten. Dazu brauche ich einen vertrauenswürdigen Metzger mit Kochkenntnissen, der weiß, dass für einen Tafelspitz nur ein bestimmtes Stück von der Hüfte infrage kommt, dass das Rind von einem verantwortungsvollen Mäster stammen und abgehangen sein muss.

Dieses Stück Fleisch wird für 2½ Stunden in eine sanft kochende und kräftig gewürzte Gemüsebrühe gelegt. Diese Brühe kann auch als Suppe gegessen werden, wenn man darin am Tag vorher zwei Scheiben Ochsenbein auskocht. (Damit ist sie auch für die Vorspeise verwertbar.) Dazu empfehle ich ein Kartoffel-Zwiebel-Gratin: Eine feuerfeste Form mit Knoblauch und Butter ausreiben. In Scheiben gehobelte Kartoffeln und in Ringe geschnittene Jungzwiebeln sowie in flache Stücke geschnittene Birnen mit Salz und Pfeffer in die Form geben. In Milch aufkochen. Mit reichlich Sahne ins Rohr stellen und mindestens 2 Stunden vor sich hin brodeln lassen. Immer wieder Sahne nachgießen und die Masse durcheinander schieben. Abschmecken. Zum Schluss ruhen lassen, bis die Oberfläche hellbraun überbacken ist.

Dessert
Mandel-Halbgefrorenes

Die Sahne steif schlagen und im Kühlschrank abstellen. Die Mandelsplitter ohne Fett in einer Pfanne goldbraun rösten. Die Eier trennen und das Eiweiß steif schlagen. Nun beginnt die vom Parfait bekannte Prozedur: Eigelbe, Zucker und Likör werden im Wasserbad so lange geschlagen, bis sie eine dicke, hellgelbe Masse bilden. Nach und nach werden sodann zuerst der Eischnee und dann die Schlagsahne untergehoben. Abschließend fügt man die Mandelsplitter hinzu. In eine Kuchenform aus Aluminium füllen und ins Gefrierfach stellen. Ungefähr 8 Stunden einfrieren lassen, aber eine halbe Stunde vor dem Servieren herausnehmen und antauen lassen.

Für 4 Personen

400 g Mandelsplitter
300 g Puderzucker
6 Eier
1 l Sahne
4 EL Mandellikör
evtl. Erdbeersauce

Dazu kann man eine Erdbeersauce machen, die sich jetzt im Winter durch ein anderes Früchtemus leicht ersetzen lässt.

Zu diesem Menü würde ich durchgehend einen Grünen Veltliner Smaragd trinken oder eine trockene Spätlese vom Grauburgunder aus dem Badischen.

Menü 2003

SELLERIESALAT MIT PFIFFERLINGEN

SCHWEINEBRATEN UND TOPF MIT JUNGEM GEMÜSE

PFANNKUCHEN

Wir haben zusammen einen weiten Weg zurückgelegt, Sie, die geduldigen Leser, und ich, der Jäger nach neuen Trends in den Küchen. An manchen Stationen unseres gemeinsamen Weges wurde das Beispielhafte deutlich, ließ sich der Fortschritt nicht übersehen. Da war die Inauguration des Lammfleischs, die Aufnahme der Innereien in den kulinarischen Kanon, die Langzeitkochmethode bei niedriger Temperatur, der Ingwer als Gewürz ... Und ich glaube, wir haben jetzt wieder einen solchen Punkt erreicht: Der Weihnachtsbraten ist dieses Jahr vom Schwein.

Schweinefleisch hat es an dieser Stelle nie gegeben. Und anders als bei der Weihnachtsgans hat das niemand vermisst. Für die Rehabilitierung der hübschen Schweine hat die Ökobewegung gesorgt. Die immer zahlreicher werdenden Biobauern, bei denen die Schweine nicht mehr gefoltert und gedopt werden, ermöglichen es uns Verbrauchern, ein Stück Schweinefleisch wieder mit Lust und Genuss zu essen.

Auf meinem sommerlichen Weg vom Dorf in die Stadt kam ich an einem Schild vorbei, worauf »Cochons en plein air« zu lesen war, »Freiluftschweine«. Ein Pfeil wies auf einen Feldweg. Ihm folgend, erreichte ich nach kurzer Zeit ein liebliches Tal, in dem es vielversprechend stank und wo Tiere aller Größenklassen das Wort »Schweinsgalopp« auf anschauliche Weise illustrierten. Eine Idylle. Seit ihrer Entdeckung esse ich wieder Schweinefleisch.

In diesem Weihnachtsmenü findet aber noch eine weitere Premiere statt: die Verwendung von Kokosmilch. Gewiss: Die Kokosmilch kommt aus der Konserve. Wie der Kaviar. Eingeschlossen in dünnes Blech – und doch eine wunderbare Bereicherung unserer kulinarischen Erfahrungen. Diese Flüssigkeit hat nichts mit dem Wasser zu tun, welches den Inhalt einer Kokosnuss bildet. Das hat weder den Geschmack noch die Konsistenz von Milch. Beide entstehen erst, wenn man das Fleisch der Nuss raspelt und mit warmem Wasser anreichert. Dieser Pamp wird durchgeknetet und ausgedrückt. Das erst ergibt Kokosmilch.

In unserer Küche kann Kokosmilch den Platz einnehmen, den bisher Bouillon, Wasser oder Wein besetzt. Und bei Gemüsegerichten ist sie sogar in der Lage, die leidige Deftigkeit in eine unerwartete Delikatesse zu verwandeln. So kann ich mir den über die Maßen langweiligen Broccoli, in Kokosmilch gekocht, als leckeres Gemüse vorstellen.

Das Prinzip ist immer das Gleiche: Zerkleinertes Gemüse wird wie üblich in Butter angeschwitzt, gepfeffert und gesalzen und dann mit Kokosmilch aufgegossen und darin gegart.

Auch wenn man sich danach nicht vor dem wichtigen Finish drücken kann, also wie gewohnt mit Pfeffer, Salz und anderen Gewürzen arbeiten muss, um eine abschließende Verfeinerung zu erreichen, bleibt der Kokosgeschmack als Basis erhalten und bestimmt den Charakter der Speise.

Hauptgericht
Topf mit jungem Gemüse

Als Beispiel hier ein Topf mit jungem Gemüse, der eine passende Beilage zum Schweinebraten ergibt: Die Frühlingszwiebeln werden geputzt und in 8 cm lange Streifen geschnitten. Lauchstangen, davon das Weiße und einige Zentimeter der grünen Blätter, in Scheiben schneiden. Zusammen in Butter anschwitzen lassen. Halbierte und in dünne Scheiben geschnittene Zucchini dazugeben. Mit Cayenne und Meersalz würzen und nach fünf Minuten Kokosmilch angießen. Zugedeckt dünsten lassen. Siam-Curry und Bio-Doublecrème unterrühren. Abschmecken und sich wundern, was da entstanden ist!

Für 4 Personen

Für den Gemüse-Topf:
1 Bündchen Frühlingszwiebeln
2 Lauchstangen
Butter
Zucchini
Cayenne
Meersalz
1 Tasse Kokosmilch
1 TL Siam-Curry
2 EL Bio-Doublecrème

Für den Schweinebraten:
1 kg von der Schweineschulter
1 EL schwarzer Pfeffer
1 EL Kümmelkörner
grobes Meersalz
Schalotten
1 Tomate

Nach diesem Prinzip lassen sich praktisch ungezählte Gemüsetöpfe zubereiten. Mit frischen grünen Bohnen, mit frischen weißen Bohnen, mit Karotten, mit Sellerie, mit Mangoldstielen – nein, es ist sinnlos, sich an eine Aufzählung der möglichen Kombinationen zu machen. Alles ist in Verbindung mit Kokosmilch möglich. Und nicht nur Gemüse. Weißes Fleisch sowieso, aber auch Fische, Kutteln und Schweinefleisch. Man kann Kokosmilch anwenden, wie Ketchup in den USA verwendet wird: einfach drüberschütten, egal, worüber. Danach aber immer aufkochen und, mehr oder weniger, reduzieren! Kokosmilch ist, ich wage es kaum zu sagen, ideal für die schnelle Küche.

Das bringt uns automatisch zum Thema Wok. Diese tiefe Bratpfanne ist das zweckmäßigste Kochgeschirr für kurzgebratenes Gemüse, wie es in der asiatischen Küche üblich ist. Der Wok ist der Antiheld in unseren hochgerüsteten High-Tech-Küchen. Er besteht gemeinhin aus schlichtem Eisen. Was in ihm geschieht, nennt man zutreffend Bratrühren. Denn die in seiner Tiefe brutzelnden Gemüse müssen ständig gerührt werden, damit sie nicht einseitig garen oder gar anbrennen.

Das gilt natürlich auch für Fleisch, welches fast ausschließlich in geschnetzelter Form in den Wok kommt. Und weil es geschnetzelt und das Gemüse in Streifen geschnitten verarbeitet wird, geht das Garen sehr schnell vonstatten.

Bei dieser Art des Kochens besteht die Hauptarbeit in den Vorbereitungen, dem sogenannten mise en place. Also geputztes Gemüse in feine Streifen oder in kleine Würfel schneiden und in getrennten Schalen bereitstellen. Auch alle anderen Zutaten, ob Knoblauchzehen, Tomatenconcassée, Rosinen, Speck, Spargelköpfe, Garnelenschwänze oder was der Küchenschrank sonst hergibt, alles in kleinen Gefäßen griffbereit lagern. Dann kommt zuerst das Öl in den Wok. Die Asiaten nehmen meistens wohl Sesamöl, deshalb steht es auch so in entsprechenden Kochbüchern. Doch respektlos, wie der Hobbykoch ist, nimmt er auch schon mal Olivenöl, wenn nicht gar Gänseschmalz. Denn es kommt nicht darauf an, worin der König von Siam seinen Igel gebraten hat, sondern darauf, wonach mir zumute ist. (Es kommt auch nicht darauf an, dass Siebeck immer wieder Ingwer empfiehlt. Wenn Sie Ingwer nicht mögen, lassen Sie ihn einfach weg!)

Also Öl in den Wok! Nicht viel, aber heiß muss es sein. Und dann zuerst die Gemüsesorte, die am längsten braucht, um gar zu werden. Rühren. Und die zweite Sorte hinein. Rühren. Bereits gare Teile oder Stücke schiebt man an den Rand und gibt neue Zutaten in die heiße Mitte. Wenn alles friedlich im Wok versammelt und halbwegs gar ist, gieße ich etwas Sojasauce an, es kann aber auch eine gewürzte Bouillon sein oder ein markanter Wein für den Fall, dass ich eine kurze Sauce wünsche. Natürlich ist dies der ideale Moment, um die Kokosmilch ins Spiel zu bringen. Doch die Flüssigkeit immer als letzten Bestandteil verrühren!

Als selbstherrlicher Hobbykoch habe ich auch keine Hemmungen, das Bratrühren mit einer mitteleuropäischen Sahnezugabe abzuschließen.

Schweinebraten

Doch zurück zum schweinernen Hauptgericht. Der Bruder des Züchters ist Metzger auf dem Wochenmarkt und hat ein gutes Kilo von der Schulter zusammengebunden. Es liegt als kompaktes Paket vor mir. Im Mörser habe ich 1 EL schwarzen Pfeffer mit ebenso viel Kümmelkörnern zertrümmert. Damit reibe ich das Fleisch von allen Seiten ein. Ebenso gründlich verteile ich auf allen Seiten des künftigen Bratens grobes Meersalz. Dabei nicht ängstlich streuen, sondern beherzt einsalzen! Denn wieder gilt die Regel: abschließendes Nachwürzen eines fertigen Bratens nützt nur der Sauce. Fleisch muss bereits beim Anbraten so gewürzt sein, dass Pfeffer und Salz später nicht mehr benötigt werden. Das bedingt in den meisten Fällen eine abenteuerliche Menge Pfeffer und Salz, denn neben das angebratene Fleisch lege ich noch eine gehörige Menge geviertelter Schalotten und, sobald die leicht angebraten sind, auch noch eine zerschnittene und enthäutete Tomate. Die sollen ja auch vom Gewürz profitieren! Also das gewürzte Fleisch von allen Seiten geduldig anbraten, bis es hellbraun ist. Das geschieht am zweckmäßigsten in einer flachen Gratinform, egal, ob rund, eckig oder oval. Es sollte bloß kein Platz mehr darin sein, wenn das Fleischpaket und die Zwiebeln es sich in der Form bequem gemacht haben! Ob ich zu diesem Zeitpunkt noch Knoblauch darüberhobele oder 1 TL Ingwerhack dazugebe, ob mir 1 Lorbeerblatt und 3 Nelken als unerlässlich erscheinen, das hängt mehr von meiner psychischen Verfassung ab als von Regeln, die jeder Naseweis aufstellen kann.

Dies alles spielt sich bei angemessener Hitze auf dem Herd ab. Nun aber schiebe ich die Form mit dem angerösteten Inhalt in den Backofen, den ich auf 70° vorgeheizt habe. 70° und nicht mehr! Dort darf der Weihnachtsbraten 4 Stunden ruhig vor sich hin garen. Ein- oder zweimal während dieser Zeit wende ich das Fleisch. Ansonsten widme ich mich dem oben beschriebenen Gemüse und bereite Vor- und Nachspeise zu.

Noch ein Wort zum endgültigen Resultat des Schweinebratens. Das Fleisch wird saftig sein, gleichzeitig aber ziemlich fest. Butterweich wie eine Lammschulter wird es nicht. Die Schalotten haben sich trotz der niedrigen Temperatur erweichen lassen und bilden zusammen mit den Tomatenresten einen rassigen Bratensaft. Den endlosen Faden des Metzgers entferne ich in der Küche und schneide die Hälfte des Bratens in nicht zu dicke Scheiben. Sie sind wunderbar rosa und können auch am nächsten Tag kalt gegessen werden.

Entrée
Selleriesalat mit Pfifferlingen

Für 4 Personen

1 mittelgroße Sellerieknolle
Zitronensaft
Walnüsse
Pfeffer
Salz
fruchtiges Olivenöl
Balsamico
Pfifferlinge/Trüffelscheiben

Durch die Langzeit-Bratmethode habe ich Zeit, die Vorspeise ungestört in Angriff zu nehmen. Es ist ein Selleriesalat mit Pfifferlingen. Dafür halbiere und schäle ich die Sellerieknolle, welche ich sodann auf dem Gemüsehobel in flache, 3 bis 4 cm lange Streifen zerlege, die ich sofort in kochendem Salzwasser einige Minuten blanchiere. Danach hebe ich sie mit dem Schaumlöffel heraus und lege sie zum Abtrocknen auf ein Küchentuch. Nun kommen sie in die Servierschüssel und werden sofort mit dem Zitronensaft beträufelt, da sie an der Luft schnell braun werden. Die Zitrone ist bereits Teil der Vinaigrette. Dazu gehören außerdem eine Handvoll zerhackte Walnüsse sowie grober schwarzer Pfeffer und Salz. Und natürlich fruchtiges Olivenöl. Wer beim Abschmecken denkt: »Da fehlt noch was!«, sollte 1 Spritzer Balsamico unterrühren. Die Pfifferlinge, die dazu serviert werden, sind mehr Dekoration als essenzieller Bestandteil, deshalb achte ich darauf, nur kleine Exemplare zu verwenden. Wurden sie allerdings beim Braten nach meinen bekannten Regeln ausgiebig gewürzt, kann sich die Dekoration als Hauptsache herausstellen. Jedenfalls ist dieser Salat sowohl festlich als auch lecker. Überwiegend festlich wirkt er, wenn statt der Pfifferlinge Trüffelscheiben auf seiner Oberfläche angerichtet werden. Zusätzliches Glück: Er widersetzt sich einem Weißwein nicht.

Dessert
Pfannkuchen

Für 4 Personen

4 gehäufte EL Mehl
4–5 Eier
1 Prise Salz
Milch
1 TL Butter
Kirsch- oder Marillenkonfitüre
Vanilleeis

Für das Dessert ist mir kein Diebstahl zu riskant. Deshalb habe ich bei der guten Mutter Davidis* das Rezept für einen Plumpudding stehlen wollen. Doch ihre entsprechenden Zutaten beginnen für 10 Portionen und erreichen bald doppelt so große Mengen. Die wichtigste Zutat dieses englischen Weihnachtsdesserts ist »fein geschabtes Nierenfett«. Da habe ich dann doch Zuflucht bei unseren urdeutschen Pfannkuchen gesucht. Und siehe da: Wenn man die magere Version à la crêpe bretonne ignoriert und frische Bio-Eier verwendet, wird man mit den schönsten, dicken, fetten Pfannkuchen belohnt, die seit dem bekannten Märchen leider in Vergessenheit geraten sind.

Also in einer halbkugeligen Konditorschüssel das Mehl mit den verschlagenen Eiern verrühren. (Ein zusätzliches Ei kann nicht schaden.) 1 Prise Salz hinzufügen und so viel Milch, dass ein flüssiger Teig von sahniger Konsistenz entsteht. Eine knappe Stunde kühl stellen. Die Pfanne auf dem heißen Herd mit 1 TL Biobutter beglücken.

In dem Moment, wo sie braun wird, sofort eine kleine Suppenkelle des Teigs hineingeben. Der darf den Boden der Pfanne nur so eben bedecken. Braten lassen und warten, bis die Ränder sich kräuseln und braun werden. Dann den Teig wenden. Das kann mit einem Pfannenmesser gemacht werden. Aber vom vierten Pfannkuchen an will man versuchen, ihn in die Luft zu schleudern. So lange braucht man, bis man begreift, wie das alles zusammen funktioniert: die richtige Temperatur, der Teig, die Pfanne.

Die fertigen Pfannkuchen kann man stapeln oder direkt auf die Teller der Esser gleiten lassen. Für die steht eine Schüssel mit selbst gemachter Kirsch- oder Marillenkonfitüre bereit oder Vanilleeis oder was sonst an süßer Ergänzung die Pfannkuchen zu einer köstlichen Nachspeise macht. Für Kinder unwiderstehlich und für Erwachsene ein Grund, mit entsprechendem Obstschnaps zu experimentieren.

**Henriette Davidis (1801–1876) gilt als bedeutende deutsche Kochbuchautorin. Ihr »Praktisches Kochbuch« gehörte zur Grundausstattung vieler deutscher Haushalte.*

Menü 2004

SELLERIESALAT MIT FENCHEL UND HÜHNERBRUST

WIRSINGPAKETCHEN MIT WILDFÜLLUNG

MANDELPUDDING MIT ZIMTSAUCE

Beim diesjährigen Weihnachtsmenü werden Sie nicht beobachtet. Es erfolgt auch keine nachträgliche Bewertung – jedenfalls nicht durch mich. Doch wenn Ihre Verwandtschaft geschlossen vom Tisch aufsteht und das Haus spuckend und schimpfend verlässt, dann dürfen Sie mich auch nicht dafür verantwortlich machen.

Es gibt nämlich Fälle, in denen die Tochter in die unbeaufsichtigte Küche geht, den Deckel vom Suppentopf hebt und mit den Worten »Mama ist beim Salz immer so zaghaft« 1 EL der weißen Kristalle ins Wasser schmeißt. Eine Minute später erscheint der neugierige Opa, lüpft den Deckel und erinnert sich an das letzte Festessen im Familienkreis (»war allerdings etwas fad!«), worauf ein weiterer Salzhaufen im Wasser versenkt wird. Dieser Prozession von Gutmenschen schließt sich der Familiengrüne an, der im Wohnzimmer in meinem neuen Kochbuch geblättert hatte, das wie in allen Familien heuer unterm Weihnachtsbaum liegt. Er schraubt den Kopf des Salzstreuers ab und gibt dem Inhalt die Freiheit zurück. Danach ist es vorbei mit dem Frieden auf Erden.

Glücklicherweise ist eine Zutat für den Hauptgang unseres Weihnachtsmenüs auf jeden Fall vorhanden, weil sie das Nebenprodukt der Vorspeise ist. Ich meine die wie so oft unverzichtbare Hühnerbouillon. Denn der erste Gang heißt Selleriesalat mit Fenchel und Hühnerbrust.

Entrée

Selleriesalat mit Fenchel und Hühnerbrust

Die hier auftretende Brust stammt also von einem Suppenhuhn. Sie wissen ja: So ein Vogel wird erst nach 3 Stunden gar. Wenn ich die Brust essen will, so muss ich sie nach 2 Stunden aus der köchelnden Karkasse herausschneiden. Dann ist sie noch nicht lederartig geworden, wie die Keulen eine Stunde später. Doch die sind ohnehin nur dazu da, die Bouillon zu kräftigen, essbar sind sie nur in Notzeiten.

Also: Eine Bouillon ist vorhanden. In ihr wird der grob gewürfelte Sellerie, so viel, wie in eine Teetasse passt, nicht zu weich gekocht. Was sich beim Knollensellerie von selbst versteht, muss auch beim Fenchel beachtet werden: Die äußere Schicht kommt weg. (Fast ein Gesetz in der Küche: Sie muss weg bei Nüssen, bei Zwiebeln, beim Fisch, bei Orangen, bei Geflügel, Käse und beim Stachelschwein.)

An dieser Stelle besteht die Möglichkeit, dem Salat etwas von jener Verfeinerung mitzugeben, die er als Bestandteil eines Weihnachtsmenüs verdient hat. Das bedeutet: Die klein geschnittene Hühnerbrust und die Selleriestücke kommen lauwarm auf den Teller, der rohe Fenchel aber wird gekühlt. Ebenfalls kalt ist eine andere Zutat: Apfelstücke. Auch davon, wie beim Fenchel, eine Teetasse voll. Wenn Sie das jetzt alles vermischen, sind Sie schon ein ganzes Stück weiter. Geben Sie noch 1 EL gehackte Walnüsse dazu und 2 TL Zitronensaft, und schon geht's auf die Reise ins Schlaraffenland.

Vorausgesetzt, Sie haben eine Salatsauce vorbereitet, welche aus gleichen Teilen Oliven- und Walnussöl besteht. Die gießen Sie über den Salat, streuen eine gute Prise grobes Meersalz an und servieren. Beachten Sie die Reihenfolge! Und riechen Sie zuerst am Walnussöl! Das wird nämlich schneller ranzig als die Schönheitscreme des berühmten Filmstars. Da es bei diesem Salat auf geschmackliche Nuancen ankommt, wie sie in der Alltagsküche gern übersehen werden (»Aber die Kinder mögen doch Ketchup so gern!«), ist diese Vorspeise letzten Endes schwieriger als das Hauptgericht.

Und was sollen wir dieses Jahr als Höhepunkt unseres Weihnachtsmenüs bereiten? Wir halten wir uns an dem deutschesten aller Produkte schadlos, dem Wild. Das vermehrt sich, wie schon Eugène Ionesco beschrieb, ganz furchtbar. Wir machen es uns sogar einfacher als der Dramatiker. Wir beschränken uns nicht auf eine bestimmte Sorte *(Les Rhinoceros)*, sondern geben grünes Licht für alles, was da schnaubend und brunftend durchs Unterholz bricht.

Für 4 Personen

1 Suppenhuhn
Sellerie
Fenchel
Apfelstücke
Walnüsse
Zitrone
Olivenöl
Walnussöl
grobes Meersalz

Wildfleisch hat sogar eine gewisse Ähnlichkeit mit Fisch: Eine Sorte unterscheidet sich kaum von der anderen (wenn man sich beim Begriff Wild auf Hirsch, Reh, Gämse, Wildschwein und Antilope beschränkt). In jedem Fall ist das Fleisch mager, dunkelrot und – wird leicht trocken. Auch auf dem Teller lässt sich meistens nicht erkennen, von welcher Sorte es stammt. Also ist es auch egal, was ich beim Metzger verlange. Mit dieser Erkenntnis ist der Weihnachtsbraten schon zur Hälfte gelungen.

Die andere Hälfte besteht darin, dass das Fleisch nicht am Stück, auch nicht als Ragout gebraten, sondern als Hackfleisch weiterverarbeitet wird. Trotzdem soll am Ende kein Klops auf dem Teller liegen.

Hauptgericht
Wirsingpaketchen mit Wildfüllung

Für 4 Personen

600 g Wildfleisch
1 Semmel
2 Eier
Salz, Pfeffer
1 Wirsing
180 g geräucherten Speck
Öl
1 Schalotte
Bouillon
evtl. 1 Zitrone
Butter
La-Ratte-Kartoffeln

Woraus die Füllung wirklich besteht, hängt vom Metzger ab. Sogar wenn er nur das normalerweise ziemlich zähe Wildschwein hat, spielt das keine Rolle. Wird ja nicht als Stück gebraten. Vernünftigerweise sollte man auf den teuren Rehrücken verzichten, der extrem mager ist und daher am leichtesten trocken wird. Aber sonst spielt die Herkunft keine Rolle.

Bereiten wir zuerst die Füllung der Wirsingtaschen vor, das Fleisch. Es handelt sich um einen Klumpen mehr oder weniger mageres Wild, mehr oder weniger fein durchgedreht. Sie bemerken die feine Wortwahl: Es kommt nicht so sehr darauf an, durch welche Scheibe der Metzger das Fleisch getrieben hat. Und wenn Sie ihn gebeten haben, ein Stück fetten Speck zusammen mit dem Fleisch zu zerkleinern, so zeugt das von Ihrer Erfahrung. Dieser Zusatz mindert die Tendenz von magerem Fleisch, trocken zu werden.

Ebenfalls hinein kommt das Innere einer eingeweichten Semmel. Fragen Sie bitte nicht, ob die in Milch, Brühe, Cognac oder Apfelsaft eingeweicht werden muss! Theoretisch ist alles möglich. Aber da die wunderbare Bouillon bereits existiert, nehmen wir sie. Und damit die Masse einen gewissen Zusammenhalt bekommt, bedarf es nur noch der Eier, welche verquirlt und dann komplett untergemischt werden.

Bis hierhin ist das ein Kinderspiel. Doch nun wird die Masse gewürzt, und das ist, wie immer, der heikle Punkt jeder Speise. Vorsichtige Menschen beschränken sich dabei auf Salz und Pfeffer. Wie viel von jedem, entscheiden sie wie alle anderen, indem sie einen kleinen Kloß formen und ihn entweder in der Pfanne braten oder in der Bouillon garen lassen. Denn erst im heißen Zustand enthüllt jede Materie die Kraft ihrer Aromen. Und kräftig sollen sie in diesem Fall schon sein. Das ist für kühne Köche das Stichwort, ins Gewürzregal zu greifen. Unglücklicherweise gibt es bei Hackfleisch kaum eine Grenze bei der Verwendung von Aromen. Nelkenpulver, gemahlene Wacholderbeeren, Curry, Koriander, Sojasauce, Zimt, Thymian, Kardamom, Ingwer und Knoblauch: Was immer Ihnen in die Hände fällt, Sie können es verwenden. Aber keine Zwiebeln, bitte!

Vernünftigerweise beschränke ich mich hier auf maximal vier Aromen. Dann mache ich den Probekloß und pochiere ihn. Und ich berücksichtige beim Abschmecken, dass dieses Hackfleisch anschließend in Wirsingblätter eingewickelt wird, welche einen Anteil des Aromas für sich beanspruchen, da sie selber nicht in der Lage sind, den einzelnen Päckchen noch einen eigenen Geschmack mitzugeben.

Diese Päckchen unterscheiden sich im Prinzip nicht von den volkstümlichen Kohlrouladen. Man könnte sie auch Wirsing-Ravioli nennen, doch das wäre dann eine Zwangstaufe wie Möhren-Carpaccio.

Zunächst brauche ich einen ganzen, nicht zu kleinen Wirsing. Der wird sorgfältig in seine Blätter zerlegt, sodass diese möglichst intakt bleiben. Die äußeren, dicken und dunkelgrünen Blätter und die dicken Strünke werden nicht verwendet, da sie zu hart sind. Aber alle anderen lasse ich in sprudelndem Salzwasser blanchieren, bis sie fast gar, das heißt: weich sind. Dann abgießen und mit kaltem Wasser abbrausen. Das soll die grüne Farbe erhalten. Perfektionisten legen die Wirsingblätter deshalb sogar in Eiswasser. Die Entdeckung, dass dieser Vorgang einen positiven Einfluss auf das Gemüse hat, steht mir noch bevor.

Jedenfalls werden die Blätter flüchtig abgetrocknet. Dann breite ich sie auf dem Tisch aus und würze sie – damit sie nicht das ganze Aroma absorbieren, das die Fleischmasse enthält. Also die Blätter einzeln salzen und pfeffern. Davon je nach ihrer Stärke zwei oder drei aufeinanderlegen. Darauf, endlich, platziere ich eine kleine Portion der Masse und schlage die Wirsingblätter drum herum, sodass kleine Paketchen entstehen. Zwei bis drei davon sollten pro Person genügen. Da die Päckchen innen roh und außen noch nicht vollständig gar sind, müssen sie in der letzten Phase ihrer Zubereitung gebraten werden. Und zwar bei sehr mäßiger Hitze! Das kann in einer geschlossenen Pfanne auf dem Herd geschehen oder in einer größeren Bratform im Ofen.

Dazu brauche ich ein sehr scharfes Messer und 150 g geräucherten Speck. Diesen schneide ich mit dem Messer in feinste Würfel und lasse sie in der Pfanne bei wie gesagt mäßiger Hitze angehen. 1 EL Öl kommt auch dazu und, nach circa 10 Minuten, 1 ebenfalls sehr fein gehackte Schalotte. Während dieser Zeit sollte man den Herd nicht verlassen und immer wieder mit dem Holzlöffel in der Pfanne rühren, denn weder Speck noch Schalotte dürfen die geringsten Hitzeschäden aufweisen. Wenn sie fast gar sind, etwas Bouillon angießen und weiter köcheln lassen. Schließlich mit Zitrone und Salz abschmecken. Die sich somit bildende Saucenbasis sollte feucht, aber nicht suppig sein und mindestens pikant, wenn nicht scharf schmecken.

Denn die Wirsingpäckchen beanspruchen von dem Aroma der Sauce eine Menge für sich. Sie werden nebeneinander in die Pfanne gelegt, 1 oder 2 EL Butter sorgen für Konsistenz und Geschmack, die Pfeffermühle tritt in Aktion, dann wird der Deckel aufgelegt. Bei der vorgeschriebenen geringen Hitze wird es nicht nötig sein, neue Flüssigkeit anzugießen. Trotzdem sehe ich mir nach 10 Minuten den Pfanneninhalt genau an. Und schmecke ab. Salz? Zitrone? Wenn es sein muss, kommt auch noch etwas Bouillon dazu.

Spätestens jetzt drehe ich die Päckchen mit dem Pfannenmesser um und lasse sie fertig garen. Sollte zu viel Flüssigkeit in der Pfanne verdampft sein, gieße ich noch etwas Bouillon an. Mehr braucht es nicht, um die schlichten Wirsingpäckchen festtauglich zu machen.

Und was essen wir dazu? Diese Frage ist leicht zu beantworten. Für Nudeln reicht die Sauce nicht, auch Reis tut sich schwer mit den Wildhack-Ravioli. Also Kartoffeln. Und zwar La Ratte, die kleinen festkochenden, welche gekocht, gepellt und anschließend in salziger Butter angebräunt werden. Ein spezieller Rotwein dazu ist nicht vonnöten, nur sollte er keine deutliche Säure haben.

Der Nachtisch wiederum muss sich an der Jahreszeit orientieren, welche frische Früchte ausschließt. Ich schlage einen Mandelpudding vor.

Dessert
Mandelpudding mit Zimtsauce

Für 4 Personen

100 g geschälte Mandeln
60 g Butter
60 g Zucker
1 Ei, 1 Eigelb
1 Eierbecher voll Cognac
4 EL Sahne
Zimt- oder Schokoladensauce

Die Mandeln werden im Backofen hellbraun geröstet, wonach sie ein furchtbares Schicksal erleiden: Kaum erkaltet, werden sie mit dem Nudelholz in möglichst gleichmäßig kleine Trümmer zerdrückt. Das geht auch mit einem Hackmesser.

Inzwischen habe ich die lauwarme Butter und den Zucker wie beim Sabayon zu einer weißlichen Creme verrührt. Dahinein arbeite ich das ganze Ei und das Eigelb sowie 1 Eierbecher voll Cognac und verrühre schließlich auch die Mandeln in der so entstehenden Creme. Vollendet wird sie, indem ich die Sahne erhitze und unterrühre. Nicht abschmecken!, es bleibt sonst nichts übrig.

Die Masse wird nun in 4 Portionsförmchen gefüllt und eine gute Stunde im Wasserbad zu Pudding gekocht. Aber das Wasser darf nie kochen! Danach erkalten lassen und auf Dessertteller stürzen, wozu man mit einem Messer am inneren Rand der Förmchen entlangfährt. Kann sein, dass die Formen zusätzlich noch in heißes Wasser getaucht werden müssen, damit der Pudding widerstandslos nach unten rutscht.

Auf dem Dessertteller habe ich vorher eine Zimtsauce oder eine Schokoladencreme ausgebreitet, in die hinein gemütvollere Typen als ich mit der Kuchengabel »Frohe Weihnachten!« schreiben können.

SAUERKRAUTSUPPE

GEFÜLLTE LACHSFILETS MIT WILDREIS

SCHOKOLADENPARFAIT MIT WINTERLICHEM KOMPOTT

Es ist mir peinlich, dass ich in diesem Weihnachtsmenü kein Geflügel unterbringe: Ich gerate in den Verdacht, zu den Angsthasen zu gehören, die alles, was gackert oder schnattert, für lebensgefährlich halten. Dabei würde ich lieber eine Gans braten, als den Panikmachern auf den Leim zu kriechen. Doch diesmal gibt es zu Weihnachten Fisch: einen Lachs.

Der aufgeklärte Konsument weiß natürlich, dass die Lachse, die bei uns angeboten werden – und die wir bezahlen können – fast ausnahmslos Zuchtlachse sind. Beim Einkauf sollten wir deshalb auf Ökolachse achten. Und den ganz Misstrauischen sei gesagt, dass Lachse in jedem Fall gesund sind. Ich empfehle sie heute aber nicht wegen ihrer lebensverlängernden Eigenschaften, sondern weil sie vorzüglich schmecken.

Wir gehen den bequemen Weg und kaufen den Lachs stückweise, als Filet. Auch die Haut lassen wir vom Fischhändler abziehen, und so liegen im Einkaufskorb schließlich zwei dicke Filets von je 20 cm Länge. Und die Beilage zum Lachs: Wildreis.

Dieser Reis ist gar kein Reis, sondern ein Gras, das in Kanadas Flüssen und Seen wächst, bis kanadische Ureinwohner sich in ihren Kanus lautlos heranpaddeln und die Grassamen entführen. Und weil handbemalte Kanus nicht billig sind, ist es der Wildreis auch nicht. Wegen der Unberechenbarkeit kindlichen Appetits empfehle ich, den indianischen Aspekt dieses Produkts fantasievoll herauszustreichen (Marterpfahl, Tomahawk). Kinder sind an Weihnachten ja in erster Linie an Action interessiert und eher misstrauisch, wenn da neben dem toten Fisch ein grauschwarzes Gemüse liegt, das sie nicht kennen. Also ablenken von der Malaise, dass die gute Mutter den Lachs nicht unter Spaghetti begraben hat!

Hauptgericht: erster Teil
Gefüllte Lachsfilets mit Wildreis

Für 4 Personen

Für den Wildreis:
240 g Wildreis
Bouillon
Butter oder Öl

Für die Füllung Duxelles:
300 g Champignons
2 Schalotten
Salzige Butter
2 TL Tomatenmark
Salz
Zitronensaft

Wildreis sieht aus wie nadelfeine Lakritzstangen von circa 2 cm Länge, und mit ihm beschäftigt sich der kochende Familienvater als Erstes, weil die schwarzen Nadeln sehr lange brauchen, bis sie gar sind. Das heißt in ihrem speziellen Fall: bis sie platzen. Jede einzelne Nadel muss nämlich platzen, nur dann gibt sie zu erkennen, dass in ihrem Inneren nicht alles schwarz ist, sondern sich ein weißer Bestandteil versteckt.

Es ist glücklicherweise nicht schwer, Wildreis zum Platzen zu bringen. Man verfährt mit ihm wie mit richtigem Reis: in Butter und/oder Öl anschwitzen, Wasser drauf und stark aufkochen lassen. Wie lange und in wie viel Wasser, das gehört zu den Geheimnissen, mit denen Indianer sich gern umgeben. Wir sollten nicht störend in ihren Mythen wühlen, sondern einfach drafloskochen, wobei wir daran denken, dass es dem Wildreis sehr gut bekommt, wenn er in Bouillon gekocht wird. Außerdem kann man die Kochflüssigkeit später abgießen, wenn das Ganze suppig gerät. Trocken wie ein Basmati wird er nie. Bei mir hat das Garen beim letzten Mal 45 Minuten gedauert!

Man kann den Wildreis gefahrlos rühren, Brühe an- oder abgießen, wie es nötig ist. Natürlich wird er zwischendurch gesalzen. Aber keine sonstigen Aromen bitte, denn sein Naturgeschmack ist eindeutig nussig, und der soll nicht vermindert werden. Und wozu passt Nussaroma besonders gut? Jawohl, zu Champignons! Davon hat der gute Vater bereits eine Menge verarbeitet, nämlich zu einer saftigen Duxelles.

Das geht so: Ich lege die frischen Champignons de Paris auf den Küchentisch, putze sie mit Küchenkrepp sauber, entferne die Stiele und zerhacke die Pilzköpfe mit dem Kochmesser in sehr feine Partikel. Man könnte sie sogar durch den Fleischwolf drehen. In jedem Fall muss abschließend die Feuchtigkeit aus dem Pilzpüree entfernt werden. Dazu wickele ich die Masse in ein Küchentuch und drehe sie zusammen. Der Saft geht durchs Tuch und wird aufgefangen.

Auch wenn sich Duxelles einwandfrei mit »Pilzpüree« übersetzen lässt, besteht sie doch aus mehr als aus zermatschten Pilzen. Die Schalotten kommen noch dazu, auch diese in winzige Partikel geschnitten, und eine große Menge salzige Butter. Darin werden die Schalotten gedünstet, bis sie gar, aber farblos sind. Dann gebe ich das Pilzpüree dazu sowie das Tomatenmark. Die Pilze saugen die Butter auf wie Löschpapier. Also noch mehr Butter! Nur wenige Minuten bei starker Hitze braten, mit Salz und Zitronensaft abschmecken. Sollte die Duxelles zu buttrig sein, verlade ich sie in ein Sieb, wo sie sich tropfenweise entfetten kann. Gegebenenfalls helfe ich mit einem Löffelrücken nach. Damit ist die göttliche Erfindung des Marquis d'Uxelles (oder seines Kochs) fertig. Sie verfeinert praktisch jede Speise, zum Beispiel als Füllung eines Gratins, eines Fischs, in Tomaten und Gurken, auf Omeletts.

Bevor wir damit beginnen, die vorhandenen Bestandteile unseres Hauptgerichts logisch zusammenzubauen, wollen wir uns um den ersten Gang kümmern. Er soll eine Suppe sein, eine Gemüsesuppe, deren kräftiger Geschmack mit dem subtilen Aroma des Hauptgerichts angenehm kontrastiert, ohne deftig zu sein: eine Sauerkrautsuppe.

Entrée
Sauerkrautsuppe

Für 4 Personen

1 l Bouillon vom Huhn oder Rind
300 g Sauerkraut
2 Lorbeerblätter
1 klein geschnittener Apfel
Salz
Pfeffer
evtl. weißer Essig
Prise Curry
süße Sahne
evtl. Austern

Ihre Herstellung ist völlig problemlos. Ich brauche dazu nur Bouillon vom Huhn oder vom Rind. Die wird aufgesetzt, und darin koche ich das frische Sauerkraut. Außerdem kommen die Lorbeerblätter und der klein geschnittene Apfel in den Topf. Nach einer Stunde wird abgeschmeckt und gewürzt, also mit Salz, Pfeffer, eventuell etwas weißem Essig und einer Prise Curry. Nach 90 Minuten sollte das Kraut gar sein und die Bouillon nachgefüllt werden müssen. Dazu nehme ich – dies ist der einzig sensible Moment der Suppenherstellung – süße Sahne und, wenn durch die Sahne die Leichtigkeit der Suppe gefährdet scheint, noch etwas Bouillon. Der Rest wird von meiner Zunge bestimmt. Die Suppe soll frisch, säuerlich und appetitanregend sein, keinesfalls sättigend und keinesfalls Raucharomen aufweisen. Wo mit dem Weihnachtsmann ein paar verwöhnte Gäste gekommen sind, schlage ich vor, gleichzeitig mit der sehr heißen Suppe einige Austern in die Teller gleiten zu lassen.

Hauptgericht: zweiter Teil

Gefüllte Lachsfilets mit Wildreis

Für 4 Personen

2 dicke Lachsfilets von je 20 cm Länge
Petersilie
1 Zweig Thymian
Pfeffer
Meersalz
Butter
2 Stangen Zitronengras
1 Glas trockener Weißwein und Nouilly Prat

Was aber geschieht mit den Lachsfilets? Zunächst sollten wir sie auf vom Händler übersehene Gräten untersuchen. Da diese vergleichsweise dick sind, können sie sich nicht tückisch verstecken. Mit der Küchenpinzette sind sie leicht zu erfassen und zu entfernen. Die Filets sind so dick, dass ich sie mühelos mit einem Lachsmesser halbieren könnte. (Das ist das sehr schmale und sehr lange Messer zum Schneiden von Räucherlachs. Ich benutze es täglich zum Brotschneiden.) Mit diesem Messer schneide ich eine seitliche Tasche in jedes Filet, ohne dieses zu zerteilen. Nun wird es von allen Seiten und in der Tasche nicht zu zaghaft gepfeffert und – mit Meersalz! – gesalzen.

In die Tasche stopfe ich die vorbereitete Duxelles. Jetzt schiebe ich das gefüllte Filet in einen Bratschlauch und binde ihn an einer Seite zu. In die andere Seite schiebe ich mehrere Stücke Butter, das Zitronengras und schütte je ½ Glas trockenen Weißwein und Nouilly Prat hinterher. Inzwischen ist der Backofen auf 180° vorgeheizt worden. Ich lege den Bratschlauch auf eine flache Bratform und hoffe, dass ich den Fisch genügend gesalzen habe. Ofentür zu und 20 Minuten warten! Danach befreie ich das Fischfilet aus seinem Bratschlauch, fange den Saft in einem Pfännchen auf, gebe den vorher gewonnenen Pilzsaft dazu und koche die Sauce ein. Dabei empfängt sie ihre letzte Würzung (Zitrone, Nouilly Prat, Salz, Butter). Das Filet arrangiere ich auf einer Platte und lege den Wildreis drum herum. Es ist ein festliches Gericht, zu dem wir einen ebenfalls festlichen Chardonnay trinken.

Dessert
Schokoladenparfait mit winterlichem Kompott

Für 4 Personen

Für das Schokoladenparfait:

1 Stange Bourbon-Vanille
80 g Zucker
1 Ei
2 Eidotter
½ TL Lebkuchengewürz
1 Eierbecher Portwein von guter Qualität
1 Prise Salz
Vanillezucker
300 g Biosahne
280 g Edelbitterschokolade (64 %)
60 g Biobutter

Für das Kompott:

250 g halbfeuchte Trockenfrüchte
2 Feigen
3 Datteln
Walnüsse
Rosinen
2 EL kandierter Ingwer
6 EL mit Zucker vermischtes Zimtpulver
0,75 l Weißwein-Wasser-Gemisch
1 Messerspitze Safran
3 EL Lavendel- oder Orangenhonig
3 Nelken
Zitronensaft
evtl. Prise Cayenne

Zum Bestreuen:

gehackte Walnüsse
Honig
Zucker

Als Dessert gibt es Schokoladenparfait, also eine halbgefrorene Mousse au Chocolat. Das simple Prinzip kennt jede Naschkatze: Zuerst halbiere ich eine Stange Bourbon-Vanille, kratze alle Körner sorgfältig heraus und vermenge sie mit dem sehr feinen Zucker. Dann fülle ich in eine halbrunde Konditorschüssel folgende Aromen: Ei, Eidotter, Lebkuchengewürz, Portwein von guter Qualität, 1 Prise Salz und den Vanillezucker. Ich verrühre alles und schlage mit dem Schneebesen ununterbrochen, während ich die Schüssel ins Wasserbad stelle und darauf achte, dass es nicht zu heiß wird. Wenn die Masse schön cremig ist, stelle ich die Konditorschüssel in einen Topf mit kaltem Wasser und schlage weiter, damit sie abkühlt. Jetzt nehme ich die Biosahne und schlage sie sehr steif.

Da das Wasserbad praktischerweise immer noch köchelt, setze ich eine zweite Konditorschüssel hinein (oder eine Kasserolle), in der ich die Valrhona-Edelbitterschokolade (64 %) und die Biobutter zum Schmelzen bringe. Dabei wird wieder mit dem Schneebesen gerührt – zum Schluss außerhalb des heißen Wassers –, bis die dunkle Masse nur noch lauwarm ist. Nun schütte ich zusammen, was darauf schon lange wartet. Abschließend hebe ich auch noch die steif geschlagene Sahne unter. All das wird in eine längliche Terrinenform gefüllt und über Nacht ins Eisfach (den Tiefkühler) gestellt.

Damit die braune Leckerei nicht so schlicht aussieht, gebe ich ihr auf ihrem Weg zum mit Kerzenwachs bekleckerten Tisch eine festliche Begleitung mit: Ich zerkleinere die Trockenfrüchte und füge Feigen, Datteln sowie Walnüsse, Rosinen, kandierten Ingwer und mit 3 EL Zucker vermischtes Zimtpulver hinzu. Die ganze Pracht wird mit einem Weißwein-Wasser-Gemisch aufgegossen und auf den Herd gestellt. Jetzt wird gewürzt, und zwar mit Safran, Lavendel- oder Orangenhonig, Zucker-Zimt-Mischung, Nelken und Zitronensaft. Zur Verfeinerung lasse ich gehackte Walnüsse in etwas Zucker und Honig karamellisieren und streue sie über das Fruchtkompott. Insgesamt müssen alle Zutaten gemeinsam eine gute Stunde köcheln, wobei ich von Zeit zu Zeit umrühre.

Wer mag, streut noch eine Prise Cayenne über das Kompott. Es wird neben eine Portion Parfait platziert, welches mit einem in heißes Wasser getauchten Löffel leicht aus der Form zu heben ist. Dazu trinken wir Portwein oder eine Rieslaner Auslese vom Juliusspital in Würzburg.

Menü 2006

PASTINAKENSUPPE

REHFILET MIT QUITTENSAUCE, ROSENKOHLPÜREE UND BANDNUDELN

CURRYPARFAIT

Es ist wieder so weit. Väter verstecken ihre Vorfreude sorgfältig hinter der kummervollen Maske des Steuerzahlers, Mütter üben heimlich die Handgriffe zum Reiben des Mürbeteigs, und Kinder durchsuchen Kleiderschränke und Kommoden nach versteckten Geschenken. Das Katastrophenfrühwarnsystem hat Weihnachten angekündigt.

Entrée
Pastinakensuppe

Für 6 Personen

3 Pastinaken
2 Äpfel
etwas trockener Weißwein
Sahne
einige Tropfen Zitronensaft
hellgrünes Currypulver
etwas abgeriebene Apfelsinenschale
Salz
pro Teller 1 EL klein gewürfelter Räucheraal

Natürlich gibt es bei einem Weihnachtsmenü eine Vorspeise, ganz so billig lässt uns das Christkind nicht aus den Klauen. Also machen wir eine der Jahreszeit gemäße Suppe aus Pastinaken.

Pastinaken und Äpfel werden geschält, in Stücke geschnitten und mit etwas trockenem Weißwein aufgesetzt. Sind die Stücke gar, werden sie püriert und breiig eingekocht.

Danach wird's kompliziert, weil die Technik hier zu Ende ist. Von nun an braucht man Inspiration: Der Brei soll Suppe werden und wird mit Zutaten gewürzt, deren Menge von meiner Laune abhängt. Sahne gehört dazu, einige Tropfen Zitronensaft, hellgrünes Currypulver, etwas abgeriebene Apfelsinenschale und Salz.

Wie viel von jeder Zutat, das müssen Sie selber entscheiden; darin besteht der Reiz beim Kochen der Suppe. Und vergessen Sie nicht ihren wichtigsten Bestandteil: pro Teller 1 EL klein gewürfelter Räucheraal. Der kommt vor der heißen Suppe in den Teller. Und wenn sich beim Essen nicht der Weindurst meldet, dann haben Sie etwas falsch gemacht. (Rot- oder Weißwein, beides passt.)

Hauptgericht
Rehfilet mit Quittensauce, Rosenkohlpüree und Bandnudeln

Für 6 Personen

6 saftige und zarte Rehfilets
Butter
Öl
Oliven
grobes Meersalz
Schokopfeffer

Saftige und zarte Rehfilets sollen zum Hauptgang auf den Tellern liegen, kleine, runde Fleischstücke in der Form von Rinderfilets, insgesamt 1 Kilo schieres Fleisch. So viel braucht die Familie für Schwiegereltern, ein Elternpaar und den ältesten Sohn. Wo der Älteste, schon über 40, sowie alleinerziehend ist und mehrere Enkel ins Haus schleppt, tritt zwangsläufig der Pizza-Service in Aktion.

Solche Einzelheiten sind wichtig bei einem Menü, dessen Dreh- und Angelpunkt das teuerste Stück Wild sein soll, das der Händler uns liefern kann. Deshalb genügt es nicht, wenn wir das übliche Wildschwein durch einen Rehrücken ersetzen, er muss auch gut abgehangen sein. Eine Woche mindestens! Zwei Wochen sind besser. Doch dazu brauchen Sie einen gutwilligen Metzger, der Ihren gekauften und entbeinten Rehrücken für Sie in seiner Kühlkammer deponiert, was allemal besser ist, als ihn in den Tiefkühler zu legen. Eine dritte Möglichkeit wäre, das ausgelöste Rückenstück einzuölen, mit grob zerstoßenem Pfeffer und einigen zerdrückten Pimentkörnern von allen Seiten zu bestreuen und es fest in eine dicke (oder doppelte) Alufolie einzuwickeln. Dieses Fleischpaket kann dann eine Woche im Kühlschrank bleiben, sofern es nicht im Gemüsefach liegt. Nur Novizen erschrecken, wenn sie es danach aus der Folie wickeln. Doch wie es auch aussieht, es wird von himmlischer Zartheit sein!

Heute traut sich kaum noch jemand, ein Stück Fleisch zu essen, das eine Woche im Kühlschrank gelegen hat. Unsere Vorfahren aber befanden ein Stück Wild erst für essbar, wenn es einen Hautgout hatte. In schlimmen Fällen kaschierte man diesen Duft durch eine Rotweinbeize oder garnierte den Braten mit Beerenobst. Was immer noch praktiziert wird, auch wenn es nicht nötig ist.

Der ausgelöste Rücken, also das Rehfilet, wird in daumendicke Scheiben geschnitten, in einer schweren Pfanne erhitze ich die bekannte Butter-Olivenöl-Mischung (oder Butterschmalz), dahinein kommen die Fleischscheiben. Nur wenige Sekunden dürfen sie zischen, dann werden sie herumgedreht, und die Pfanne wird vom Feuer gezogen. Wer auf einem Induktionsherd oder mit Gas kocht, begnügt sich damit, die Hitze gründlich zu reduzieren.

Nun geht es bei milder Temperatur weiter, aber nur wenige Minuten lang. Dabei werden die Filets mit grobem Meersalz zurückhaltend gewürzt, und immer wieder mache ich die Druckprobe mit dem Löffel (oder Finger). Das Fleisch muss auch im garen Zustand noch dem Druck nachgeben, andernfalls ist es schon trocken und hart. Perfektionisten nehmen es bereits vom Feuer, wenn es anscheinend noch leicht roh ist, und stellen das Bratgeschirr in den schwach geheizten Ofen (circa 50°). Da kann es seine Säfte sammeln und sich entspannen.

Dann passiert es: Ich lege die Filetstücke auf die vorbereiteten Teller und kröne sie mit dem, was am Weihnachtsbaum die Wunderkerze ist: mit rosa Pfefferkörnern, die von bitterer Schokolade umhüllt sind. Die schmilzt auf dem heißen Fleisch und hinterlässt im Mund einen köstlichen Geschmack. Das Problem, Fleisch und Schokolade zusammenzubringen, wird hier durch ein spanisches Produkt leichthin gelöst: Schokopfeffer gibt es in besseren Geschäften zu kaufen. Man legt sie auf das fertig gebratene Fleisch, wo sie langsam schmelzen und auf der Zunge eine wundersame, harmonische Wirkung entfalten. Ebenso gut geeignet für Obstsalate (Erdbeeren, Bananen, Birnen).

Wie aber sehen die »vorbereiteten Teller« aus, was ist mit ihnen bisher geschehen? Sie enthalten die Begleitung zum Rehfilet, nämlich einen Löffel Quittensauce und Bandnudeln. Letztere sollten von der breiten Sorte sein, aber sehr wenige. Dazu, nämlich auf einem Extrateller, serviere ich ein Rosenkohlpüree.

Rosenkohlpüree

Für 6 Personen

600 g Rosenkohl
Bouillon
Zitronensaft
Sahne
Salz
2 Messerspitzen Safranpulver
½ Chilischote
Cayennepfeffer
Salz
Walnüsse
grober schwarzer Pfeffer

Rosenkohl hat viel Abfall, deshalb entferne ich seine äußeren, dicken und oft angefressenen Blätter. Auch die Stiele schneide ich, wo sie deutlich zu erkennen sind, heraus. Die nun kleiner gewordenen Röschen werden halbiert und in Salzwasser 10 bis 15 Minuten lang blanchiert, danach abgetropft. Sie sind fast gar und werden mit dem großen Kochmesser zerhackt. Nun kommen sie mit etwas Bouillon, dem Saft einer Zitrone und einem Schuss Sahne erneut auf den Herd. Leicht salzen und 2 Messerspitzen Safranpulver einrühren.

Sollten nur Safranfäden im Haus sein, so müssen sie zuerst mit den Flüssigkeiten in den Topf, dann folgt das Rosenkohlhaschee. Eine halbe Chilischote dazugeben und zugedeckt sanft köcheln lassen. Von Zeit zu Zeit den Garzustand, vor allem aber die Würzung überprüfen. Cayennepfeffer und Salz könnten nötig sein. Eventuell Zitronensaft nachgießen oder Sahne.

Das dauert höchstens 20 Minuten. Was nun die Sauce zu dem feinen Fleisch angeht, so fragt man sich, warum nicht aus dem Rückenknochen, den einem der Händler mitgegeben hat, eine richtig klassische Wildsauce machen? Die Antwort lautet: weil die zu viel Mühe macht. Quitten aber sind das Obst der Jahreszeit. Es passt hervorragend, sowohl zum Reh mit seinen Schokokugeln als auch zum Rosenkohl mit dem Safran.

Quittensauce

Für 6 Personen

Quitten
Weißwein
Cayennepfeffer
wenig Nelkenpulver
etwas Salz
Butter

dazu Bandnudeln

Wer schon einmal Quittengelee gekocht hat, weiß, wie tückisch die gelben, duftenden Früchte sein können. Zunächst sind sie furchtbar hart. Ich brauche ein großes, schweres Messer, um sie in Stücke zu hacken. Die werden mit Weißwein aufgesetzt, mit Cayenne gepfeffert und mit wenig Nelkenpulver und etwas Salz gewürzt. Mindestens 30 Minuten brauchen sie unter dem Deckel, um bei sehr niedriger Temperatur weich zu werden. Dann sollte vom Wein nicht mehr viel übrig sein. Die Pampe wird durch ein feines Haarsieb gestrichen, damit die den Quitten innewohnenden harten Körner den Essern erspart bleiben. Kurz vor dem Servieren rühre ich den üblichen Klumpen Butter in die Masse, welche nicht mit einem Brotaufstrich fürs Frühstück verwechselt werden darf.

Die Nudeln schließlich, das sollte bekannt sein, werden erst auf dem Teller fertig gestellt. Und zwar, indem ich klein gehackte Walnüsse und groben schwarzen Pfeffer darüberstreue und sie mit einem Stück Butter kröne. Nun fehlt nur noch der Nachtisch.

Dessert

Curryparfait

Für 6 Personen

5 Eigelb
125 g Zucker
2 EL weißer Rum
2 TL Currypulver
½ l Sahne

Nach einem mir vorliegenden Umfrageergebnis fahren Deutsche lieber in sonnige Gegenden als in solche mit übermäßigen Niederschlägen, und lieber als Sahnetorten essen sie als Dessert ein Parfait. Daran erkenne ich, dass meine Landsleute doch nicht so blöde sind.

Denn so ein Halbgefrorenes ist einfach und am Tag vorher herzustellen. Und weil wir bisher wenig gewagt haben und das Glas mit dem Currypulver noch in der Küche rumsteht, schließen wir dieses Weihnachtsmenü mit einem Curryparfait.

Und auch das ist kein Wagnis. Dazu brauche ich nicht einmal eine Eismaschine. Ich rühre alle Zutaten in folgender Reihenfolge schaumig: Eigelb, Zucker, weißer Rum und Currypulver.

Sodann schlage ich die Sahne steif und hebe sie unter die gelbe Masse. Alles zusammen fülle ich in eine attraktive Schüssel und stelle sie für 3 Stunden ins Gefrierfach. 1 Stunde vor dem Servieren wechselt das Parfait in den normalen Kühlschrank. Zum Servieren taucht man einen Esslöffel in heißes Wasser.

Menü 2007

TOPINAMBURSUPPE MIT CURRY

KARPFEN BLAU

ENTENKEULEN MIT LAVENDELAROMA

BREAD AND BUTTER PUDDING

Man kann den Deutschen vieles nachsagen: dass sie ihr Auto mehr lieben als ihre Frau, dass sie Currywurst und Hamburger für genießbar halten, dass sie Gewissensbisse bekommen, wenn sie für eine Flasche Wein mehr als fünf Euro ausgeben. Einmal im Jahr aber wirft der Deutsche all seine Skrupel beiseite und wird zum Genießer: immer wenn es Weihnacht wird.

Ob er sich den Magen dann mit dem notorischen Gänsebraten verdirbt, ist mir einerlei: Die Bilanzen des Lebensmittelhandels zeigen, dass der Deutsche, beseelt von Tannenzweig und Lichterglanz, bereit ist, seine Geiz-ist-geil-Mentalität zu vergessen und für seine Ernährung etwas tiefer in die Tasche zu greifen. Damit beginnt das Genießen. Und außerdem zeigen die Resonanz auf unser traditionelles Weihnachtsmenü und die Ungeduld, mit der ihm viele Leser entgegenfiebern, dass es hierzulande auch Menschen gibt, die gerne einmal etwas Neues ausprobieren, wenn sie sich mit ihren Lieben an den Festtagstisch setzen.

Deshalb habe ich für das diesjährige, viergängige Weihnachtsmenü eine deutsche Lieblingsspeise ausgewählt, die aber aus nicht ganz so populären Zutaten besteht, dann ein sehr traditionelles Weihnachtsgericht in klassischer und ein weiteres in ungewöhnlicher Zubereitungsart und schließlich ein Dessert, bei dem ich mich immer wieder frage, warum es bei uns so selten auf den Speisekarten zu finden ist.

Die deutsche Lieblingsspeise, die das Weihnachtsmenü eröffnen soll, ist eine Suppe. Schon die alten Germanen ernährten sich überwiegend von suppenähnlichen Breien, und in den letzten Wochen ist praktisch kein Deutscher der beliebten Kürbissuppe entkommen. Es ist also an der Zeit, die Suppentauglichkeit einer anderen Pflanze in Erinnerung zu bringen.

Entrée
Topinambursuppe mit Curry

Für 4 Personen

500 g Topinambur
Hühner- oder Rinderbouillon
süße Sahne
Salz
Curry
1 Chilischote
Zitronensaft
Balsamicocreme

Topinambur ist ein Knollengemüse wie die Kartoffel, schmeckt aber eher wie eine Artischocke und wird vielleicht deshalb von den Engländern auch Jerusalem-Artischocke genannt.

Die Knollen werden möglichst dick geschält, weil unter der rotbraunen äußeren Schale noch eine feste zweite Schale lauert. Sodann werden sie in Scheiben oder Stücke geschnitten. Auf das übliche Blanchieren verzichte ich, weil das im Fall der wulstigen Knolle keinen Vorteil bringt. Also die Stücke gleich weich kochen und salzen wie Kartoffeln. (Das dauert mindestens so lange.) Für dieses Festmenü greife ich auf einen Trick alter Suppenkocher zurück: Wenn die Topis fast gar sind, gieße ich das Kochwasser ab und ersetze es durch heiße Hühner- oder Rinderbouillon.

Wenn die Topinamburstücke weich sind, werden sie püriert. So entsteht ein Gemüsebrei. Was aber, außer Salz, braucht eine Suppe vor allem? Sahne natürlich! Also mit süßer Sahne aufgießen. Nun ist sie Suppe geworden und schmeckt ähnlich wie viele Gemüsesuppen von

Steckrüben, Navets, Teltower Rübchen, Pastinaken. Deshalb muss jetzt intelligent gewürzt werden. Es bieten sich an: Koriander, Curry, Zitrone, Speck, Apfelbalsamico, Tomate. Ich habe experimentiert und mich letztlich für Curry entschieden. Zusätzlich gebe ich wenige, winzig gehackte Stücke einer Chilischote dazu. Auch Salzen wird fast immer nötig sein. Die Suppe aber verliert schlagartig ihre Fadheit. Kein Vergleich mehr zum charakterlosen Ausgangsprodukt! Die immer noch mäßige Schärfe der Suppe ist appetitanregend und vielversprechend. Außerdem kommen noch 1 TL Zitronensaft dazu sowie abschließend ein Faden Balsamicocreme. Ihre Süße passt hervorragend zum Curry und lässt die Suppe im Teller auch interessant aussehen.

Zwischengericht
Karpfen blau

Für 4–6 Personen

Für die Karpfen:
1 Karpfen, ausgenommen
Fleur de Sel
Pfeffer
Korianderkörner
Olivenöl

Für die Court-Bouillon:
2 große Zwiebeln
1 Lauchstange
4 große Karotten
150 g Champignons
eine Handvoll Sellerieblätter
8 Lorbeerblätter
1 EL Piment
4 Knoblauchzehen
1 Chilischote
1 EL Himalayasalz
500 ml Weißweinessig
125 ml Apfelessig

Für die Beurre blanc:
Schalotten
trockener Weißwein
200–300 g Butter
1 EL Kapern

Der Karpfen ist ein heimischer Fisch, der sich zur Weihnachtszeit mit den Kindern anfreundet. Seit Generationen erzählt man sich die Geschichten von Exemplaren, die sich in den Badewannen an die Reste des Schaumbads gewöhnen mussten, bevor sie entweder begnadigt wurden oder unter dem lauten Geheul und Protest der Kleinen im Fischbräter landeten. Im Elsass wird der Karpfen gerne auch frittiert.

Mein Fisch war bereits vom Händler getötet und ausgenommen worden und wog ungefähr 2 Kilo. Das sollte als Zwischengericht für 4 bis 6 Personen reichen. Ganz klar: Die Karpfen, die wir essen, stammen alle aus der Zucht. Deshalb müssen wir ihren moorigen Geschmack nicht fürchten. Das Fleisch hat viel mehr Ähnlichkeit mit einem Rochenflügel und, was gewisse Gräten angeht, mit einem Hecht. Der Karpfen hat den Vorteil, dass ich ihn nicht schuppen muss. Außerdem darf ich ihn nur vorsichtig waschen, damit die Schleimschicht auf der Haut nicht zerstört wird.

Blau gekocht werden Flussfische in einer Court-Bouillon, die gleichzeitig auch die Beilage zu unserem Karpfen liefert. Eine Court-Bouillon ist eine Gemüsebrühe. Und sie wird ohne Hilfe von Knochen und Fleisch- beziehungsweise Fischabschnitten angesetzt. Sie wird immer dann gebraucht, wenn Gemüse oder Fisch ohne die übliche Aroma und Gehalt verstärkende Brühe gekocht werden soll.

Die Court-Bouillon habe ich – noch während die Topinambur für die Suppe weich kochten – mit Wasser und folgenden Zutaten aufgesetzt: Zwiebeln, das Weiße der Lauchstange, Möhren, Champignons,

Sellerie- und Lorbeerblätter, Piment (Nelkenpfeffer), zerdrückte Knoblauchzehen, gehackte Chilischote sowie Himalayasalz. Alle Gemüse werden in mundgerechte Würfel geschnitten und müssen 45 Minuten lang köcheln. Zuletzt Weißwein- und Apfelessig zugeben und noch einmal aufkochen lassen. Danach sollte das Gemüse gar sein, wird herausgefischt und beiseitegestellt. Es wird die Beilage zum Karpfen bilden. Die Court-Bouillon wird durchgeseiht und bereitgehalten für den Fisch.

Bevor ich diesen nun mit der kochenden Brühe traktiere, bereite ich alles für die Beurre blanc vor, denn diese Soße passt zum Karpfen wie eine Hollandaise zum Spargel. Dafür habe ich mehrere Schalotten so fein gehackt, wie es möglich ist, und sie mit einem trockenen Weißwein in einer Kasserolle köcheln lassen. Ich habe leicht gesalzt und mit weißem Pfeffer gewürzt. Ich lasse den Weißwein reduzieren und ergänze die Flüssigkeit mit ein paar Löffeln von der sauren Court-Bouillon.

Jetzt ist es Zeit, mich um den Fisch zu kümmern: Ich bette ihn in eine passende Form, möglichst mit einem Hebeeinsatz, wie Fischkochtöpfe sie haben. Dann gieße ich die heiße, sehr saure Gemüsebrühe in die Form, aber nicht direkt über den Fisch, denn blau wird nicht die Haut des Fisches, sondern vor allem die Schleimschicht auf ihr, und die soll nicht zerstört werden. Wenn der Fisch vollständig von Brühe bedeckt ist, soll er 20 Minuten bei niedriger Temperatur, also bei circa 70°, gar ziehen. Nicht kochen und nicht länger der Hitze aussetzen!

In diesen 20 Minuten habe ich Zeit, das Gemüse aus der Court-Bouillon auf einem Teller anzurichten, mit Fleur de Sel, Pfeffer und pulverisiertem Koriander zu bestreuen und großzügig mit einem guten Olivenöl zu übergießen. Dieses Gemüse werde ich lauwarm als Beilage zum Karpfen servieren.

Inzwischen sind auch die Schalotten in der Weißwein-Gemüsebrühe-Reduktion zu einem weichen Brei geworden. Ich nehme sie vom Herd und schlage eiskalte Butterstückchen in die Sauteuse, ungefähr 50 Gramm pro Portion. So entsteht die Beurre blanc, die ideale Begleitung zu Fischen wie Karpfen, Hecht und Zander. Ich habe meine Beurre blanc mit 1 EL kleiner Kapern angereichert.

Nun steht man vor dem Problem: Wie kriegt man den Fisch aus dem Topf? Bei einem Fischkocher mit entsprechendem Einsatz erledigt sich das Problem von selbst. Schlimmstenfalls gibt es auch die Möglichkeit, die Brühe abzugießen und den Fisch im Topf liegen zu lassen. Auf jeden Fall würde ich ihn am Tisch nur einmal vorzeigen und dann in der Küche zerlegen.

Die blau gewordene Haut isst man natürlich nicht. Sie wird abgehoben. Die darunter liegenden Brust- und Filetstücke nehme ich mit einem Löffel so vorsichtig vom Gerippe, dass möglichst wenige Gräten mit auf die Teller gelangen. Dass der Fisch am Rückgrat noch blutige Reste erkennen lässt, ist ein positives Zeichen für die richtige Garzeit. Ich platziere das Fleisch des Karpfens auf die Teller und gebe dazu je 2 EL der Beurre blanc. Der Versuchung, Kartoffeln oder eine ähnliche Beilage zu servieren, widerstehe ich, denn schließlich ist das erst der zweite von vier Gängen. Und es gibt das saure Suppengemüse. Sonst genügen Weißbrot und ein kräftiger, trockener Weißwein.

Hauptgericht

Entenkeulen mit Lavendelaroma

Für 4–6 Personen

4 Entenkeulen
Olivenöl
Himalayasalz
Lavendelessig
2 EL gehackte Schalotten
250 g Butter
schwarzer Pfeffer
Hühnerbouillon
Zucker
Apfelbalsamico
½ Zitrone
2 EL fein gehackter Ingwer

Als Hauptgericht wollen wir Entenkeulen machen, und zur Feier des Tages werden wir sie ganz anders würzen als sonst.

Die Keulen gibt es einzeln zu kaufen, und wenn man die Wahl hat, sollte man die Keulen von weiblichen Enten kaufen. Die Erpel haben offenbar zu viel Fußball gespielt: Ihre entsprechenden Extremitäten brauchen deutlich länger, um weich zu werden.

Ich bedecke den Boden eines passenden Bräters mit reichlich Olivenöl und streue ein paar Löffel Himalayasalz hinein. Diesen Salzbrei erhitze ich auf dem Herd und lasse darauf die Keulen mit der Haut nach unten knusprig anbraten, bis sie schön braun sind. Dann drehe ich die Keulen herum, bis auch ihre Unterseite braun ist. Nun nehme ich sie heraus, gieße das Bratfett weg und wische den verbliebenen Salz-Öl-Brei mit Küchenkrepp aus dem Bräter.

Den Bratensatz, der jetzt noch auf dem Boden des Bräters klebt, erhitze ich noch einmal und lösche, bevor er zu dunkel wird, mit Lavendelessig ab. (Falls ich keinen Lavendelessig vorrätig habe, kann ich auch Himbeeressig verwenden. Andererseits kann ich Lavendelessig leicht selbst herstellen: Ich habe eine Handvoll Lavendelblüten mit einem guten Weinessig übergossen und die Flasche ein, zwei Wochen stehen lassen.)

Der Lavendelessig zischt im Bräter, und das ist jetzt der Moment der Zauberei: Ich füge 2 EL gehackte Schalotten hinzu sowie den üblichen Klumpen Butter. Darauf arrangiere ich die Entenkeulen, bestreue sie großzügig mit frisch gemörsertem schwarzem Pfeffer, gieße etwas Hühnerbouillon an und lasse das alles 45 Minuten unter geschlossenem Deckel sanft schmoren. Diesen Vorgang kontrolliere ich mehrmals und drehe die Keulen herum. Es kann sein, dass ich weitere Bouillon und etwas Essig angieße.

45 Minuten? Und vorher die Keulen anbraten, den Bräter auswischen, mit Lavendelessig und Schalotten zaubern? Dann dauert es ja eine ganze Stunde, bis nach dem Karpfen die Entenkeulen serviert werden? Stimmt: Wenn ich nicht ein, zwei Gehilfen in der Küche hätte, die sich schon um die Enten gekümmert haben, während ich mit Suppe und Fisch beschäftigt war, würde ich die Geduld meiner Gäste zu sehr strapazieren. Wenn ich dagegen allein bin, ist alles nur eine Frage der Vorbereitung: So kann ich die Entenkeulen anbraten und

zum Schmoren aufstellen, noch bevor ich mit Suppe und Court-Bouillon beginne oder sogar schon am Tag vorher. Und kurz vor dem Servieren lasse ich in einer kleinen Pfanne aus Butter und Zucker einen leichten Karamell entstehen, verdünne ihn mit Balsamico vom Apfelessig, gebe auch den Saft einer ½ Zitrone dazu sowie 2 EL fein gehackte Ingwerwurzel. Diese hocharomatische Mischung gieße ich über die Keulen und trage sie auf.

Dessert
Bread and Butter Pudding

Für 4–5 Personen

3–4 Brötchen oder Brioche
Butter
dunkle Rosinen
1 EL kandierte Ingwerwürfel
3 Eier
125 g Zucker
250 ml Milch
250 ml Sahne
1 Vanillestange
Salz

Auch das Dessert lässt sich gut vorbereiten. Wenn ich es nicht besser wüsste, würde ich denken, diese Nachspeise entstamme der böhmischen Küche. Aber es handelt sich um ein echt englisches Naschwerk, die typische Atzung des berittenen Landmanns, der seinen notorisch großen Hunger in den ländlichen Pubs der britischen Inseln zu stillen pflegte. Ich koche eine erleichterte Version, die ich dem Schweizer Chefkoch des Hotels Dorchester, Anton Mosimann, verdanke. Er hat mit seiner avantgardistischen Küche die englische Gastronomie deutlich modernisiert.

Für 4 bis 5 Personen brauche ich 3 bis 4 in dünne Scheiben geschnittene Brötchen. (Niemals Toastscheiben nehmen, Brioche hingegen verfeinert den Pudding erheblich.) Ich bestreiche die Scheiben beidseitig mit Butter und lege mit ihnen eine gebutterte Kastenform von 25 cm Länge aus. Darauf streue ich die dunklen, in Wasser eingeweichten Rosinen sowie die gehackten kandierten Ingwerstücke. Jetzt vermische ich die Eier und den Zucker, koche Milch und Sahne zusammen mit einer Prise Salz und der aufgeschlitzten Vanilleschote auf, lasse die Flüssigkeit auskühlen und verrühre sie mit dem Zucker-Eier-Brei. Mit dieser Creme fülle ich die Kastenform, setze Butterflöckchen darauf und pochiere alles circa 40 Minuten im Wasserbad.

Das ist, wie gesagt, eine leichte, moderne Version. Was vor dem Aufkommen der Nouvelle Cuisine alles in dieses englische Dessert gepackt wurde, wage ich nicht zu zitieren. Jedenfalls schmeckt die Wuchtbrumme auch noch nach einem Weihnachtsmenü wie diesem wahnsinnig gut.

Und sogar noch besser, wenn man ihr 1 EL selbst gemachte Marillenmarmelade beigibt oder ein ähnliches Früchtemus, welches auch Alkohol enthalten darf. Schließlich ist Weihnachten.

PAPRIKASUPPE MIT PASTIS

GARNELENSCHWÄNZE MIT CHORIZO UND SAFRAN

ROASTBEEF MIT LAUCHGEMÜSE

GÂTEAU BERBELLE

Das diesjährige Weihnachtsmenü steht unter einem Motto, das ebenso schlicht wie anspruchsvoll ist. Es heißt: »Bio«.

Eigentlich sollte es selbstverständlich sein, ökologisch angebaute Produkte zu verwenden. Aber der Geistes- und Gaumenzustand unserer Nation scheint ein anderer zu sein: Was deutsche Familien für ihre Ernährung ausgeben – elf Prozent des Einkommens –, deutet nicht auf eine intensive Suche nach kulinarischer Qualität hin. Deshalb möchte ich zum familiärsten aller christlichen Feste betonen: Ein Menü, nach dessen Genuss alle begeistert »Hosianna!« singen, werden Sie nur zubereiten können, wenn Sie sich Bioprodukte leisten!

Das Menü besteht – ganz klassisch – aus vier Gängen: Suppe, Fisch, Fleisch, Dessert. Wobei der Fischgang keinen Fisch enthält, sondern Garnelen, diese Schalentiere aus dem Meer mit ihrem dekorativen Fächerschwanz, die meistens aufgetaut auf den Fischtheken unserer Supermärkte landen. Da gilt es, zu suchen, bis man frische Exemplare findet. Aber aus dieser Suche besteht sowieso das halbe Leben des anspruchsvollen Essers.

Beim Fleisch sollte es möglich sein, ein gut abgehangenes Stück von einem Rind zu finden, das auf der Wiese groß geworden ist. Auch Gemüse, Eier, Butter, Sahne und Olivenöl kommen uns nur in die Küche, wenn sie das Biosiegel tragen.

Darüber hinaus aber muss ein Weihnachtsmenü vor allem eine Eigenschaft haben: Es muss sich gut vorbereiten lassen.

Dessert
Gâteau Berbelle

Für 4 Personen

3 große Eier
140 g Butter
120 g Zucker
2½ EL weißer Rum
100 g Zartbitterschokolade
90 g Mehl
2 EL Mandeln gestiftelt
200 g Sahne

Für unser Dessert ist es unumgänglich, dass es spätestens am Tag vor dem großen Festschmaus fertig ist. Es handelt sich dabei um den Gâteau Berbelle. Dieser Kuchen ist ein richtiger Schmackofatz, rund wie eine gewöhnliche Torte, aber nur 2 cm hoch. Und so backe ich ihn: Eier trennen, die Eigelbe mit Butter und Zucker schaumig rühren, weißen Rum hinzufügen. Die Zartbitterschokolade zerstückeln, behutsam in einem schweren Topf schmelzen lassen, in die Butter-Zucker-Eigelb-Mischung gießen und gut verrühren. Da hinein das Mehl sieben und ebenfalls unterrühren.

Nun die Eiweiße steif schlagen, 2 EL von dem Eischnee unter den Teig rühren, damit er geschmeidig wird. Dann den restlichen Eischnee vorsichtig unterheben, bis nichts Weißes mehr zu sehen ist. Zuletzt den Teig in eine gebutterte Springform von 18 cm Durchmesser füllen und auf den unteren Rost im auf 180° vorgeheizten Backofen stellen. Nach 15 Minuten die Mandelstifte über den unfertigen Kuchen verteilen und weitere 20 Minuten backen. Herausnehmen und erkalten lassen. Schließlich verpacke ich den Kuchen luftdicht in Alufolie und lasse ihn über Nacht an einem kühlen Ort ruhen, damit er nicht austrocknet, während sein Aroma immer intensiver wird.

Entrée

Paprikasuppe mit Pastis

Für 4 Personen

4 große rote Paprikaschoten
4 dicke Schalotten
2 EL gehackter Ingwer
2 EL Pastis
Hühnerbrühe
evtl. Kürbiskerne

Auch die Suppe – eine Paprikasuppe mit Pastis – kann ich, wenn ich will, schon am Tag vor dem Fest vorbereiten.

Dazu zerteile ich die Paprikaschoten, entferne die Kerne und die bleichen Rippen im Inneren und schneide die Paprika in kleine Stücke. Dann würfle ich die Schalotten sehr fein und schwitze sie in Olivenöl an. Ich gebe die Paprika dazu sowie den gehackten, frischen Ingwer und den Pastis, gieße eine Tasse Hühnerbrühe an und lasse alles köcheln, bis die Paprikastücke weich sind, vielleicht 20 Minuten. Dann püriere ich die Suppe und streiche sie durch ein Sieb. Ich gieße weitere Hühnerbrühe an, bis die Suppe die richtige Konsistenz hat, und schmecke sorgfältig ab.

Hauptgericht

Roastbeef mit Lauchgemüse

Für 4 Personen

Für das Roastbeef:
1000 g Roastbeef
schwarzer Pfeffer
Meersalz
Butter
Olivenöl

Für das Lauchgemüse:
3 große Stangen Lauch
2 EL salzige Butter
2 TL Currypulver
1 Glas trockener Weißburgunder
1 Limone
1 TL Korianderkörner
250 g Sahne
Salz

Vorbereiten kann ich auch das Lauchgemüse, die Beilage zu unserem Hauptgang.

Dazu schneide ich von den Lauchstangen das Weiße und Hellgrüne in kurze Stücke, schwitze sie in salziger Butter an, bestreue sie mit Currypulver und begieße sie mit trockenem Weißburgunder. Hinzu kommen der Saft von einer Limone sowie die gemörserten Korianderkörner. Abschließend die flüssige Sahne. Dann Deckel drauf und circa 15 Minuten köcheln lassen. Abschmecken und nach Belieben salzen.

Etwa zwei Stunden bevor das große Schmausen beginnen soll, fange ich an, mich um den Fleischgang zu kümmern.

Es handelt sich um ein Roastbeef. Ich setze voraus, dass der Biometzger das Fleisch bereits sorgfältig pariert, das heißt: alle Häute vollkommen abgeschnitten hat. Das Fleischstück sollte nicht höher als 4 bis 5 Zentimeter sein. Ich reibe es von allen Seiten mit frisch geschrotetem schwarzen Pfeffer ein. Den Backofen heize ich auf nur 75° vor und stelle eine flache Bratform auf den Herd. Darin lasse ich Olivenöl und Butter heiß werden. Nun bestreue ich eine Fleischseite mit gemörsertem Meersalz und lege sie in das heiße Fett. Während sie Farbe annimmt, salze ich auch die noch andere Seite und drehe den Braten um. Nach maximal einer Viertelstunde vorsichtigen Anbratens schiebe ich die Form in den Backofen und vergesse sie für gut 100 Minuten.

Das gibt mir Zeit, das Lauchgemüse als Beilage zu produzieren, falls ich das noch nicht am Vortag erledigt habe. Und ich kann die Vorbereitungen für den einzigen Gang treffen, den ich à la minute zubereiten muss, während meine Gäste schon am Tisch sitzen.

Zwischengericht
Garnelenschwänze mit Chorizo und Safran

Für 4 Personen

16 große Garnelenschwänze
100 g scharfe Chorizo
½ TL Safranfäden
Olivenöl
Meersalz
1 Limone
2–3 Knoblauchzehen

Ich befreie also die Garnelenschwänze aus ihrem Panzer und entferne den schwarzen Darm mit einem spitzen Messer. Dann zerlege ich ein Stück Chorizo in sehr kleine Würfel, zerreibe die Safranfäden im Mörser, viertle eine Limone und stelle Olivenöl sowie eine Pfanne bereit.

Dann serviere ich als ersten Gang die Paprikasuppe, in die ich vielleicht, einer spontanen Eingebung folgend, ein paar Kürbiskerne gestreut und – wenn keine Kinder am Tisch sitzen – noch einen Löffel Pastis gerührt habe. Wenn ich in die Küche zurückkehre, prüfe ich, ob das Roastbeef fertig ist, nämlich innen dunkelrosa und zart. Ich erkenne das daran, dass es auf Fingerdruck elastisch nachgibt. Ist es so weit, muss es im ausgeschalteten Ofen bei geöffneter Tür noch mindestens zehn Minuten ruhen.

Um den zweiten Gang fertigzustellen, brauche ich nicht mehr als vier Minuten, die Garnelen mit Chorizo und Safran.

Ich erhitze das Öl in der Pfanne, gebe den Safran und die Chorizo hinein und dann sofort die Garnelen. Ich schüttele die Pfanne, damit die Tiere von allen Seiten mit dem heißen Öl in Berührung kommen und Farbe annehmen. Gleichzeitig salze ich mit Meersalz, drücke die Limonen darüber aus und presse (nach vorheriger Volksbefragung) 2 oder 3 Knoblauchzehen in die Pfanne. Dann aber sofort auf die Teller mit den Garnelen! Sie sollen ja noch knackig sein. Dazu gibt es nur Baguette, mit dem man den Bratsaft gegen jede Etikette auftunken kann.

Nachdem auch das Roastbeef mit Lauchgemüse verspeist ist, schlage ich leicht gesüßte Sahne steif und verteile sie auf der Oberfläche des Gâteau Berbelle. Spätestens jetzt sind mir die Jubelrufe meiner Gäste sicher. Und danach beglückender Weihnachtsfrieden!

Zum Schluss noch ein Wort zum Wein: Deutsche Winzer produzieren heute wunderbare weiße und graue Burgunder und sogar erstklassige Chardonnays, die es problemlos mit den deftigen Gambas aufnehmen können. Ich würde sie sogar zum Hauptgang trinken, bei dem ja keine schwere Bratensauce nach Rotwein verlangt. Zum Schokokuchen bieten sich Scheureben, Rieslaner Auslesen und Rieslinge mit hoher Restsüße an.

Menü 2009

KAROTTENCREME MIT INGWER

HECHTKLÖSSCHEN MIT RIESLING-SAFRAN-SAUCE

ENTENBRATEN MIT SELLERIE UND PASTINAKENPÜREE

KERNÖLPARFAIT

Weihnachten ist die Wurzel von allem – meinen zumindest die Christen. Und deshalb passt dieses Menü so besonders gut zum bevorstehenden Fest: Zum einen kommen dreierlei Wurzeln und Knollen in ihm vor (Karotten, Sellerie und Pastinake), weil man die jetzt mehr und mehr auf den Märkten sieht und immer neue Möglichkeiten kennenlernt, sie delikat zuzubereiten.

Zum anderen aber hat das Vorbild der Nazarener Kleinfamilie Schule gemacht. Auch bei uns werden die Familien immer kleiner, was es ratsam erscheinen lässt, den Weihnachtsbraten ebenfalls zu verkleinern. Und was ist kleiner als eine Gans? Klar: die Ente!

Wir servieren also: erstens eine Karottencreme mit Ingwer, zweitens Hechtklößchen mit Riesling-Safran-Sauce, drittens Entenbraten mit Sellerie und Pastinakenpüree, viertens ein Kernölparfait. Doch wie Sie wahrscheinlich ahnen, kochen wir die Dinge nicht in dieser Reihenfolge, sondern gehen so vor, dass am Weihnachtstag möglichst wenig Hektik in der Küche ausbricht. Wir beginnen mit den Vorbereitungen also schon am Vortag.

Zwischengericht

Hechtklößchen mit Riesling-Safran-Sauce

Für 4 Personen

Für den Fischsud:
ca. 600 g Fischabschnitte (Haut, Gräten, Kopf)
100 g Zwiebeln
100 g Sellerieknolle
100 g Lauch
3 Champignons
Lorbeer
Nelke
weißer Pfeffer
750 ml Wasser
375 ml trockener Weißwein

Für die Hechtklöße:
800 g Fischfilets
3 Eier
500 ml Sahne
Salz
Pfeffer

Für die Riesling-Safran-Sauce:
Fischsud
1 Glas Riesling
Sahne
Safran
2 Eigelb

Um Fischklöße herzustellen, verwendet man traditionellerweise einen Hecht. Weil sein Fleisch in dieser Form besonders gut schmeckt, sagen die einen. Die anderen sehen es nüchterner: Der Hecht hat furchtbare Gräten. Nur wenn er püriert ist, muss die ängstliche Familie die bedrohlichen Widerhaken nicht mehr fürchten. Natürlich kann man statt des sehr seltenen Hechts auch einen Zander verarbeiten. In jedem Fall aber sollte man mit etwa einem Drittel Abfall rechnen. Also kaufen wir pro Portion etwa 350 Gramm Fisch, einschließlich Kopf und Haut, um 200 Gramm Filet zu erhalten.

Wobei »Abfall« – wie die Profiköche unter meinen Freunden nicht müde werden zu betonen – natürlich die falsche Vokabel ist, denn aus den »Abschnitten«, die beim Filetieren übrig bleiben, bereite ich – am Vortag des Festes – einen Fischsud.

Ich koche also die üblichen klein geschnittenen Gemüse (Zwiebeln, Sellerieknolle, Lauch, Champignons) mit dem Lorbeerblatt, mit Nelke und weißem Pfeffer und den Fischabschnitten in Weißwein und Wasser auf, lasse alles gründlich durchziehen, seihe ab und stelle den Sud nach dem Erkalten in den Kühlschrank.

Gleichzeitig kann ich die Masse für die Hechtklößchen vorbereiten. Wobei es wichtig ist, dass ich alle Zutaten sehr kalt verarbeite, denn ansonsten fallen sie leicht auseinander. Und Mehl, diese Krücke für den lahmen Koch, kommt in diesem Rezept selbstverständlich nicht vor!

Zuerst wird das Fischfleisch völlig von den Häuten gesäubert und entgrätet, wobei ich eine Pinzette zu Hilfe nehme. Dann hacke ich es mit dem Messer in hübsche Würfel. Die werden noch einmal sehr gut gekühlt und dann zusammen mit den gekühlten Eiern, sehr kalter Sahne, Salz und Pfeffer mit einem Elektromixer verquirlt, bis sich eine homogene Masse bildet. Das sollte nicht länger als 30 Sekunden dauern. Abschmecken und bis zu 24 Stunden kalt stellen. (Wahre Profiköche streichen die Masse vorher durch ein Bäckersieb.)

Dessert
Kernölparfait

Für 4 Personen

140 g Zucker
Vanillezucker
4 Eigelb
2–4 cl Kürbiskernöl
500 ml Schlagsahne
evtl. Kumquats zum Garnieren

Unbedingt muss am Tag vor dem Fest außerdem das Dessert vorbereitet werden – schließlich handelt es sich um ein Eis, das erst noch frieren muss. Das Rezept für das Kernölparfait stammt aus der Südsteiermark, weshalb dem Kenner sofort klar ist, um welche Kerne es sich nur handeln kann: »Kernöl« sagen die Österreicher und meinen das Öl aus Kürbiskernen.

Ich schlage eine Sabayon aus Eigelb, Zucker und Vanille über Dampf auf, vermische sie mit Kürbiskernöl und hebe steif geschlagene Sahne unter, bevor ich die Masse in eine passende Form fülle und ins Eisfach stelle.

Ich könnte jetzt noch all die Gemüse klein schnippeln, die ich am nächsten Tag für Suppe und Beilagen brauchen werde, und könnte sie gut verpackt im Kühlschrank bereitstellen, wie das auch Profiköche tun, wenn sie *mise en place* arbeiten.

Aber ich habe willfährige Helfer, die mit dem Messer umgehen können.

Entrée
Karottencreme mit Ingwer

Für 4 Personen

1 Schalotte
1 pflaumengroßes Stück Ingwer
20 g Butter zum Andünsten
500 g Karotten
½–1 EL Zucker
750 ml Hühnerbrühe oder Fleischbrühe
100 g Crème fraîche
100 g Sahne
2 TL Tomatenmark
1 TL Curry
Salz
weißer Pfeffer

Also beginne ich erst am Tag des großen Festschmauses mit der Zubereitung der Karottencreme, schwitze klein gehackte Schalotte und Ingwer für 10 bis 15 Minuten in Butter an (nicht bräunen!), gebe in Scheiben geschnittene Karotten dazu, streue Zucker darüber, gieße mit ungefähr zwei Dritteln der Brühe auf, salze und lasse die Karotten 10 bis 15 Minuten weich köcheln. Dann kommt mein Pürierstab zum Einsatz, und falls der Karottenbrei zu dickflüssig ist, gieße ich noch etwas Brühe zu, bevor das Ganze mit Crème fraîche und Sahne verfeinert wird und noch etwas einkochen darf.

Hauptgericht
Entenbraten mit Sellerie und Pastinakenpüree

Während das alles geschieht, kommt die Ente ins Spiel. Diese delikaten Vögel sind so selten geworden, dass man in den Zoo gehen muss, um sie zu entdecken – oder ins Gourmetrestaurant. Hausfrauen schrecken vor der Ente zurück. Weil sie fett ist, sagen sie. Doch Fett schützt die Ente nicht nur vor kalten Gewässern, sondern auch vor der Hitze des Ofens. Enten mit einer vernünftigen Fettschicht werden beim Braten nicht so leicht trocken.

Ein anderer Einwand ist die Schwierigkeit, die Ente zu tranchieren. Und ihr anzusehen, ob sie gar ist. Anders als beim Huhn besagt die Bräunung der Haut nicht viel. Unter ihr kann trotzdem die blutigste Rohheit herrschen. Nur ein Einschnitt zwischen Körper und Keule verrät mir, wie es um den Braten steht. Ist der austretende Saft rosa, ist der Vogel noch blutig und muss zurück in die Hitze. Eine normal große Ente braucht im 200° heißen Ofen rund 40 Minuten.

Ich reibe die Ente also von innen und außen mit Salz und Pfeffer ein, schneide die Haut mehrfach ein, damit das Fett ablaufen kann, lege den Vogel in eine passende Bratform, übergieße ihn mit Chili-Öl und

Für 4 Personen

Für den Entenbraten:
2 Enten
Pfeffer
Salz
Chili-Öl
Banyuls
Piment
Koriander
Szechuan-Pfeffer
Tabasco
Limonensaft
Zimt
Curry
Kardamom
Balsamico

Für das Selleriegemüse:
1 große Sellerieknolle
Chili-Öl
Weißwein
Zitronensaft
Salz
etwas Butter

Für das Pastinakenpüree:
2–3 Pastinaken
1 weiße Zwiebel
etwas Butter
Bouillon
Pfeffer
Salz
andere Gewürze nach Belieben

brate ihn rundum leicht an. Dann stelle ich die Form in den vorgeheizten Ofen. Wichtig ist, dass die Ente während der gesamten Bratzeit auf den Keulen liegt.

Inzwischen kümmere ich mich wieder um die Hechtklößchen, erhitze den Fischsud auf 80°, forme aus der Masse mit 2 Löffeln Klößchen und lasse sie im Sud simmern. Nach zehn Minuten stelle ich den Topf zur Seite. Dort können die Klöße gefahrlos auf die Sauce warten.

Die ist nichts anderes als eine Sabayon, die mit dem Kochsud der Klöße sowie zwei Eigelb montiert und mit Safran gelb gefärbt wird. Gleichzeitig bekommt sie durch ein Glas Riesling das erwünschte raffinierte Aroma. Dazu Fischsud gründlich einkochen und abkühlen lassen. Mit Wein und Eigelb über Dampf aufschlagen, mit Safran würzen, Sahne zufügen und abschmecken. Nicht mehr kochen lassen! Im Elsass isst man zu den Hechtklößchen Nudeln, bei mir gibt es Reis oder Baguette.

Nach 40 Minuten im Ofen nehme ich die Ente aus dem Bräter und schneide ihr beide Keulen ab. Wenn sie noch halb roh sind, stecke ich sie sofort zurück ins Rohr, wo sie 20 Minuten lang weitergaren dürfen. Währenddessen schneide ich die beiden Brüste von der Karkasse, stelle sie warm und entfette den Bratensaft, um ihn danach zu würzen. Das ist die Stunde des Zauberers: Aus seinem Zylinder zieht er Pimentkörner (gemörsert), Koriander oder Szechuan-Pfeffer (gemahlen), einen Süßwein wie Banyuls (oder Maury; glasweise), Balsamico (löffelweise), Tabasco und Limone (Tropfen), Zimt, Curry, Kardamom (eine Prise) ...

Als Beilage zur Ente passt alles, was einen konkreten Eigengeschmack hat. Klassisch ist der Rotkohl. Ich aber habe mich für Sellerie entschieden. Die rohe Knolle schäle ich und schneide sie in kleine Schnitzel. Die werden in der Pfanne in Chili-Öl angebraten, mit Weißwein abgelöscht, anschließend wird Zitronensaft zugegeben und nicht zu weich gedünstet. Abschließend etwas Butter einrühren und abschmecken. Nur feucht, nicht suppig werden lassen.

Ambitionierte Hobbyköche werden beim Abschmecken entdecken, dass sie jetzt mit ihren Gewürzen in den originellen Bereich vordringen können. Dafür eignet sich der unempfindliche Sellerie gut, wie auch die Ente und ihre Sauce. Vom Honig über Zimt und Sojasauce bis zum Ingwer und zur Orangenmarmelade ist alles möglich. Die Aromen brauchen nur ein Gegengewicht, und das ist der Moment, in dem der geniale Experimentator seine Küchenhelfer nervös macht, weil er immer wieder abschmeckt, hiervon eine Prise hinzufügt und davon einige Tropfen.

Als zweite Beilage empfehle ich eine weitere Rübe, nämlich die in Irland populäre Pastinake, die sich in ein herrliches Püree verwandeln lässt. Dazu wird sie zuerst geschält und gewürfelt. Dann würfelt man eine weiße Zwiebel und lässt sie in Butter zart anschwitzen. Darauf die Rübenschnitze, in ganz wenig Bouillon weich dünsten – Vorsicht, es darf nicht flüssig werden. Ich püriere mit dem Mixstab, streiche die Masse durch ein Sieb – und würze sie mit Salz, Pfeffer und vielleicht mit etwas Curry und Koriander, sodass sie mit dem kräftig schmeckenden Sellerie und der nicht minder markanten Ente harmoniert. Eine Sache des Fingerspitzengefühls.

Die Karottencreme schmecken wir vor dem Servieren mit Tomatenmark, Curry, Pfeffer und Salz ab, schäumen sie mit dem Mixstab etwas auf, servieren sie sofort und lassen dann einen Gang dem anderen folgen, bis keiner unserer Gäste mehr papp sagen kann. Frohe Weihnachten!

RAGOUT FIN IN BLÄTTERTEIGPASTETE

THAILÄNDISCHE HÜHNERSUPPE MIT CURRY UND KOKOSMILCH

GEDÄMPFTES KABELJAUFILET

ZIMTPARFAIT MIT WEINSCHAUMCREME

Weihnachten ist, wie jeder weiß, die Zeit der Wunder: das Wunder von Bethlehem. Das Wunder der jungfräulichen Geburt. Das Kabeljau-Wunder. Jawohl: Dieser Fisch (der auch Dorsch heißt, so er aus der Ostsee kommt) galt als stark gefährdet. Doch zurzeit wird er wieder überall angeboten, und man darf ihn mit gutem Gewissen essen, wenn er das Unbedenklichkeitssiegel des Marine Stewardship Council trägt oder sonst in der richtigen Gegend gefangen wurde (in der Nordostarktis zum Beispiel, in der östlichen Ostsee oder im Nordostpazifik).

Die Eigenschaften des Kabeljaus, der dabei noch nicht einmal teuer ist, müssten ihn eigentlich zum edelsten aller Edelfische machen: Er wird nicht so schnell trocken wie der Thunfisch, seine Größe und seine Struktur lassen den fatalen Vorsatz, ihn braten zu wollen, erst gar nicht aufkommen. Die wenigen Gräten, die man in seinem Fleisch findet, sind keine tückischen Nadeln mit Widerhaken, sondern harmlose dicke Lanzen. Er ist saftiger als ein Steinbutt und behält diese wunderbare Konsistenz auch noch minutenlang, nachdem man ihn aus dem Topf gehoben hat. Dem Kabeljau bekommt das Dämpfen besser als jede andere Garmethode, und gedämpfter Fisch ist leicht und bekömmlich.

Deshalb bildet ein Kabeljau diesmal das Hauptmotiv unseres Weihnachtsmenüs. Für alle, die damit nicht einverstanden sind, gibt's im nächsten Jahr wieder ein mächtiges Fleischgericht. Etwa Ente oder Murmeltier. Den Kabeljau in diesem Jahr aber wollen wir als Delikatesse pur genießen. Deshalb verzichten wir darauf, den feinen Fisch mit albernen Saucen, Kräutermantel und dergleichen zu belästigen, womit unsensible Köche sonst gerne angeben. Geschmolzene Süßrahmbutter, vielleicht mit ein paar Kapern aromatisiert, und sonst nichts: Das bringt des Kabeljaus Größe am besten zur Geltung.

Umso mehr Mühe können wir uns mit den Vorspeisen geben. Davon gibt es dieses Jahr sogar zwei. Bei beiden bildet Fleisch die Grundlage, beide lassen sich, was unabdingbar ist für ein Weihnachtsmenü, sehr gut vorbereiten, und zwar auch schon am Tag vor dem großen Schmaus.

Entrée
Ragout Fin in Blätterteigpastete

Die erste, festlichere Vorspeise geht auf die Erfindung von Maria Leszczyńska zurück, der Gattin Ludwigs XV. Das Rezept wird in Frankreich *bouchée à la reine* genannt, in unserer bürgerlichen Küche Ragout fin. Im Elsass gehört es bis heute zu jedem Weihnachtsmenü, weshalb es ganz vorzüglich in unseres passt.

Es handelt sich dabei um ein Ragout aus hellem Fleisch, Innereien und Champignons, das in kleinen Schälchen oder in Blätterteigförmchen serviert wird, die wiederum in republikanischen Kreisen jenseits des Rheins *vol-au-vents* genannt werden.

Besonders eifrige Leserinnen und Leser werden auch die Blätterteigförmchen selber herstellen wollen, was allerdings ziemlich schwierig ist: Profiköche müssen so etwas bei ihrer Meisterprüfung vorführen. Deshalb gehe ich lieber zum Konditor und bestelle pro Person eine runde Blätterteigpastete von etwa fünf Zentimeter Durchmesser samt Deckel.

Für 4 Personen

150 g Kalbsbries
200 g mageres Kalbfleisch
150 g Kalbszunge
200 g Hühnerbrust
100 g Champignons
2 Schalotten
Butter
Noilly Prat
Hühnerbrühe
Essig
Salz
Pfeffer
Zitrone
Kapern
evtl. Mehl und Sahne
4 Blätterteigpasteten

Die Füllung jedoch ist eine schöne Herausforderung für jeden Hobbykoch. Die klassischen Zutaten sind Hühnerbrust, mageres Kalbfleisch, Kalbsbries, Kalbszunge und Champignons, doch ich empfehle, bei der Zubereitung des Ragouts hemmungslos zu variieren: das Bries oder die Zunge wegzulassen oder Hummerstücke, Nordseekrabben, Backen und Leber vom Seeteufel, Hahnenkämme oder Sot-l'ylaisse zu verwenden, die ausgelösten Rückenstücke vom Huhn – von schwarzen Trüffeln ganz zu schweigen.

Am Vortag schon sollten Sie das Bries wässern, parieren, in Essigwasser circa 15 Minuten pochieren, dann in nicht zu kleine Würfel schneiden. Die gekochte oder gepökelte Zunge, das Kalbfleisch und die gekochte Hühnerbrust (kann zum Beispiel von dem Vogel stammen, aus dem Sie die Brühe für den zweiten Gang bereitet haben) sowie die Champignons ebenfalls in gleich große Stücke würfeln.

Die fein gehackten Schalotten in Butter glasig werden lassen, Kalbsbrieswürfel zugeben, danach die Champignons, die Hühnerbrust und die Zunge. In klassischen Ragout-fin-Rezepten werden die angebratenen Fleischstücke anschließend mit einer weißen Sauce auf Basis einer Mehlschwitze vermischt, doch entsteht eine wesentlich leichtere, elegantere Sauce wie von selbst, wenn man beim Braten mit Wein oder Noilly Prat ablöscht und das Ganze einkochen lässt. Gleichzeitig in einer zweiten Pfanne die Würfel von rohem Kalbfleisch in Butter anbraten, Fleischsaft reduzieren lassen und alles zu der Bries-Champignon-Fleisch-Mischung geben. Mit etwas Hühnerbrühe auffüllen und wieder einkochen lassen. Und beim Würzen ist wiederum eine erfahrene Zunge notwendig, welche sofort erkennt, dass ein Löffel Kapern Wunder wirken kann und etwas Zitronensaft wieder einmal unerlässlich ist. Zuletzt, wenn nötig, mit ganz wenig Mehl binden, das in Sahne angerührt ist, und das Ragout kühl stellen.

Vor dem Servieren: das Ragout mit wenig Flüssigkeit vorsichtig in einem Kochtopf erhitzen, die Blätterteigpasteten im Rohr vorwärmen, mit dem Ragout füllen und servieren.

Zwischengericht
Thailändische Hühnersuppe mit Curry und Kokosmilch

Für 4 Personen

1 Suppenhuhn
Suppengemüse und -gewürze
2 Schalotten
1 großes Stück Ingwer
12 Kirschtomaten
Olivenöl
Curry
1 Dose Kokosmilch
Cayennepfeffer
Salz

Nach dieser gloriosen Ouvertüre kann es nun ruhig und besonnen zugehen. Also ist eine Suppe fällig. Sie hat einen thailändischen Hintergrund, das bedeutet, sie enthält neben Hühnerbrühe, Fleisch vom Hühnerbein, Schalotten und Salz auch Kokosmilch, Curry und Ingwer. Aus dem Huhn und dem Suppengemüse eine Hühnerbrühe kochen, das Hühnerfleisch (vorzugsweise von den Keulen) von den Knochen lösen und in Streifen schneiden. Schalotten und Ingwer sehr fein hacken, die Tomaten häuten. In einem großen Topf oder einem Wok das Öl heiß werden lassen, die Schalotten und den Ingwer anbraten, die Tomaten und das Hühnerfleisch dazugeben, dann den Curry und die Kokosmilch. Ein paar Minuten einkochen lassen, mit Brühe auffüllen, mit Salz und Cayennepfeffer abschmecken. Das alles können Sie schon am Vortag tun und die Suppe dann kühl stellen. Vor dem Servieren: Suppe erwärmen und, wenn nötig, noch einmal abschmecken.

Hauptgericht
Gedämpftes Kabeljaufilet

Die besten Stücke vom Kabeljau sind die Rückenfilets, die auch als »Loin« verkauft werden. Je nach Gefräßigkeit der Weihnachtsgäste brauche ich pro Person 120 bis 200 Gramm. Als Beilage gibt es Salzkartoffeln, wer will, kann auch Blattspinat mit Knoblauch und Pinienkernen, Kartoffelpüree oder glacierte Karotten servieren. Wichtig ist, dass die Beilagen schon fertig sind, wenn man sich unmittelbar vor dem Servieren den Fischstücken zuwendet.

Für 4 Personen

4 Kabeljaufilets
Petersilie
Salz
evtl. Zitrone
Süßrahmbutter
1 EL Kapern

Beilagen nach Belieben:
Besonders gut passen Blattspinat mit Knoblauch und Pinienkernen, Salzkartoffeln, Kartoffelpüree oder glacierte Karotten

Mein Bambusdämpfer (billig, praktisch und in verschiedenen Größen erhältlich) besteht aus drei Etagen. Jede belege ich mit leicht gesalzener Kräuselpetersilie. Darauf finden die ebenfalls nur leicht gesalzenen Filets ihren Platz. Nun werden Handy und Küchenradio abgeschaltet, dann die Kinder aus der Küche entfernt, ich staple die Etagen aufeinander und stelle den Turm auf einen Topf mit kochendem Wasser. In dem Dampf, der durch die Etagen dringt, sind die Filets in vier Minuten gar. Nicht länger! Sofort vom Dampf nehmen und die Filets auf die vorgewärmten Teller platzieren. Mit geschmolzener Butter übergießen, wer will, streut ein paar Kapern darüber, und fertig ist der Lack! Die Filets müssen noch halb roh sein, das heißt: noch nass zwischen den Lamellen. Auf diese Art ist der Kabeljau zum Luxusprodukt geworden. Und wenn Sie unbedingt ein paar Zitronentropfen dazugeben wollen, halten Sie Maß!

Dessert

Zimtparfait mit Weinschaumcreme

Für 4 Personen

3 große oder 4 kleine Eier
125 g Zucker
1 TL Zimt gemahlen
3 Pimentkörner fein gemörsert
4 cl Aprikosenbrand
500 ml geschlagene Sahne
1 Handvoll getrocknete Aprikosen
1 Päckchen Vanillezucker
100 ml süßer Wein
(z. B. Riesling Spätlese)

Für das Dessert brauchen Sie kein Valium. Erstens haben Sie ein Parfait schon oft gemacht, und zweitens werden Sie es am Tage vorher zusammenrühren. Nämlich Eigelb mit Zucker über dem Wasserbad schaumig schlagen, Zimt und Aprikosenschnaps dazugeben sowie Pimentkörner (Nelkenpfeffer), die im Mörser sehr fein zermahlen wurden, weiterschlagen. Sodann schlage ich Sahne steif, hebe sie zusammen mit fein gewürfelten getrockneten Aprikosen unter die zuckrige Masse und fülle alles in eine wohlgefällige Porzellanschüssel. Das Eisfach des Kühlschranks genügt für die Übernachtung.

Am Weihnachtstag bekommt das Parfait einen Weinschaum als Begleiter. Dazu werden Eigelb und Zucker über dem Wasserbad schaumig geschlagen. Nach und nach Vanillezucker und Süßwein zugießen und schlagen, bis eine schaumige Creme entsteht. Das Eis mit einem zuvor in heißes Wasser getauchten Löffel portionieren, mit der Weinschaumcreme umgießen.

KONFIERTE SAIBLINGSFILETS MIT OLIVENFLEURONS

KAROTTEN-SELLERIE-KOKOS-SUPPE MIT INGWER UND ZITRONENGRAS

GEFÜLLTE KALBSBRUST

MAHLBERGER SCHLOSSKUCHEN

Das Weihnachtsmenü dient dem Zweck, Freunde und Familien um einen Tisch zu versammeln. Das ist nichts Neues. So war es immer, und meistens hat es gut funktioniert. In diesem Jahr aber soll das Menü noch einen zweiten Zweck haben: Es soll zum Abbau unserer Ängste beitragen, der Angst vor einem vermeintlich komplizierten Gericht, einem Paradestück der klassischen Küche: der gefüllten Kalbsbrust.

Viele fürchten sich ja schon vor dem Füllen einer Weihnachtsgans, obwohl die Natur ihr die praktische Eigenschaft eines Rucksacks verliehen hat: Man kann in sie hineinstopfen, was man will. Eine Kalbsbrust jedoch scheint dafür gänzlich ungeeignet: ein flaches Stück Fleisch, keine Öffnung außen und kein Lagerraum drinnen.

Die Lösung ist einfach: Lassen Sie den Metzger machen! Meiner heißt Peter Dirr, residiert in Endingen am Kaiserstuhl und ist der Vorzeigemetzger des Breisgaus. Bei ihm habe ich rechtzeitig eine Kalbsbrust bestellt und habe ihn gebeten, sie für die Füllung vorzubereiten, sie »auszulösen« und zu »unterschneiden«, wie der Fachmann sagt.

Also die Rippen zu entfernen und eine ausreichend große Tasche zwischen die Fleischschichten zu schlitzen. Der Rest, Sie werden es sehen, bedarf keines Metzgers, sondern eines Kochs.

Vor der gefüllten Kalbsbrust wollen wir konfierte Saiblingsfilets servieren sowie eine Karotten-Sellerie-Kokos-Suppe mit Ingwer und Zitronengras. Und als Dessert gibt es diesmal einen Kuchen.

Was den Vorteil hat, dass dieser vierte Gang sich – wie überhaupt der Großteil des Menüs – hervorragend vorbereiten lässt. Das kann sich wiederum positiv auf den Weihnachtsfrieden auswirken, weil die Köchin (oder der Koch) unmittelbar vor der Schmauserei nur noch wenige Handgriffe zu erledigen hat.

Dessert
Mahlberger Schlosskuchen

Für 4 Personen

6 Bio-Eier
300 g Butter
190 g Zucker
1 Päckchen Bio-Vanillezucker
abgeriebene Schale einer halben Zitrone
Salz
250 g Mehl
50 g Speisestärke
50 g Orangeat
50 g Walnusskerne
50 g Zartbitterschokolade
50 g Rosinen

dazu Schlagsahne und evtl. Rumfrüchte, Eiscreme oder Kompott

Der Kuchen – es handelt sich um den beliebten »Mahlberger Schlosskuchen« in leicht veränderter Form – muss sogar schon zwei bis drei Tage vor dem Fest gebacken werden, denn nur wenn er so lange gut in Folie eingepackt ruht, entfaltet er sein ganzes Aroma. Ich rühre also (rechtzeitig) die Butter mit dem Zucker schaumig, mische die abgeriebene Zitronenschale, den Vanillezucker und eine Prise Salz dazu, trenne die Eier, rühre das Eigelb nach und nach unter und schlage das Eiweiß steif. Dann siebe ich das Mehl und die Speisestärke in den Teig, gebe die in Traminer eingeweichten Rosinen, die gehackten Walnusskerne, gehackte Zartbitterschokolade und Orangeat dazu, hebe den Eischnee vorsichtig unter und fülle das Ganze in eine gebutterte Kastenform. Für eine knappe Stunde in den auf 180° vorgeheizten Ofen schieben. Beten!

Zwischengericht

Karotten-Sellerie-Kokos-Suppe mit Ingwer und Zitronengras

Am Tag vor dem großen Festmahl bereite ich die Suppe vor. Dafür schneide ich Karotten und eine Selleriestaude in Stücke, hacke Schalotten, Ingwer und das Zitronengras klein, dünste alles in Olivenöl an und werfe, weil ich es gern scharf mag, eine kleine Chilischote ins Gemüse. Dann lösche ich mit Noilly Prat ab, lasse alles einkochen, fülle mit Hühner- oder Gemüsebrühe auf und lasse das alles bei geschlossenem Deckel köcheln, bis das Gemüse weich ist. Pürieren, durch ein Sieb passieren, Kokosmilch zugeben und noch einmal 10 Minuten köcheln lassen. Beiseitestellen, über Nacht kühlen!

Auch die Fleurons (siehe Zutatenliste auf S. 211), die wir zum ersten Gang reichen, lassen sich gut vorbereiten: Blätterteig ausrollen, eine Hälfte mit Tapenade bestreichen, andere Hälfte darüberklappen und eine hübsche Form ausstechen. Mit verquirltem Eigelb bestreichen und nach Anleitung goldgelb backen. Und wenn Sie es am Weihnachtsmorgen ganz entspannt haben wollen, können Sie am Vorabend schon die Kalbsbrust füllen und das Gemüse schneiden.

Für 4 Personen

500 g Karotten
250 g Stangensellerie
2 Schalotten
1 großes Stück Ingwer
1 Stange Zitronengras
1 Chilischote
Olivenöl
1 Glas Noilly Prat
750 ml Hühner- oder Gemüsebrühe
1 Dose Kokosmilch
4 Scheiben Lardo
Korianderblätter

Hauptgericht
Gefüllte Kalbsbrust

Für 4 Personen

1 Kalbsbrust
Paprikapulver (süß)
Salz
Butter
5 Eier
500 g Brioche und/oder Weißbrot
100 g Früchtebrot
3 EL Sahne
Liebstöckel
Kalbsknochen
Kalbsfond
5 Karotten
½ Sellerieknolle
1 Lauchstange
2 Petersilienwurzeln

Nach Belieben die durchgeseihte Bratenflüssigkeit mit einer Mehl-Sahne-Mischung binden und mit etwas Zitronensaft, Kardamompulver und Salz würzen

Zunächst wird die Kalbsbrust innen und außen mit Paprikapulver und Salz eingerieben. Aber was kommt nun hinein? Bequem, wie ich bin, könnte ich eine Füllung wie für die Weihnachtsgans verwenden. Oder viel Weißbrot mit Speck und Rührei. Ideal wäre eine Mischung aus Brioche, Kalbsbries und Trüffel. Oder Brioche, Trüffel und Foie gras. Aber das überlassen wir den gemütsrohen Franzosen.

Brioche jedoch muss sein! Davon brauche ich einen großen Hut voll – fingerdicke Scheiben, in Würfel geschnitten. Diese werden in reichlich Butter goldgelb angebraten. Sodann schneide ich die weihnachtliche Spezialität Europas, ein Früchtebrot, in kleinere Würfel. Aus Butter und den Eiern ein cremiges Rührei bereiten und mit den verschiedenen Brotwürfeln mischen. Alles mit Liebstöckel und Sahne vermischen, salzen. Spätestens an dieser Stelle merkt unser Hobbykoch, dass er sich ganz auf seine Intuition verlassen darf. Er könnte jetzt an Ziegenkäse denken, an Mozzarella, an Wurstbrät, an Streifen von der Kalbsleber, an Blutwurst, an Kapern, an Champignons. Die meisten Experimente werden auch gelingen, weil der Füllung in der Fleischtasche nicht viel passieren kann – vorausgesetzt, unser Bocuse hat gut gewürzt. Womit er aber den Beifall der Familie, der Haustiere und der Kinder erreicht, das muss er vorher bedenken.

Das risikoscheue Familienmitglied überlegt nicht lange, sondern stopft die Füllung, wie sie ist, in die Fleischtasche und näht diese zu. Dafür gibt es spezielles Garn und große Nadeln, mit deren Hilfe unsere Urgroßmütter den halben Haushalt repariert haben, wenn sie nicht gerade den Bauch eines Wolfs mit Wackersteinen füllen mussten.

Etwa drei Stunden bevor die Schmauserei losgehen soll, heize ich den Ofen auf 150° Ober- und Unterhitze vor, verteile ein paar Kalbsknochen auf dem Boden eines Bräters, setze die gefüllte Kalbsbrust mit der Rippenseite nach oben darauf und schiebe sie ins Rohr bei 150°. Klappe zu. Alle 30 Minuten begieße ich die Kalbsbrust mit Fond oder dem Schmorsaft, nach 1½ Stunden wende ich sie und gebe ihr das in Stücke geschnittene Schmorgemüse für weitere 1 bis 1½ Stunden zur Gesellschaft. Sie sollte nach dieser Zeit goldbraun und schön aufgegangen sein. Und ich habe zwischen Aufgießen, Wenden und wiederholtem Aufgießen mit Kalbsfond Zeit, mich um den ersten Höhepunkt des Menüs zu kümmern, die konfierten Fischfilets.

Entrée

Konfierte Saiblingsfilets mit Olivenfleurons

Konfiert? Was, bitte, heißt das? Ich wusste es auch nicht. Plötzlich tauchte das Wort auf den Speisekarten der Kochstars auf wie das Wort »gegelt« in der Presse, als der Dingsda Minister wurde. Dann habe ich einem Koch beim Konfieren zugesehen und fragte mich, warum man es nicht »in warmem Öl gegart« nennt. »Warm«, das heißt: Die Temperatur des Öls darf für Fischfilets 65° keinesfalls überschreiten. Dazu braucht ein erfahrener Koch nicht einmal ein Thermometer. Er steckt nur den Finger kurz ins Öl: Tut's nicht weh, ist die Hitze okay. Der Vorteil dieser Garmethode ist, dass kein Fett in den Fisch eindringt; es transportiert nur die Wärme.

Das Öl also auf 50 bis 60° erwärmen und die Saiblingsfilets mit der Haut nach unten in die Pfanne legen. Eventuell einmal wenden, aber keineswegs länger als vier, fünf Minuten drinlassen! Sie sollen nicht durchgegart werden wie eine Makrele. Ihre Delikatesse besteht in der unglaublichen Zartheit. Mit Limonensaft beträufeln, salzen, nach Belieben noch mit etwas Öl begießen. Sie schmelzen auf der Zunge.

Weil das so schnell geht, könnte ich jetzt auch noch schnell eine feine Meerrettichsauce aus einer Schalotte, Sahne, frisch geriebenem Meerrettich, Mehl und Noilly Prat zusammenköcheln, durchpassieren und abschmecken.

Wenn sich die Begeisterung über den Fisch gelegt hat, serviere ich die erwärmte und noch einmal abgeschmeckte Suppe mit einigen Streifen Lardo (unter dem Grill kusprig werden lassen) und ein, zwei Blättchen Koriandergrün, danach die gefüllte Kalbsbrust mit einer Sauce, die ich aus dem Bratensaft fabriziert habe: die durchgeseihte Bratenflüssigkeit mit einer Mehl-Sahne-Mischung binden und mit etwas Zitronensaft, Kardamompulver und Salz würzen. Die Kalbsbrust quer in nicht zu dicke Scheiben schneiden und mit dem Schmorgemüse und der Sauce servieren. (Als zusätzliche Beilage – und Fleißaufgabe – böte sich geschmorter Chicorée an.)

Wenn danach irgendjemand noch irgendetwas essen will, hole ich den Mahlberger Schlosskuchen aus seiner Verpackung und serviere ihn mit Schlagsahne oder mit Rumfrüchten, einem Kompott oder mit Eiscreme. Oh, du fröhliche ...!

Für 4 Personen

Für die Saiblingsfilets:
4 Saiblingsfilets (mit Haut)
Olivenöl
Salz
1 Limone

Für die Fleurons:
1 Paket Blätterteig
1 Glas Tapenade
(Paste aus schwarzen Oliven Sardellen und Kapern)
1 Ei

Für die Meerrettichsauce:
1 Schalotte
1 Tasse Sahne
2 TL frisch geriebener Meerrettich
½ TL Mehl
1 Glas Noilly Prat

Menü 2012

FISCHTATAR

BOLLITO MISTO MIT POLENTA UND GLASIERTEN INGWERKARTOFFELN

SCHNEEINSELN IN VANILLESAUCE

Mit wenig Arbeit aus guten Zutaten ein Festessen zu schaffen ist die einfachste Sache der Welt. Wenn ich die wichtigsten Küchentechniken beherrsche, entsprechend mit Küchengerät ausgerüstet bin, um mir aufwendige Handarbeit zu ersparen, und den Ablauf der Kocherei sorgfältig plane, kann ich mich ganz aufs Wesentliche konzentrieren: auf die guten Zutaten. (Aber das sind die Gedanken, die ich mir vor jedem Essen machen muss, damit es ein gutes Essen wird.)

Natürlich ist es schön, wenn ich in der Nähe eines großen Marktes wohne und erst beim Einkauf entscheiden muss, was ich heute kochen werde. Der weniger praktisch wohnende Hobbykoch aber – und der, der ein großes Festmenü vorbereitet – muss um den Bestand in seinen Vorratskammern wissen und auch den Einkauf genau planen, damit nicht am Stichtag eine wichtige Zutat fehlt. Beginnen wir beim diesjährigen Weihnachtsmenü also mit der notwendigen Qualität der Produkte und ihrer Beschaffung.

Wir wollen als Vorspeise ein Tatar aus Fisch machen und als zweiten Gang ein Bollito misto, wörtlich übersetzt »Gemischtes Gekochtes«, einen traditionellen Fleischtopf aus Norditalien. Dazu soll es Polenta und Ingwerkarotten geben und zum Dessert Schneeinseln in Vanillesauce. Also brauchen wir Fisch, Fleisch, Gemüse, Maisgrieß, Eier und Gewürze.

Wobei die größte Voraussicht bei Fleisch und Geflügel erforderlich ist. Denn wirklich gute Fleischqualitäten findet man leider nicht bei jedem Metzger oder in jedem Supermarkt. Und der Unterschied zwischen einem wässerigen Huhn aus der Massenzucht (mit weichen Knochen und faserigem Fleisch) und dem Biohuhn mit fester Brust und großem Fettanteil ist eklatant. Sichtbares Fett ist die Voraussetzung für einen leckeren Braten. Mageres Fleisch vom Rind etwa taugt gerade mal zum Sauerbraten. Sogar die edlen Rückenstücke sind meistens ihr Geld nicht wert, weil sie in einem Zustand verkauft werden, von dem sich der Laie täuschen lässt: Es sieht aus wie frisch geschlachtet, und das ist es auch. Dabei braucht Fleisch eine wochenlange Phase des Hängens. Schlachtfrisches Bratenfleisch müsste, wenn es ein Auto wäre, in die Fabrik zurückgerufen werden. Ich bestelle beim Metzger meines Vertrauens also rechtzeitig gut abgehangenes Rindfleisch, zum Beispiel Tafelspitz oder Bürgermeisterstück, sowie ein Biohuhn oder ein Biosuppenhuhn.

Aber gehören in ein original italienisches Bollito misto nicht auch Cotechino, die italienische Kochwurst, und ein schönes Stück gepökelte Kalbszunge? Recht haben Sie! Wenn es in Ihrer Nähe also nicht zufällig einen italienischen Lebensmittelhändler gibt, müssen Sie den Cotechino rechtzeitig im Internet bestellen – oder stattdessen eine deftige Brühwurst aus Ihrer Region verwenden. Und die obligate Zunge? Fragen Sie mich nicht, warum in meinem Bollito keine war! Oder fragen Sie Barbara! (Ja, glaubt denn jemand, ich kochte ohne sie?)

Entrée

Fischtatar

Schließlich der Fisch für den ersten Gang: Wir verwenden Lachsfilet, Räucherlachs sowie ein wenig geräucherten Aal, den wir gegebenenfalls auch durch einen anderen heiß geräucherten Fisch wie Makrele oder Bückling ersetzen können. Also sollte es nicht allzu schwer sein, auch da rechtzeitig gute Produkte zu beschaffen, denn durch Räuchern haltbar gemachten Fisch kann man im Kühlschrank lange Zeit aufbewahren. Und das frische (Bio-)Lachsfilet darf auch schon eingefroren gewesen sein. Hauptsache, Sie lassen es vor der Zubereitung langsam und schonend im Kühlschrank auftauen!

Für 4 Personen

200 g Räucherlachs
200 g frisches Lachsfilet
60 g geräucherter Aal
1 rote Paprikaschote
1 Stück Salatgurke
1 Zitrone oder Limette
Salz
Cayennepfeffer
Baguette

Die Zubereitung aber – und darauf kommt es bei einem Weihnachtsmenü ja unter anderem an – kann gut und gern schon am Vortag beginnen. Etwa mit dem Fischtatar, denn im Gegensatz zu Tatar aus Rindfleisch, das grau und unansehnlich wird, wenn man es nicht erst direkt vor dem Servieren mischt, sollte Fischtatar sogar ein paar Stunden durchziehen, bevor es auf den Tisch kommt.

Und weil mein Hauptgang, das Bollito misto, aus der strengen Renaissanceküche kommt, darf meine Vorspeise, das Fischtatar, ruhig bunt und extravagant sein. Also schneide ich alle Fischsorten in kleine Würfel, drücke darüber eine saftige Zitrone oder eine Limette aus, mische ein ebenfalls in Würfel geschnittenes Stück Salatgurke sowie eine gewürfelte rote Paprika unter und setze beim Würzen (hauptsächlich mit Cayenne und Salz) meinen Ruf aufs Spiel, weil mir einfällt, was sonst noch alles im Gewürzregal steht. Aber auch klein gehackte Gewürzgurken könnte ich mir vorstellen, wenn sie nur knackig genug sind, Meerrettich, Senf, ein fruchtiges Olivenöl ... Das Schöne an dem Tatar ist, dass Sie sein Aroma während der Arbeit ständig korrigieren und perfektionieren können und nicht aufhören werden, bis Sie sich selber auf die Schulter klopfen können und rufen: »Perfekt!« Dazu reiche ich Baguette.

Hauptgericht

Bollito misto mit Polenta und glacierten Ingwerkartoffeln

Für 4 Personen

400 g Rindfleisch (Tafelspitz, Bürgermeisterstück)
1 Suppenhuhn
1 Cotechino (eine italienische Wurst)
Suppengemüse (Karotten, Sellerie, Petersilienwurzel, Lauch)
Salz
Lorbeerblätter
Gewürznelken
250 g feiner Maisgrieß
Fleur de Sel
1 EL Butter 1 EL Zucker
500 g Karotten
1 Stück frischer Ingwer
etwas Brühe vom Bollito

Und auch das Bollito misto können Sie schon am Tag vor dem großen Festschmaus zubereiten, falls Sie jemand sind, der an Feiertagen gern ausschläft. Denn das »gemischte Gekochte«, das eigentlich »gemischtes Gesottenes« heißen müsste, weil die Brühe nie sprudelnd kochen darf, sondern immer nur leise sieden, es braucht seine Zeit. Rechnen Sie mit drei Stunden oder mehr! Und wenn Sie das Fleisch besonders saftig haben wollen, dann sollten Sie es vor dem Sieden kurz blanchieren: für ein paar Minuten in sprudelnd kochendes Wasser legen, dann herausnehmen und erst heiß, dann kalt abspülen.

Ich setze also das Rindfleisch, das Huhn und das übliche Suppengemüse (Karotten, Sellerie, Petersilienwurzel, Lauch, alles in grobe Stücke geschnitten) in einem sehr großen Topf mit kaltem Wasser an, würze mit Salz, Lorbeerblättern und Gewürznelken und beobachte den Topf genau, während ich das Ganze erhitze. Irgendwann wird das Eiweiß aus dem Fleisch als Schaum an die Oberfläche steigen, aber wenn ich verhindere, dass die Flüssigkeit zu heiß wird, wenn sie also nie sprudelnd kocht, indem ich vielleicht manchmal etwas kaltes Wasser hinzugieße, kann ich mir das Abschöpfen ersparen: Irgendwann sinkt das Eiweiß von selbst ab, und die Brühe wird wunderbar klar. Ich kann sie am übernächsten Tag mit frisch gemachten Grießknödeln servieren – oder mit den klein geschnittenen Resten des Bollito misto, falls wider Erwarten nicht alles aufgegessen wird. Nach drei Stunden sollte das Fleisch gar sein.

Als Beilage zum Fleisch darf Gemüse nicht fehlen. Ich empfehle glasierte Karotten mit Ingwer: Zucker in Butter schmelzen lassen, Karottenstücke und fein geschnittenen Ingwer dazu, mit etwas Brühe vom Bollito aufgießen und fertig schmoren lassen. Das geht auch noch kurz vor dem Festmahl, während man die andere Beilage vorbereiten sollte.

Als Tribut an die italienische Küche nämlich gibt es zum Bollito misto eine Polenta, und Polenta zu rühren ist – wenn man es richtig machen will – eine zeit- und kräfteraubende Angelegenheit: Maisgrieß in kochendes Salzwasser rieseln lassen, dabei ständig rühren, die Hitze reduzieren, um nicht von dem blubbernden Brei verbrüht zu werden, und immer kräftig weiterrühren mit einem hölzernen Löffel, bis die Masse so fest und kompakt ist, dass sie sich von Topfwand und Löffel zu lösen beginnt. Das dauert ungefähr 10 bis 15 Minuten. In eine kalt ausgespülte Form füllen und abkühlen lassen. Kurz vor dem Servieren schneide ich fingerdicke Scheiben von der gestürzten Polenta und brate diese von beiden Seiten in reichlich Butter an. Mit Fleur de Sel bestreuen.

Inzwischen habe ich das Bollito misto wieder erwärmt, einschließlich des Cotechino, also der Wurst, die ja meistens vorgekocht verkauft wird und nur noch zehn, fünfzehn Minuten in der heißen Brühe braucht. Ich schneide das Rindfleisch in Scheiben, ebenso das Hühnerfleisch, das sich jetzt gut von den Knochen lösen lässt, arrangiere beides mit den Wurstscheiben, den Karotten und der Polenta auf den Tellern und nehme die Ovationen meiner weihnachtlich gestimmten Tischgesellschaft entgegen.

Dessert

Schneeinseln in Vanillesauce

Für 4 Personen

6 Eier getrennt
300 g Zucker
1 Vanilleschote
½ l Milch, evtl. etwas mehr zum Pochieren

Am schwersten fällt es mir immer, den richtigen Nachtisch auszusuchen. Oft ist das wie bei der Wahl des Ehepartners: Süß, nehme ich!, und auf die spontane Begeisterung folgt der Zweifel. Schon kurz darauf fällt mir ein, wie viele Möglichkeiten es gibt, sich für das Falsche zu entscheiden!

Eine Lösung, die originell ist und wenig Kunstfertigkeit verlangt, sich dabei aber auch noch vorbereiten lässt, heißt, aus dem Französischen übersetzt, »schwimmende Inseln« *(îles flottantes).* Es handelt sich um ein traditionelles Bistrodessert: Eischneeballen, in heißem Wasser gestockt und auf Vanillesauce schwimmend, die wir hier ganz poetisch »Schneeinseln in Vanillesauce« nennen.

Die Sauce, die sich nur unwesentlich von einer Sabayon unterscheidet, stellen wir zuerst her: Dazu rühren wir Eigelb und Zucker cremig, fügen die warme Milch, in der sich schon die aufgeschnittene Vanilleschote und das herausgekratzte Mark befinden, hinzu und rühren alles über Wasserdampf (maximal 80°), bis die Sauce eine schöne Konsistenz hat.

Dann schlagen wir die Eiklar sehr steif und lassen dabei den Zucker einrieseln. Aus dem Schaum stechen wir Nocken ab, die wir ein paar Minuten lang in Wasser pochieren. Auch dabei kommt es darauf an, dass das Wasser (oder die Milch, die man wahlweise zum Pochieren auch verwenden kann) nicht zu heiß wird und auf keinen Fall kocht!

Zum Pochieren wird der Topf mit dem Deckel verschlossen. Besteht dieser aus Glas, ist es einfacher, die Flüssigkeit zu kontrollieren und den Topf rechtzeitig vom Feuer zu nehmen. Jedenfalls dürfen die Schneenocken in der Hitze nicht aufgehen, sonst fallen sie beim Herausnehmen nur umso schrecklicher in sich zusammen. Sie bleiben ungefähr 3 Minuten im Topf, bis man sie mit dem Schaumlöffel herausnimmt. Idealerweise sind sie nach dem Pochieren so fest, dass man sie mit dem Messer schneiden und in einem tiefen Teller samt unserer Vanillesauce servieren kann. So wären sie perfekt und würden das festliche Menü aufs Köstlichste abrunden.

»Nichts ist perfekt«, wird da ein Leser grummeln, »solange es dazu keinen Wein gibt!« Und recht hat er, der alte Schluckspecht. Deshalb habe ich gleich vier Flaschen geöffnet: einen trockenen Sekt von Lothar Schwörer in Schmieheim, einen trockenen Silvaner Kabinett vom Juliusspital in Würzburg, einen Spätburgunder »Salomé«, ebenfalls von Schwörer, und einen Spätburgunder von Meintzinger in Frickenhausen am Main. Frohes Fest!

Menü 2013

ZWEIERLEI LACHS

MEERRETTICHSUPPE MIT HUMMER UND FORELLENKAVIAR

WINTERLICHES LEIPZIGER ALLERLEI

CRÈME CARAMEL

Ginge es nach einer meinungsstarken Minderheit in diesem Lande, müsste ich hier ein veganes Feiertagsmenü vorschlagen. Da ich mich aber nicht als Kaninchenimitator verstehe und davon überzeugt bin, dass es sich bei der Mehrzahl der Leser um genussfrohe Fleischesser handelt, sollen auch im diesjährigen Weihnachtsmenü weder Has' noch Huhn fehlen, weder Krebs noch Hummer. Wenigstens zum Fest soll Jubel herrschen in deutschen Esszimmern!

Andererseits gibt es Menschen, die Bescheidenheit von uns fordern, gar »neue Bescheidenheit«. Und es gibt Finanzminister und ihre Büttel. Deshalb wird unser Hauptgericht in diesem Jahr eine besondere Überraschung sein: ein Leipziger Allerlei. Das soll einst entstanden sein, als Napoleon von der europäischen Koalition bei Leipzig geschlagen war und allerlei Not leidende Flüchtlinge durchs Land zogen. Zum Schutz vor deren begehrlichen Blicken beschlossen Leipzigs reiche Bürger, ein aufwendiges Gericht aus edelsten Ingredienzen (Morcheln, Spargel, Flusskrebse) als simplen Eintopf zu camouflieren.

Wir wissen nicht, ob sich die revolutionären Vagabunden von dem Durcheinander auf den Leipziger Tellern täuschen ließen. Wohl aber, dass die matschige Pampe, welche in späteren Jahren unter dem Namen »Leipziger Allerlei« in Dosen verkauft wurde (und wird), nicht einmal zum Fußballspielen taugt. Deshalb halten wir uns an die Originalidee und variieren sie ganz nach unserem Geschmack – und unserem Anspruch, saisonal zu kochen.

So verzichten wir – wegen dessen weihnachtlicher Unpässlichkeit – auf weißen Spargel, laden uns als Überraschungsgast aber ein paar Wachtelbeinchen und eine Scheibe Gänseleber ein (ja: Gänseleber. Aber niemand wird gezwungen, sie zu essen!) und nennen das Ganze ein »winterliches Leipziger Allerlei«. Vorher gibt es zweierlei Lachs, den wir fast roh verzehren, weil wir ihn jetzt überall in so guter, Qualität bekommen. Für die Schärfe sorgt in diesem Jahr der Meerrettich, und zwar als Suppe, die wir zwischen Lachs und Allerlei servieren. Und als Dessert gibt es eine Crème Caramel. Weil sie nicht übermäßig süß ist und auch nach einem großen Essen noch angenehm leicht wirkt – sofern man sie selbst herstellt.

Eine weitere angenehme Eigenschaft hat dieses Dessert: Es wartet gern auch einmal 24 Stunden lang im Kühlschrank auf seinen Einsatz. Weshalb einiges dafürspricht, bei der Zubereitung dieses Weihnachtsmenüs mit dem letzten Gang zu beginnen – und zwar am Vortag des großen Festmahls.

Dessert
Crème Caramel

Für 4 Personen

½ Vanilleschote
500 ml Milch
225 g Zucker
2 Eier
3 Eigelb
Rotwein
1 EL Butter

Für die Crème Caramel also schneide ich die halbe Vanilleschote der Länge nach auf, kratze das Mark mit dem Messerrücken heraus und gebe Schote und Mark mit 100 g Zucker in die Milch. Diese lasse ich kurz aufkochen und stelle sie zur Seite. Wenn sie etwas abgekühlt ist, verquirle ich in einer Schüssel die ganzen Eier und die Eigelb und gieße die Vanillemilch durch ein Sieb in die Eier, während ich weiterrühre. Danach verrühre ich in einem Topf mit schwerem Boden den restlichen Zucker mit wenig Wasser, bringe die Mischung zum Kochen und lasse sie unter ständigem Rühren weiterköcheln, bis sie zu einem hellbraunen Sirup wird. Ich stoppe den Kochvorgang mit einem Glas Rotwein, den ich zu dem Sirup schütte, und gieße den so gewonnenen Karamell in ausgebutterte Portionsförmchen, sodass der Boden dünn bedeckt ist. Darauf fülle ich die Vanille-Eier-Milch und stelle die Förmchen in eine feuerfeste Form, in die ich so viel heißes Wasser

gieße, dass die Portionsförmchen gut zur Hälfte im Wasser stehen. Das Ganze kommt in den auf 200° vorgeheizten Ofen, wo die Crème langsam stockt: Nach etwa 45 Minuten wird ihre Oberfläche dunkelgelb bis hellbraun sein. Diese Zeit nutze ich, um den im Topf übrig gebliebenen hart gewordenen Karamell mit etwas Wasser aufzusetzen und 1 EL Butter darin aufzulösen. So entsteht eine Karamellsauce, die ich zuletzt an die auf Teller gestürzte Crème Caramel gieße.

Zwischengericht

Meerrettichsuppe mit Hummer und Forellenkaviar

Für 4 Personen

1 EL Butter
2 Schalotten (fein gehackt)
1 EL Mehl
1 l Hühnerbrühe
½ Limette
125 g Crème double
40–50 g frischen Meerrettich
200 g Hummerfleisch (gekocht)
50 g Forellenkaviar
Pfeffer
Salz

Ebenfalls am Vortag setze ich eine Hühnerbrühe auf: Ich lege ein möglichst dickes Suppenhuhn in einen großen Topf, übergieße es mit reichlich kaltem Wasser, das ich pfeffere und salze, lasse das Wasser heiß werden und dann mindestens zwei Stunden lang sieden, ohne dass es je sprudelnd kocht. Dann fische ich das Huhn aus der Brühe und stelle es kalt. Seine besten Teile werde ich am nächsten Tag ins Leipziger Allerlei mischen. Etwas von der Brühe werde ich zum Aufgießen des Ragouts brauchen, etwas mehr davon aber verwende ich jetzt gleich, um die Basis für die Meerrettichsuppe vorzubereiten.

Dazu schwitze ich die klein gehackten Schalotten in Butter an, rühre Mehl ein, gieße die Hühnerbrühe dazu, schmecke mit Pfeffer, Salz und dem Saft einer halben Limette ab und lasse das Ganze 10 Minuten auf kleiner Flamme köcheln. Danach rühre ich die Crème double ein und stelle diese Basissuppe bis zum nächsten Tag kalt.

Auch das Gemüse für das Leipziger Allerlei kann ich schon am Tag vor dem großen Futtern vorbereiten, kann zum Beispiel grüne Bohnen putzen und in gleichmäßige Stücke schneiden, kann feine Karotten schälen und tournieren – also hübsch zurechtschneiden –, kann Teltower Rübchen schälen und vierteln. Ich kann auch die Wachteleier hart kochen, was in 5 Minuten erledigt sein sollte, vor allem aber sollte ich die La-Ratte-Kartoffeln in der Schale kochen, damit sie über Nacht abkühlen können und die Stärke ihre Wirkung tut.

Entrée
Zweierlei Lachs

Und dann der große Tag! Jetzt gehe ich in der umgekehrten Reihenfolge vor und beginne tatsächlich mit der Vorbereitung des ersten Ganges, genauer: seiner einen Hälfte. Ich schneide die Hälfte des Wildlachsfilets in feine Scheiben und lege diese Scheiben auf die eine Hälfte der vier Vorspeisenteller. Dann schneide ich sauren Apfel, roten Spitzpaprika und ein Stück Ingwerwurzel in sehr feine Würfelchen, vermische sie mit dem Saft einer Limette, etwas Salz und Olivenöl zu einer Marinade und verteile diese über die Fischscheiben, damit sie bis zum Beginn des großen Mahls noch ein wenig durchziehen können. Das restliche Lachsfilet schneide ich in gleichmäßige Quader, die etwa so breit sind, wie das Filet dick ist, und etwa so lang wie mein Daumen. Diese Lachsstücke werde ich später kurz anbraten und stelle sie erst einmal kalt.

Für 4 Personen

400 g Lachsfilet
2 TL saurer Apfel (sehr fein gewürfelt)
2 TL roter Spitzpaprika (sehr fein gewürfelt)
1 TL Ingwer (sehr fein gewürfelt)
1 Limette
Olivenöl
Salz

Hauptgerichte
Winterliches Leipziger Allerlei

Danach muss endgültig die Frage beantwortet werden, was alles in unser Leipziger Allerlei soll. Ich habe mich für Morcheln, Kartoffeln, grüne Bohnen, Karotten, Teltower Rübchen, Erbsen, Wachteleier, Kaninchen- und Hühnerfleisch, Wachtelkeulen, Flusskrebse und Gänseleber entschieden. Natürlich verwende ich am liebsten frische Zutaten – mit zwei Ausnahmen: Frische Morcheln gibt es um diese Jahreszeit nicht, aber getrocknete schmecken ohnehin intensiver. Und auch bei den Erbsen müssen wir Konzessionen machen: Die kleinsten der Extra-fin-Klasse aus Frankreich gibt es bei uns (derzeit) nur tiefgefroren.

Als Erstes spüle ich die getrockneten Morcheln gründlich ab und weiche sie in lauwarmem Wasser ein. Die vorbereiteten grünen Bohnen, Karotten und Rübchen gare ich jeweils separat in Hühnerbrühe und achte darauf, dass sie bissfest bleiben. Vor allem die grünen Bohnen werden dabei zusätzliches Salz brauchen. Dann stelle ich das

Für 4 Personen

100 g grüne Kenia-Bohnen
200 g Karotten
200 g Teltower Rübchen
200 g La-Ratte-Kartoffeln (in der Schale gekocht)
10 g Spitzmorcheln (getrocknet)
200 g Erbsen
12 Wachteleier
4 Kaninchenfilets
8 Wachtelkeulen
250 g Fleisch vom Suppenhuhn
20 Flusskrebsschwänze
50 g Gänseleber (im Glas)
Salz
Pfeffer
Butter
Hühnerbrühe
trockener Sherry
evtl. Mehl, Crème double, Krebsbutter

Gemüse warm, ohne dass es weitergart, schäle die vorgekochten Kartoffeln und schneide sie in Stücke, gebe die Erbsen zum Auftauen in eine Schüssel. Vom Suppenhuhn schneide ich Brust- und Keulenfleisch in appetitliche Stücke und vergesse das Pfaffenstück nicht, die kleinen, delikaten Fleischpäckchen am Rückenknochen. Dann brate ich 8 Wachtelbeinchen und 4 Kaninchenfilets in etwas Olivenöl an. Letztere aber nur ganz kurz, denn Stallhasen sind nicht nur strohdumm, sie neigen auch dazu, strohtrocken zu werden.

Wenn meine Gäste schließlich am Tisch sitzen und sich über den Sherry Amontillado freuen, den ich als Aperitif serviert habe, stelle ich den ersten Gang fertig, indem ich die Lachsquader von allen Seiten ganz kurz anbrate, sodass sie innen noch roh sind, und sie, mit grobem Meersalz bestreut, neben den kalt marinierten Lachsscheiben auf dem Teller anrichte.

Die Suppe erreicht ihren Endzustand, indem ich den Meerrettich sehr fein reibe und in die erhitzte vorbereitete Basissuppe rühre. Aber Vorsicht: Es gibt Meerrettich von sehr unterschiedlicher Schärfe! Besser zwischendurch probieren (und für Kinder vielleicht die Suppe ohne Meerrettich servieren). Dann durch ein Sieb gießen, mit dem Pürierstab aufschäumen und in Tellern servieren, in denen schon ein paar Scheiben Hummerfleisch gewartet haben. Mit Forellenkaviar garnieren.

Nach der Suppe verlasse ich den Tisch, an dem jetzt allgemeines Schniefen herrscht, erneut, stelle einen großen Bräter auf den Herd, brate die abgetropften Morcheln in Butter an, danach die Kartoffeln und das Gemüse, gebe die verschiedenen Fleischsorten dazu, pfeffere und salze und lasse alles warm werden, wobei ich auch einmal mit Hühnerbrühe und ein wenig von dem Sherry ablösche. Wenn ich Lust habe, binde ich die Sauce mit einer Mischung aus Crème double, Krebsbutter und ganz wenig Mehl, gebe zuletzt die hart gekochten Wachteleier, die gewürfelte Gänseleber und die Flusskrebsschwänze dazu und serviere alles auf vorgewärmten Tellern.

Flusskrebsschwänze? Ich weiß, dass es sie fertig ausgelöst und sogar tiefgefroren zu kaufen gibt. Wer aber an frische Krebse kommt, der kann aus den grob zerkleinerten Schalen seine eigene Krebsbutter zubereiten. Ähnlich ist es mit dem Hummer für die Suppe: Wenn ich meinem Fischhändler nicht vertraue, dann koche ich das Schalentier lieber selbst, damit das Fleisch auch wirklich frisch ist. Schließlich feiern wir Weihnachten. Und wer sagt denn, dass ein Festessen einfach sein muss?

JAKOBSMUSCHELN IN LARDO AUF APFEL-CHICORÉE-GEMÜSE

WEINBLATTSUPPE MIT ZIEGENKÄSE

GESCHMORTER KALBSBRATEN MIT MORCHELSOSSE

WEINSCHAUMCREME

Im Mittelpunkt unseres Weihnachtsmenüs soll auch in diesem Jahr eine Kostbarkeit stehen, die mit Recht dem Begriff »Luxus« zugerechnet werden kann. Es handelt sich um getrocknete Morcheln, von denen uns der Weihnachtsmann immer wieder mal ein Händchen voll unter die Nadeltanne gelegt hat. Unlängst war ich im schweizerisch-französischen Jura, wo die Morcheln normalerweise gefunden werden. Dort kosteten die getrockneten Pilze 35 Euro pro 100 Gramm! Im genusssüchtigen Südwesten Deutschlands, wo wir das Weihnachtsmenü probegekocht haben, gelang es mir nur mithilfe befreundeter Köche, 50 Gramm aufzutreiben. Und meine Verbindungsleute in der Hamburger Innenstadt berichteten mir aus der Lebensmittelabteilung eines nicht ohne Grund ständig insolvenzbedrohten Kaufhauses: Dort kosteten 20 Gramm getrocknete Morcheln um die 22 Euro. [Anm. .d. Red.: Bei Drucklegung dieses Buches kosteten 100 g getrocknete Spitzmorcheln bei Internet-Versendern je nach Qualität und Packungsgröße zwischen 35 und 75 Euro.] Diese Schwierigkeit voraussehend, stellt sich die Frage: Müssen es denn unbedingt Morcheln sein? Nun gut: Versuchen Sie es mit Champignons! Aber wundern Sie sich nicht über den Unterschied!

Wir wollen mit den getrockneten Morcheln also eine unvergessliche Soße zu einem Kalbsbraten bereiten, den wir als Hauptgang unseres Weihnachtsmenüs mit Kartoffelstampf servieren.

Beginnen wird unser Menü mit Jakobsmuscheln in Lardo auf Apfel-Chicorée-Gemüse. Danach gibt es eine türkische Weinblattsuppe mit Ziegenkäse und nach dem Kalbsbraten eine Weinschaumcreme. Wie immer lassen sich viele Arbeitsschritte für dieses viergängige Menü vorab erledigen. Es ist alles eine Frage der Planung. Begeben Sie sich rechtzeitig auf die Spur der Morcheln! Überlegen Sie, wo Sie ein schönes Stück Kalbfleisch herbekommen! Dafür nämlich brauchen Sie einen honorigen Metzger, der weiß, wie ein entsprechendes Stück von der Keule aussehen muss, und der Ihnen das Fleisch auch schon sauber pariert und in Form bindet. Bei so einem Metzger werden Sie auch ein paar Scheiben vom echten Lardo bekommen, einem weißen, gut gesalzenen Speck. Besuchen Sie zuletzt den türkischen Lebensmittelhändler Ihres Vertrauens, und klären Sie, ob er eingelegte Weinblätter vorrätig hat, was er wahrscheinlich mit einem stolzen »Evet!« beantworten wird. Außerdem könnten wir dem guten Mann noch zwei schöne Chicorées abkaufen, säuerliche Äpfel, Kartoffeln, getrocknete Tomaten, Karotten, Schalotten, Knoblauch, Limetten und Orangen. Außerdem Rosinen, falls Ihre Vorräte davon schon ins Weihnachtsgebäck gewandert sind. Und ein Säcklein Pul Biber. Das sind geschrotete Chilischoten, die man, noch feiner gemahlen, als Cayennepfeffer bezeichnet.

Alle anderen Zutaten werden Sie wahrscheinlich im Haus haben. Ausgelöste Jakobsmuscheln und Ziegenfrischkäse (für die Suppe) können Sie kurz vor dem Fest in jedem Supermarkt kaufen. Gleichzeitig überlegen Sie, wie Sie an die nötige Gemüsebrühe kommen. Da werden Sie sicher Ihre Wege kennen …

Zwischengericht
Weinblattsuppe mit Ziegenkäse

Für 4 Personen

200 g eingelegte Weinblätter
3 mittelgroße mehligkochende Kartoffeln
3 Schalotten
3 Knoblauchzehen
Olivenöl
1 Handvoll getrocknete Tomaten
trockener Wermut
Gemüsebrühe
50 g Rosinen
50 g Ziegenfrischkäse

Und damit wären wir am Vortag des großen Festes angekommen, den wir für einen großen Teil der Vorbereitungen nutzen. Beginnen sollten wir mit der Weinblattsuppe. Es handelt sich nicht wirklich um ein Rezept der türkischen Küche – in der Türkei werden die eingelegten Weinblätter hauptsächlich dazu benutzt, kleine Päckchen mit Reisfüllung herzustellen. Aber der türkische Sternekoch Ali Güngörmüs serviert sie so ähnlich in seinem Hamburger Restaurant Le Canard Nouveau und wahrscheinlich auch in seinem neu eröffneten Münchner Lokal Pageou, in dem ich bisher noch nicht war. Wichtig ist es, die Weinblätter zunächst zu wässern, damit sie einen Großteil ihres säuerlichen Aromas abgeben. Während sie baden, schälen wir die Kartoffeln und schneiden sie in Würfel, dann hacken wir Schalotten und Knoblauchzehen und schneiden die getrockneten Tomaten in Streifen, ebenso wie schließlich die Weinblätter. Wir schwitzen Schalotten und Knoblauch in Olivenöl an, geben Weinblätter, Kartoffeln und Tomaten dazu, rösten kurz an, löschen mit Wermut ab und lassen ihn einkochen. Wir füllen mit Gemüsebrühe auf und lassen alles zusammen köcheln, bis die Weinblattstreifen weich sind. Dann zücken wir den Pürierstab, gießen weitere Gemüsebrühe zu, bis die Konsistenz stimmt, und schmecken mit Salz und Pfeffer ab.

Serviert werden soll die Weinblattsuppe am nächsten Tag mit eingeweichten Rosinen und Würfeln von Ziegenfrischkäse – diese Aromabeigabe muss beim Abschmecken schon berücksichtigt werden. Und wer nicht einsieht, warum er ausgerechnet zu Weihnachten eine vegetarische (ohne Ziegenkäse sogar vegane!) Suppe servieren soll, der hat beim türkischen Lebensmittelhändler Pastırma mitgenommen, nämlich Rinderschinken, oder die Wurst namens Sucuk, die in Form von Streifen oder Würfeln die türkische Weinblattsuppe bereichern.

Entrée

Jakobsmuscheln in Lardo mit Apfel-Chicorée-Gemüse

Für 4 Personen

2 große Chicorée
1 großer säuerlicher Apfel
Butter
Zucker
Gemüsebrühe
Cayennepfeffer
1 Limette
1 Orange
4 ausgelöste Jakobsmuscheln
Olivenöl
4–8 Scheiben Lardo

Vorbereiten lässt sich auch die Vorspeise: Wir schneiden jede ausgelöste Jakobsmuschel quer in Hälften, verpacken jedes Stück in eine Scheibe Lardo und verwahren die Päckchen im Kühlschrank. Dann halbieren wir die Chicorée der Länge nach, schneiden den Strunk heraus und den Rest in feine Streifen. Wir schälen, halbieren und entkernen einen Apfel und schneiden das Fruchtfleisch ebenfalls in feine Streifen. In einer Sauteuse lassen wir Butter zergehen, schwitzen die Apfelstreifen mit etwas Zucker an, geben den Chicorée dazu und dünsten das Ganze mit ein wenig Gemüsebrühe nicht zu weich. Schließlich schmecken wir mit Limettensaft, Orangenzesten, Salz, Pfeffer und Cayennepfeffer süß-sauer-scharf ab. Wer will, kann jetzt auch noch für den Hauptgang *mise en place* machen, wie ein Profikoch sagen würde: kann das Fleisch – falls der Metzger das nicht geschafft hat – parieren und verschnüren, kann Schalotten und Knoblauchzehen fein hacken, Karotten und 1 Kartoffel schälen und würfeln und das alles gut abgedeckt kühl stellen. Auch die 600 g mehligkochenden Kartoffeln, aus denen der Kartoffelstampf entstehen soll, kann man schon am Vortag schälen und in grobe Stücke schneiden.

Dessert

Weinschaumcreme

Für 4 Personen

4 Eier
250 ml trockener Weißwein
1 Zitrone
10 Zuckerwürfel
Weihnachtsgebäck (Plätzchen, Christstollen ...)

Der Clou unseres Menüs aber ist, dass sich auch die Weinschaumcreme weitgehend vorbereiten lässt: Wir teilen die Eier und stellen das Eiweiß kalt. Die Eigelb verquirlen wir in einer Edelstahlschüssel mit Weißwein, geben den Abrieb einer Zitrone dazu sowie Zuckerwürfel und schlagen das Ganze über Wasserdampf bei mittlerer Hitze zu einem Schaum. (Wer keine Kinder mit am Tisch sitzen hat, kann die Creme mit 1 EL Kirschwasser anreichern.) Den Schaum lassen wir auskühlen und stellen ihn abgedeckt in den Kühlschrank. Dann legen wir uns beruhigt schlafen und träumen – hoffentlich! – von den Freuden der Weihnacht.

Hauptgericht

Geschmorter Kalbsbraten mit Morchelsoße

Für 4 Personen

20 g (oder mehr) getrocknete Morcheln
700–800 g Kalbfleisch (von der Hüfte)
2 Schalotten
2 Knoblauchzehen
2 Karotten
2 Lorbeerblätter
1 Strauß Thymian
250 g Butter
Kalbsfond Madeira
Portwein
Sahne
Etwa 600 g mehligkochende Kartoffeln

Am nächsten Morgen holen wir die teuren Morcheln ans Tageslicht. Sie müssen für eine Stunde in viel kaltem Wasser eingeweicht werden. Darin werden sie immer wieder vorsichtig bewegt, damit der unvermeidliche Sand aus ihren Röhren gespült wird und zu Boden sinkt. Dafür eignet sich eine weiße Schüssel am besten. Sie verrät auch feinste Sandreste. In unserem Menü erregen vor allem die Beigaben Aufsehen: Weinblätter, Lardo, Morcheln. Aber es gibt auch Kurven, an denen riskante Manöver missglücken können: Lardo zu salzig, Chicorée zu süß, Morcheln zu sandig, Kalbfleisch nicht mehr rosig. Vor allem die letzte Sünde gehört zu den häufigsten Missetaten ehrgeiziger Köchinnen und Köche. Deshalb sei an die erste Stelle gerückt, woran Kenner oft scheitern: die zurückhaltende Gartemperatur. Um es noch einmal zu sagen: Der Braten darf innen nur rosa sein! Nachdem wir das verschnürte Fleischstück mit Meersalz und gemörsertem schwarzem Pfeffer liebevoll eingerieben haben, braten wir es in Butter bei nicht zu großer Hitze von allen Seiten an, geben die vorbereiteten Schalotten, Knoblauchzehen, Karotten- und Kartoffelstücke sowie Lorbeerblätter und ein Sträußchen Thymian dazu, gießen mit Kalbsfond an und schieben den Bräter zugedeckt in den 120° heißen Ofen. Dort darf der Braten 1 Stunde lang vor sich hin schmoren. Aber Vorsicht! Das kann nur eine ungefähre Orientierungszeit sein. Wir werden immer wieder das Rohr öffnen, den Bräterdeckel anheben und mit der bewährten Fingerdruckprobe prüfen, wie sich der Braten entwickelt: Das Fleisch muss den Druck elastisch erwidern, dann hat es seinen idealen Gargrad erreicht. (Notfalls die Temperatur des Ofens schrittweise und rechtzeitig bis auf 60° absenken.)

Die Morcheln gut abtropfen lassen. Dann erhitzen wir sie in reichlich schäumender Butter. Bevor sie Farbe annehmen, schütten wir Madeira und Portwein (oder Banyuls) an, lassen den Wein ein wenig einkochen, geben einen Schuss Sahne dazu, salzen und pfeffern und lassen alles weiterköcheln. Nach 20 bis 30 Minuten sollte die Morchelsauce fertig sein: Die Pilze sind weich und kräftig

gewürzt, wie es sich für den Begleiter eines luxuriösen Kartoffelpürees gehört. Für Letzteres mehligkochende Kartoffeln (geschält und in grobe Stücke geschnitten) mit Salzwasser bedecken und in rund 20 Minuten weich kochen. Überschüssiges Wasser abgießen, die Kartoffeln mit der Kartoffelquetsche im Topf zu Mus zerdrücken. Dann 150 g Butter in die Kartoffeln rühren. Bei Bedarf nachsalzen, keine zusätzlichen Gewürze! Püree und Morchelsahne können Sie jetzt zum Warmhalten auch ins Rohr stellen.

Holen Sie für den ersten Gang die Jakobsmuschelpäckchen aus dem Kühlschrank und braten Sie sie in wenig Olivenöl bei ganz niedriger Hitze knusprig. Die Jakobsmuscheln müssen im Inneren noch glasig bleiben! Gleichzeitig erwärmen Sie das Apfel-Chicorée-Gemüse, richten die Jakobsmuscheln darauf an und bestreuen das Ganze mit flockigem Meersalz.

Für den zweiten Gang erwärmen Sie die Weinblattsuppe vorsichtig und schöpfen sie in vorgewärmte Suppentassen, in denen schon die (vorher eingeweichten) Rosinen und Ziegenkäsewürfel warten. Oder Pastırma oder Sucuk. Wer auch beim Türken immer »mit Scharf« bestellt, der streut jetzt reichlich Pul Biber über die Suppe.

Und dann wenden wir uns unserem luxuriösen Hauptgericht zu: Wir nehmen den (hoffentlich immer noch wunderbar elastischen) Braten aus der Soße und stellen ihn zum Ruhen warm. Zwischendurch wenden wir ihn einmal, damit sich der Saft im Fleisch gleichmäßig verteilt hat. Dann gießen wir den Bratenfond durch ein Sieb, in dem Karotten, Schalotten, Lorbeer und Co. zurückbleiben, vermischen ihn mit der Morchelsahne, lassen alles noch einmal kurz aufkochen und schmecken ein letztes Mal ab. Schließlich befreien wir den Braten aus seiner Verschnürung, schneiden ihn in Scheiben, servieren ihn mit dem Kartoffelstampf und der Morchelsoße und öffnen zum Hauptgericht eine Flasche Weißburgunder Spätlese von Hermann Dörflinger, Müllheim, Baden. Halleluja!

Und während unsere Tischgesellschaft noch darüber diskutiert, ob der eine vielleicht mehr Morcheln auf dem Teller hatte als die andere, und ob so viel Ungerechtigkeit sein dürfe am Fest der Liebe, wenden wir uns dem letzten Akt zu. Wir schlagen die kühl gestellten Eiweiße zu einem steifen Schnee, vermischen diesen vorsichtig mit der Eigelb-Wein-Zucker-Masse vom Vortag und servieren diesen Schaum mit sorgfältig abgezählten Weihnachtsplätzchen. Denn: Luxus ja. Aber Missgunst und Klassenkampf wollen wir in diesen Tagen nicht erleben.

KLIPPFISCHTATAR

ROTE PAPRIKASUPPE MIT INGWER UND ZITRONENGRAS

KALBSKUTTELN MIT CURRY UND POLENTA

ZWEIERLEI KABELJAU MIT KARTOFFELPÜREE

MOUSSE AU CHOCOLAT MIT EXOTISCHEN FRÜCHTEN

VON WOLFGANG LECHNER

Zu Weihnachten wollen wir alle das Gleiche: nett zusammensitzen, über Gott und die Welt und das vergangene Jahr reden, was trinken, gut essen – und damit möglichst wenig Arbeit haben.

Das ist auf Burg Mahlberg nicht anders. Nur dass Wolfram Siebeck, der dort am Fuße des Schwarzwalds und mit Blick auf die Vogesen residiert, nicht einfach irgendwas trinkt. Und nicht nur gut essen möchte, sondern delikat. Dafür will er mit dem Kochen inzwischen gar nichts mehr zu tun haben. Was ihm keiner verübeln kann. Schließlich hat der Mann Jahr für

Jahr sein Weihnachtsmenü für das ZEITmagazin gekocht, drei Dekaden lang. Hat geschnippelt, geköchelt und abgeschmeckt, hat verworfen und für gut befunden, hat als Hauptgang mal Fisch und mal Fleisch gewählt (aber nie, nie einen Gänsebraten!). Hat als Dessert mal den Mahlberger Schlosskuchen vorgeschlagen, mal ein Zimtparfait und mal eine Zitronencreme. (Die allerdings so sauer geriet, dass sie manchem Leser noch heute die Erinnerung an das Christfest 1997 vermiest.) Viele von Siebecks Rezepten und Weihnachtsmenüs sind längst Legende. Doch jetzt, im 88. Jahr seines Genießerlebens, lässt er lieber kochen, als dass er sich selber ans Schneidebrett stellt.

Also wetze ich meine Messer und mache mich auf den Weg ins Badische, um das Weihnachtsmenü in diesem Jahr erstmals nicht nach oder mit, sondern für Wolfram Siebeck zu kochen – und zwar gemeinsam mit seiner Frau Barbara.

Wir stehen vor der gleichen Frage, mit der sich auch der Meister in jedem Spätherbst auseinandersetzen musste: Was kochen wir dieses Weihnachten? Etwas Besonderes soll es sein, aber nicht zu kompliziert. Vier, fünf Gänge dürfen es schon werden – die aber müssen gut vorzubereiten sein, damit es am Festtag selbst nicht hektisch wird. Und eine Geschichte soll es erzählen, dieses Menü, soll in die ZEIT und in die Zeit passen, auf dass der Gesprächsstoff nicht versiegen möge beim Weihnachtsdiner.

Wenigstens dieser letzte Punkt war einfach: Nichts anderes passt ans Ende dieses Jahres 2015 als – ein Menü mit Migrationshintergrund. Wie sonst ließe sich anschaulich diskutieren, wie segensreich sich so eine Einwanderungswelle auf eine Gesellschaft doch auswirken kann? Denn: Wo stünde unsere kulinarische Leitkultur, wenn sie dem Paprika, der Kartoffel, der Tomate, dem Mais und der Kakaobohne die Integration verwehrt hätte, die doch alle erst aus Amerika nach Europa kamen? Wenn irgendwelche »patriotischen Europäer« gegen die »Ingwerisierung des Abendlandes« gepöbelt hätten, gegen Curry, Muskat, Zitronengras und Pfeffer? Und wenn sie – Gott bewahre! – auch noch Erfolg gehabt hätten?

Es wird also eine rote Paprikasuppe mit Ingwer und Zitronengras geben, danach Kalbskutteln mit Curry und Polenta, als Hauptgericht zweierlei Kabeljau mit Kartoffelpüree und zuletzt eine Mousse au Chocolat auf exotischen Früchten. Wolfram Siebeck grummelt Zustimmung. Vor allem zu den Kutteln. Und ich beschließe, ihm zuliebe vor dem ganzen Menü noch ein Amuse-Gueule zu servieren: ein Klippfischtatar, nach der Art einer katalanischen »esqueixada de bacallà«.

Als ich in der Burgküche eintreffe, ist Barbara Siebeck gerade dabei, die Schokolade für die Mousse zu schmelzen. Denn erstens waren die Desserts in Siebecks Weihnachtsmenüs (und in seinen Kochbüchern) immer schon ihre Domäne. Und zweitens bietet es sich an, die Zubereitung eines Menüs mit dem Dessert zu beginnen. Im Kühlschrank kann die fertige Mousse dann in aller Ruhe durchziehen und fest werden, und vor dem Hauptgang muss die Köchin oder der Koch die Tafel nur noch ganz kurz verlassen, um das Dessert anzurichten.

Dessert
Mousse au Chocolat mit exotischen Früchten

Für die Mousse au Chocolat also bricht Barbara Siebeck die Schokolade in große Stücke, lässt sie in einem schweren Topf langsam schmelzen und schlägt währenddessen die Sahne steif. Dann verrührt sie eine 1 Tasse starken Espresso, 2 EL Cognac sowie die geschmolzene Schokolade und lässt alles ein wenig abkühlen, bevor sie die geschlagene Sahne unterhebt, alles in eine Schüssel füllt und kalt stellt.

Für 4 Personen

200 g Schokolade (min. 70 % Kakaoanteil)
400 g Sahne
4 große Eier
90 g Zucker
1 Tasse starker Espresso
2 EL Cognac
1–2 sehr reife Mangos (oder andere eher süße als säuerliche Früchte)

Zwischengerichte

Rote Paprikasuppe mit Ingwer und Zitronengras

Für 4 Personen

4 Schalotten
2 Stangen Zitronengras
½ Ingwerknolle
4 große rote Paprikaschoten
Olivenöl
Noilly Prat
trockener Weißwein
Salz
Gemüse- oder Hühnerbrühe
scharfes Paprikamark
1 Becher Crème double

Ebenso gut und ebenso früh – gern auch schon am Vortag – lässt sich die Suppe vorbereiten: Schalotten schälen und sehr fein schneiden, ebenso das Zitronengras und die Hälfte einer vernünftig großen Ingwerknolle. Dann die Paprikaschoten entkernen und in Stücke schneiden, alles zusammen in Olivenöl scharf anbraten, mit einem Schuss Noilly Prat und einem Schuss Weißwein ablöschen, salzen, einkochen lassen und mit Brühe auffüllen. Zugedeckt köcheln lassen, bis die Paprikastücke cremig weich sind, dann pürieren und alles durch ein Sieb passieren. Vor dem Servieren mit Brühe bis zur gewünschten Konsistenz auffüllen, aufkochen lassen, mit Salz und scharfem Paprikamark (Salça vom türkischen Feinkosthändler, marokkanische Harissa, ungarisches Paprikamark Csipös ...) abschmecken und mit Crème double aufschlagen.

Womit die ersten beiden kulinarischen Immigranten verarbeitet wären: Kakao und Paprika.

Als sich Kolumbus so gründlich auf den Weltmeeren verfahren hatte, dass er nicht dort landete, wo der Pfeffer wächst, sondern in einem Inselreich, das zur Verwirrung aller Geografie-Schüler noch heute Westindien heißt, da entdeckte er in den Gewürzregalen der Einheimischen eine höllisch scharfe Schote. Er nahm sie mit nach Europa und nannte sie *pimienta*, »Pfeffer« (manche Männer können Fehler einfach nicht zugeben). Heute sind die Schoten aus unserer Küche nicht mehr wegzudenken. Bis hin zum süßen Gemüsepaprika, der erst in jüngster Zeit und hierzulande gezüchtet wurde.

Und die Kakaobohne? Hätten die europäischen Eroberer nicht die Idee gehabt, das bittere Zeug mit Milch und viel Zucker genießbar zu machen, wäre *xocolatl* noch immer ein Kuriosum der aztekischen Ethno-Küche, bestenfalls eine Mutprobe für unerschrockene Weltenbummler: ein gräuslich bitteres Getränk.

Der Mais kam über die Balkanroute: Aus der Karibik stammend, gelangte er auf verschlungenen Wegen in die Türkei. Goethe nennt ihn in seiner *Italienischen Reise* »Türkisches Korn«, die Tiroler sprechen heute noch vom »Türken«, wenn sie Mais anbauen, und die Steirer kochen »Türkensterz«, der nicht anders aussieht und schmeckt als – Polenta.

Kalbskutteln mit Curry und Polenta

Für 4 Personen

Für die Kutteln:
600 g Kalbskutteln
4 Schalotten
1 große Knoblauchzehe
4 große Tomaten
20 grüne Oliven, entkernt
Olivenöl
Noilly Prat
Hühnerbrühe
Salz
Zitronensaft
Currypulver

Für die Polenta:
150 ml Milch
100 g Maisgrieß
Butter

Also bereiten wir als Nächstes die Beilage zu unserem Zwischengang vor. Dazu bringe ich die Milch mit dem Wasser und einer guten Prise Salz zum Kochen und streue den Maisgrieß ein. Dann nehme ich die Hitze zurück oder ziehe den Topf mal kurz vom Feuer. Die Polenta fängt sonst bald zu spritzen an. Bei geringerer Hitze rühre ich, bis der Polentabrei kompakt ist und sich von selbst von der Topfwand löst. Dann streiche ich den Brei 2 cm dick auf eine flache Platte und stelle ihn kühl. Kurz vor dem Servieren werde ich ihn in hübsche Rauten schneiden und in Butter anbraten.

Jetzt aber die Kutteln! Natürlich tritt wieder Barbara Siebeck in Aktion, denn Kutteln sind ihres Gatten Leibspeise. Vor allem deshalb haben wir sie in dieses Menü aufgenommen, wollen ihnen durch die Currywürze nur eine etwas exotischere Note geben und wissen gleichzeitig, dass nicht alle mit Innereien zum Weihnachtsfest glücklich sein werden. Ihnen wollen wir empfehlen, als Zwischengang ein sahniges Pilzgulasch zu servieren, das zur Polenta ganz hervorragend passt.

Und es erscheint in der Burgküche: der Hausherr persönlich. Jetzt, wo es ernst wird, will er denn doch mal die Topfdeckel heben, will da und dort eine Löffelspitze probieren und will uns vor allem auf die Finger schauen, damit wir bei seiner Leibspeise ja alles richtig machen: Schneiden wir die Kuttelstreifen wirklich feinnudelig? 2 bis 3 cm dürfen sie lang sein und 3 bis 4 mm breit, größer nicht! Hacken wir die Schalotten fein genug, und vergessen wir ja nicht, eine dicke Knoblauchzehe fein gehackt unter die Schalottenwürfel zu mischen? Häuten wir die blanchierten Tomaten ordentlich und entkernen sie, bevor wir sie in Stücke schneiden? Nehmen wir ausreichend grüne Oliven?

Unter dem wohlgefälligen Blick des Meisters jedenfalls werfen wir das alles in einen Topf mit heißem Olivenöl, braten scharf an, löschen mit Noilly Prat ab und füllen mit Hühnerbrühe auf. Fertig sind die Kutteln, wenn sie im geschlossenen Topf lange genug geschmort haben und ihre Muskelschicht weich genug ist – was schon einmal eine Stunde dauern kann. Vor dem Servieren wird abgeschmeckt, wobei Salz, Zitronensaft und Currypulver, vor allem aber Geschmack und Schärfebedürfnis der Köchin oder des Kochs die Hauptrollen spielen.

Während die Kutteln vor sich hin schmurgeln, schäle ich die Kartoffeln fürs Püree, schneide sie in gleichmäßig große Stücke und setze sie in so viel Salzwasser auf, dass sie gerade bedeckt sind. Wenn sie weich gekocht sind, muss ich sie nur noch samt Wasser zermanschen, mit Salz und Muskat abschmecken und viel Butter unterrühren. Wie viel? »Mehr!«, ruft Wolfram Siebeck aus dem Hintergrund. 150 g Butter auf 1 kg Kartoffeln ist das Mindeste. Mit 250 g Butter schmeckt der Brei noch besser.

Entrée
Klippfischtatar

Für 4 Personen

160 g Klippfischfilet (entsalzt)
4 Artischockenböden (gekocht)
2 Tomaten
2 Schalotten
glatte Petersilie
Zitronensaft
Olivenöl
Salz
Pfeffer

Und schließlich hole ich den Klippfisch aus seinem Wasserbad. Klippfisch nämlich ist ein eingesalzener und getrockneter Kabeljau, und nur wenn er zwei bis drei Tage lang in frischem, mehrmals am Tag erneuertem Wasser baden darf, wird er wieder genießbar. Und zwar sogar roh. Weshalb ich ihn in kleine Würfel schneide, ebenso die gekochten Artischockenböden, die gehäuteten, entkernten Tomaten und die Schalotten. Mit Petersilie, Zitrone, Olivenöl sowie Salz und Pfeffer vermischt und zu Nocken geformt, ergibt das mein Amuse-Gueule für Wolfram Siebeck: das Klippfischtatar.

Hauptgericht
Zweierlei Kabeljau mit Kartoffelpüree

Für 4 Personen

Für das Kartoffelpüree:
8 mittelgroße Kartoffeln
Salz
Muskatnuss
viel Butter

Für den Kabeljau:
300 g frisches Kabeljaufilet
schwarzer Pfeffer
glatte Petersilie

Barbara Siebeck kümmert sich inzwischen um den frischen Kabeljau für den Hauptgang: Sie reibt die Filets mit zermörsertem Pfeffer und Salz ein, bettet sie in Bambusdämpfern auf Petersilie, lässt sie über Wasserdampf gerade glasig werden und erzielt – so viel Ehrlichkeit muss an dieser Stelle sein – den eindeutig größeren Erfolg bei Wolfram Siebeck. Schließlich hat er schon immer für gedämpften Fisch geschwärmt!

Beim Essen sind wir drei uns einig: Jede Köchin und jeder Koch werden das (für sie) Beste aus dem Menü machen – sie werden schärfer oder milder würzen, den konfierten oder den gedämpften Kabeljau bevorzugen, sie werden ganz nach Belieben eine Aioli oder auch eine Hollandaise zum Hauptgang servieren.

Und auf jeden Fall wird sich beim Verputzen der Schokoladen-Mousse (die wir auf Scheiben von reifer Mango serviert haben) allerschönster Weihnachtsfrieden breitmachen am Tisch. Hosianna in der Höhe!

Index